职业教育“十三五”规划教材

幼儿游戏组织与指导

主　编　安丽娟　肖　鸣
副主编　崔宏欣　王　洋　朱虹辉

西北工业大学出版社
西　安

【内容简介】 本教材包括八个单元：认识幼儿游戏、幼儿园游戏环境规划、幼儿角色游戏、幼儿音乐游戏、幼儿体育游戏、幼儿语言游戏、幼儿建构游戏以及幼儿特色游戏。本教材的编写突破传统教材的编写模式，体例新颖；重视“案例教学”的运用；特别撰写了游戏活动中的观察与记录内容。

本教材适用于全国学前教育专业的学生，同时也可作为在职幼儿园教师继续教育的培训教材、幼儿教育工作者的参考用书。

图书在版编目（CIP）数据

幼儿游戏组织与指导/安丽娟，肖鸣主编．—西安：西北工业大学出版社，2018.11

ISBN 978-7-5612-6324-2

Ⅰ.①幼… Ⅱ.①安… ②肖… Ⅲ.①学前教育-游戏课-幼儿师范学校-教材 Ⅳ.①G613.7

中国版本图书馆CIP数据核字（2018）第273040号

YOUER YOUXI ZUZHI YU ZHIDAO

幼儿游戏组织与指导

策划编辑：孙显章　　**责任编辑：**王瑞霞

出版发行：西北工业大学出版社

通信地址：西安市友谊西路127号　　**邮编：**710072

电　　话：(029) 88493844，88491757

网　　址：www.nwpup.com

印 刷 者：陕西金德佳印务有限公司

开　　本：787 mm×1 092 mm　1/16

印　　张：15.25

字　　数：313千字

版　　次：2018年11月第1版　2018年11月第1次印刷

定　　价：47.00元

前 言

早在19世纪后期，随着幼儿园的产生和发展，以及学前教育理论的完善，幼儿游戏受到教育家们的广泛关注。德国教育家福禄贝尔第一个系统地研究了幼儿的游戏，并把游戏作为幼儿园教育的基础。意大利教育家蒙特梭利在福禄贝尔研究的基础上创建了幼儿园教育的一系列教学法，并设计了14种教具，主要训练幼儿知觉，进行感官教育和发展智力。20世纪70年代至今，是幼儿游戏研究的繁荣阶段，幼儿游戏研究领域呈现出空前的繁荣景象。

近年来，我国幼儿教育学者对幼儿园游戏进行了深入研究，提出“玩中学，学中玩”的教育理论，把游戏作为学前幼儿的基本活动，让幼儿在游戏中学习成为学前教育的重要原则。我国《幼儿园教育指导纲要（试行）》中也指出：“幼儿园教育应尊重幼儿的人格和权利，尊重幼儿身心发展的规律和学习特点，以游戏为基本活动，保教并重，关注个别差异，促进每个幼儿富有个性的发展。”

玩是幼儿的天性，游戏是幼儿的拿手本领，游戏被提到了一个很高的高度。游戏是一种符合幼儿身心发展要求的、快乐而自主的实践活动，是幼儿特有的一种学习形式，幼儿易于接受。随着知识的不断更新和教育现代化的逐步深入，幼儿游戏已被纳入有目的、有计划的教育活动。

现阶段，幼儿不再满足于简单的玩玩看看，让幼儿参与游戏并成为游戏的主体至关重要。有学者提出：“幼儿是游戏的主人，幼儿对游戏活动具有自主选择、支配的权利，在游戏中充分享受游戏的趣味性、娱乐性、自主性。”自主游戏虽然在全国幼儿园得到大力推广，但实际上仍有部分幼教工作者没有做到让幼儿成为游戏的主体，依然遵循传统的教学方式，指挥、命令幼儿去游戏。当幼儿游戏时被条条框框所束缚，想象力便会被扼杀，身心发展也得不到满足，有悖幼儿身心发展的规律。

本教材以《幼儿园教育指导纲要（试行）》和《3～6岁儿童学习与发展指南》等文件、政策法规为基点与指引，对接职业标准进行编写，同时结合幼儿园游戏教学活动，通过大量案例与图片，具体讲述了指导幼儿游戏的相关方法。

编写特点如下：

1. 教材可读性强

本教材从学习者的视角来组织编写，理论观点的阐述力求语言简洁、平实，尽量减少冗长、过于学术味的论述，使教材更有可读性。

2. 重视“案例教学”的运用

本教材为缺乏幼儿园教育实践经验的学前教育专业学生提供了解幼儿园游戏活动的丰富场景。精选了大量幼儿园游戏活动组织的实际案例，以帮助学生理解“什么是游戏”“游戏与儿童发展的关系”“游戏与学习、游戏与教学的关系”等问题，以帮助学生掌握幼儿园各类游戏的特点和组织策略。

3. 特别撰写游戏活动中的观察与记录内容

本教材围绕“游戏是幼儿的学习方式，教师是幼儿游戏活动的支持者”这种观点组织教材内容，注重培养幼儿教师组织幼儿园游戏活动所需的能力。强调教师应在观察的基础上，从幼儿园各类游戏的特点及不同年龄幼儿的游戏发展水平出发，创设适宜的游戏环境，对幼儿的各类游戏活动进行有效指导。

本教材由安丽娟和肖鸣担任主编，崔宏欣、王洋和朱虹辉担任副主编。具体编写分工如下：第一至三单元由安丽娟负责编写；第四和第五单元由肖鸣负责编写；第六至八单元分别由崔宏欣、王洋和朱虹辉负责编写。

本教材在编写过程中参阅了相关文献资料并得到相关人士的帮助，在此表示衷心的感谢。

由于水平有限，教材中观点阐述及分析或有不当之处，恳请各位专家和广大读者批评指正。

编者

2018 年 8 月

目　　录

第一单元　认识幼儿游戏 …………………………………………………… 1

第一课　幼儿游戏的本质 …………………………………………… 2

第二课　幼儿游戏的分类 …………………………………………… 4

第三课　幼儿游戏的教育作用 ……………………………………… 8

第二单元　幼儿园游戏环境规划 ………………………………………… 13

第一课　探寻游戏环境规划的意义和原则 ………………………… 13

第二课　户外游戏环境的规划 ……………………………………… 17

第三课　室内游戏环境的规划 ……………………………………… 25

第四课　幼儿园游戏材料的选择 …………………………………… 31

第五课　游戏的心理环境创设 ……………………………………… 40

第六课　幼儿园游戏时间的规划 …………………………………… 41

第三单元　幼儿角色游戏 ………………………………………………… 44

第一课　幼儿角色游戏概述 ………………………………………… 44

第二课　幼儿角色游戏的组织与指导 ……………………………… 49

第三课　幼儿角色游戏案例分析 …… 54

第四单元　幼儿音乐游戏 …… 67

第一课　幼儿音乐游戏概述 …… 67

第二课　幼儿歌唱游戏的组织与指导 …… 72

第三课　幼儿律动游戏的组织与指导 …… 85

第四课　幼儿演奏游戏 …… 97

第五课　幼儿欣赏游戏 …… 110

第五单元　幼儿体育游戏 …… 124

第一课　幼儿体育游戏概述 …… 124

第二课　幼儿体育游戏的组织与指导 …… 130

第三课　幼儿体育游戏案例分析 …… 138

第六单元　幼儿语言游戏 …… 154

第一课　幼儿语言游戏概述 …… 154

第二课　幼儿语言游戏的组织与指导 …… 160

第三课　幼儿语言游戏案例分析 …… 164

第七单元　幼儿建构游戏 …… 179

第一课　幼儿建构游戏概述 …… 179

第二课　幼儿建构游戏的组织与指导 …… 184

第三课　幼儿建构游戏案例分析 …… 190

第八单元　幼儿特色游戏 …… 203

第一课　幼儿民间游戏 …… 203

第二课　幼儿手指游戏 …… 220

参考文献 …… 236

第一单元　认识幼儿游戏

学习目标

1. 知识目标

了解国外游戏的分类类型及其主要观点；

了解国内游戏的分类类型；

明确幼儿游戏的教育作用；

掌握幼儿游戏的特征。

2. 能力目标

能对创造性游戏与有规则游戏、角色游戏和表演游戏进行比较；

能观察并用所学知识分析幼儿园的游戏类型；

能用所学的知识分析、解决有关幼儿游戏的基本问题。

3. 情感目标

初步认识到幼儿游戏的重要性并产生学习游戏知识的积极愿望；

愿意用所学游戏基本知识观察、分析幼儿园游戏的实际问题。

为了确保每一个孩子都能享有幸福的童年，联合国大会通过的《儿童权利宣言》和《儿童权利公约》明确提出，游戏是儿童的一项基本权利，社会有责任为实现这项权利积极创造条件。我国著名学前教育家陈鹤琴先生也说过：“小孩子是生来好动的，是以游戏为生命的。”孩子们就是在游戏中，在玩中一天天长大和进步的。

从表象看，幼儿园教师似乎也认同“以游戏为幼儿园的基本活动”这一理念，但在实践中，本该是“儿童在游戏”，却变成了“教师在游戏儿童”，游戏所具有的本体价值——愉悦功能被置于游戏之外。这一异化现象的出现，与教师对幼儿游戏本质特征和功能的理解偏差有着直接的关系。

第一课　幼儿游戏的本质

一、游戏本质的阐述

对游戏的阐述，古已有之，不同的人从不同的视野进行了阐述，也就形成了游戏理论的不同学派或观点。

在我国，“游戏”一词与“嬉戏”和“玩耍”极为相似，最早出现在战国时期的历史文献中。在英文中，游戏一词有“play”和“game”两词，主要指“玩”和“比赛”。

德国的福禄贝尔是教育史上系统研究游戏并尝试创建游戏实践体系的第一位教育家。他认为，游戏是儿童内部存在的自我活动的表现，是一种本能性的活动。他将游戏的本质归结为生物性。

德国思想家席勒和英国心理学家斯宾塞则将游戏看作是剩余精力的发泄和运用，儿童可以从中获得愉悦和满足。

德国心理学家、生物学家谷鲁司提出能力练习说，也叫生活预备说。他认为，儿童有天生的本能，但本能不足以适应将来复杂的生活，因此要有一个准备生活的阶段，游戏即是准备生活阶段练习本能的一种手段。

美国心理学家霍尔提出游戏复演论，认为人类的文化经验是可以遗传的。游戏是个体呈现祖先的动作、习惯和活动，是重演史前的人类祖先到现代人进化的各个阶段。游戏中所有的动作和态度都是遗传下来的。

苏联心理学家维果茨基认为游戏是社会性活动，是在真实的实践情况之外，在行动上再造某种生活现象。游戏的本质是以物代物进行活动。在这种活动中，凭借语言的功能，以角色为中介，了解、学习和掌握基本的人与人的社会关系。

我国《教育大辞典》（上海教育出版社，第 2 卷第 218 页）认为“游戏”是幼儿的基本活动，是适合幼儿年龄特点的一种有目的，有意识的，通过模仿和想象，反映周围现实生活的一种独特的社会活动，其特点有趣味性、具体性、虚幻性、自由自愿性和社会性。

上述关于幼儿游戏本质的阐述可以说各有特色，它们从不同的立场出发，阐述了对幼儿游戏的理解和看法。与其说各观点之间存在着根本的冲突，不如说是对游戏本质丰富性认识的相互补充。

二、幼儿游戏的特征

（一）幼儿游戏是自主自愿的

“为游戏而游戏”，这是幼儿游戏与成人游戏，幼儿游戏与其他工具性行为（其有一定功利目的的行为）最显著的区别。幼儿游戏是一种无拘无束的活动，不能强制，没有外加的目的，是幼儿根据自己的需要和愿望，按照自己的体力和能力选择进行的自愿自主的活动。游戏形式、材料和过程符合幼儿身心发展的要求，使他们对游戏产生兴趣，主动去确定自己是否参加游戏，选择什么样的玩伴，采用什么样的玩法，等等。成人不能以自己的意愿强求幼儿游戏，因为处于被动状态的游戏，幼儿不仅体会不到游戏的快乐，而且不能从游戏中获得有益的东西。

（二）幼儿游戏是娱乐的

趣味性、娱乐性是幼儿游戏本身固有的特性。幼儿在游戏中能自主地控制所处的环境，表现自己的能力，满足自己的愿望，体验成功和创造的快乐。游戏没有任何功利的目的，可以减轻、消除为达到目的而产生的紧张压力感，因此，对幼儿来讲，游戏是一种享受，能给他们带来欢乐。

在游戏中，幼儿以不断重复的方式，自娱自乐，乐此不疲；在游戏中，幼儿没有任何心理负担，不受日常生活的约束，是轻松的、自由的和快乐的；在游戏中，幼儿可以全身心地投入，身体处于最佳、最自然、最轻松的状态，可以获得愉快的体验。

案　例

教师：为什么你那么喜欢玩沙？

幼儿：玩沙很开心，我可以挖地洞、堆山坡，还可以做很多我喜欢做的事。

教师：那你不要吃点心，一直在这里玩沙好吗？

幼儿：好呀！我不吃点心，我要玩沙。

是什么让幼儿宁愿不吃点心而去玩沙？无疑，幼儿从玩中获得的愉快体验是吸引他们游戏的最大动力。因此，有人把娱乐性作为游戏的原始品质其实并不过分。在日常的生活和游戏中，幼儿因游戏而“废寝忘食”的现象我们也常常见到，而其中最大的原因是幼儿能从中获得快乐。

（三）幼儿游戏是假想的

教育家罗素曾经说过：“热爱游戏是幼小动物——不论是人类还是其他动物最显著的易于识别的特征。对于儿童来说，这种爱好是与通过装扮而带来的无穷乐趣形影相随的。游戏与装扮在儿童时期乃是生命攸关的需要，若要孩子幸福、健康，就必须为他提供玩耍和装扮的机会。”可见，扮演支撑着幼儿的游戏，而扮演是假想的，正如幼儿所说的“游戏是假装的”。

幼儿的游戏是现实生活与想象活动相结合的结果，是通过“假装”再现幼儿心目中的现实。游戏的这种假想性特点，使幼儿可以不受时间和地点的限制，把想象中的事情在游戏中表现出来。幼儿在游戏中的角色、情节、游戏的行为，以及玩具的材料均具有明显的假想性，幼儿是在这种假想的、虚构的游戏情景中来反映周围的现实生活的。如幼儿可以在游戏中充当他们在真实生活中不可能充当的妈妈、司机、售货员等人物；他们也可以装扮成各种动物；他们可以把常用的积木做真实物品的代替品，如做长枪、大炮、菜肴等；他们把狭小的游戏场所变成从事各种各样活动的广阔天地，如娃娃家、动物园、理发店、餐厅等。

案　例

雪儿（女，6 岁半）把塑料跳绳剪成两段，一段捏在手里，另一段拖在地上，跑跳步向前，嘴里发出“驾、驾”的声音，同时挥动“马鞭”。到了路口，她双手与右腿突然高举停在空中，嘴里发出“吁”的长声，惟妙惟肖地“勒住了马”。

案例中的雪儿在玩“骑马”的游戏，而支撑她游戏的无疑是她头脑中的假想。她把自己想象成“骑手”，把跳绳的一端想象成“马匹”，把另一端想象成“马鞭”，如果缺少这一系列的想象，她的“骑马”游戏就玩不出来。

综上所述，可以这样理解幼儿的游戏，即幼儿游戏是以假想为手段，以自主自愿为核心，以娱乐为目的的一种活动。

第二课　幼儿游戏的分类

一、国外游戏的分类

（一）从认识发展的角度分类

从儿童认识发展的角度对游戏进行分类，皮亚杰是主要的首创者。他认为儿童在不同的认识发展水平上，会出现不同水平、不同类型的游戏。

1. 感觉运动游戏

感觉运动游戏即机能性游戏，练习性游戏，实践性游戏。这类游戏主要由简单的重复动作组成。主要动因在于感觉运动器官在游戏过程中所获得的快感，如摇铃、拍水、滚球、滑滑梯等。机能性游戏在两岁前玩得最多，以后比例逐步下降。

2. 象征性游戏（符号游戏）

这是学前期最典型的游戏形式，占的时间也最长。从 2 岁开始，直到入小学，高峰期在 3～5 岁，象征性游戏是儿童以模仿和想象扮演角色为手段，以物代物，以人代人为表现形式，反映周围现实生活的游戏形式。象征性游戏可以满足儿童在现实生活中不能实现的愿望和要求，因此一般认为它对于了解儿童内心状态具有诊断和治疗的意义。

3. 结构性游戏

儿童用各种不同的结构材料（积木、积塑、泥、沙、雪等）来建构物体的游戏，如搭积木、插积塑、泥工、折纸、堆雪人、玩沙、玩泥等。

4. 规则性游戏

这是一种由两人以上参加的，按游戏规则判胜负的竞赛性游戏，包括智力性质的竞赛（如下棋）、运动技巧性质的游戏。规则性游戏多在四五岁以后发展起来。由于规则本身具有不同的复杂程度以及动作技能，因此这种游戏从幼儿一直延续到成人。对规则的认识、理解和遵守可以为幼儿今后的人生奠定良好的基础。

（二）从游戏社会性的角度分类

美国心理学家帕登根据儿童（2～6岁）在游戏中的社会交往水平，把游戏行为划分为六类。

1. 无所用心的行为（偶然的行为）

儿童无所事事，独自发呆，或玩弄自己的衣服，东游西荡，偶尔会注意看看他人，或碰到什么东西会随手玩弄两下。

2. 袖手旁观的行为

儿童在近处观看同伴的活动，但不主动参与游戏。

3. 单独的游戏

专心地独自玩自己的玩具，不注意也不关心别人的存在。

4. 平行的游戏

儿童可能会玩相同的玩具、相似的游戏，也会有相互模仿的现象和少量的交谈，但他们仍是在独自游戏，相互间没有合作。

5. 联合游戏

儿童一起游戏，谈论共同的活动，时常会有借还玩具的行为，但儿童关注的仍是兴趣。例如，大家一起玩雪花片。

6. 合作游戏

以集体共同的目标为中心，有组织、有分工。例如，大家一起插一个小公园，甲插小桥、乙插小花、丙插树木……然后组合在一起就成为一个小公园。

实际上这六种行为中，真正属于游戏行为的只有后四种。

二、国内游戏的分类

（一）从教育实践的角度分类

1. 创造性游戏

创造性游戏是幼儿主动地、创造性地反映现实生活的游戏，是幼儿典型的、特有的游戏。创造性游戏主要包括角色游戏、结构游戏和表演游戏三种。

2. 有规则游戏

有规则游戏是成人为发展幼儿的能力而编制的、有明确规则的游戏。有规则游戏主要包括智力游戏、体育游戏、音乐游戏。有规则游戏的主要结构应包括游戏的目的、玩法、规则和结果四个部分。游戏的目的，是在游戏中完成增加知识、培养技能、发展动作和智力的具体任务；游戏的玩法，是为了实现游戏的目的，对幼儿动作和活动提出的要求；游戏的规则，是活动中必须遵守的规定，以确保游戏按要求进行；游戏的结果，是参加游戏的幼儿经过努力最后达到的目的。其中，游戏的规则是此类游戏的核心，规则不明确或不遵守规则，游戏就无法进行。

（二）从游戏目的的角度分类

1. 目的性游戏

目的性游戏是“为游戏而游戏”的游戏。这种游戏是幼儿为了获得游戏的愉快体验而进行的游戏，目的是游戏本身。在这类游戏中，幼儿具有很强的自主性，教师在幼儿的游戏中要以间接指导为主，不能随意干涉幼儿的游戏。创造性游戏和幼儿自主产生的游戏便属于此类游戏。

2. 手段性游戏

手段性游戏是“为教学而游戏”的游戏。这种游戏是教师为了促进幼儿某一方面或某几个方面的发展而组织开展的游戏，游戏的目的是教学，游戏是完成教学的一种手段。在这种游戏中，游戏的规则、玩法、过程等都是教师确定的。

案　例

幼儿园小班游戏：采蘑菇

1. 游戏目标

（1）培养幼儿按物对数的能力。

（2）培养幼儿的平衡能力。

2. 游戏准备

把幼儿分成两队，每队跑道上有一个平衡木，每队的终点地上放有数量为 1 到 10 的蘑菇卡片，在起跑线的两边分别放有一个黑板，黑板上写有 1 到 10 的数字。

3. 游戏玩法

（1）向幼儿介绍游戏名称和目的。

（2）介绍游戏的玩法：小朋友按旁边黑板上的数字，走到对面找出相应数量的蘑菇卡片，走过去时必须经过小桥才可以过河，回来也一样。把采到的蘑菇卡片插在黑板上相应的数字旁边，然后拍拍下一个游戏小朋友的手，这样他（她）才可以开始游戏。

（3）最后，最快采完蘑菇并采对数量的一队小朋友为胜。

4. 游戏规则

小朋友把采好的蘑菇卡片插在黑板上相应的数字旁边后，一定要拍拍下一位游戏小朋友的手，否则下一位小朋友就不能开始游戏。

三、两组游戏的比较

（一）创造性游戏与有规则游戏的比较

1. 创造性游戏与有规则游戏的相同点

（1）都能从游戏中获得愉快的体验。无论是参与创造性的游戏还是有规则游戏，幼儿都能感到“开心”“好玩”。幼儿在游戏中通过扮演各种角色（现实生活中的角色、动物角色）获得模仿、想象的乐趣，同时也体会到与同伴相互游戏的快乐。

（2）活动的主体都是幼儿。无论是创造性游戏还是有规则游戏，幼儿都处于游戏的主体地位，他们的主动性、积极性和创造性都能获得充分的发展。幼儿在游戏中都能体验到游戏带来的愉快和乐趣，全身心地投入游戏中，始终处于积极、主动的活动状态，这正是游戏的魅力所在。

2. 创造性游戏与有规则游戏的不同点

（1）从游戏的态度倾向来看，创造性游戏是以自我为中心，自娱自乐地扮演自己喜欢的角色，享受过程体验，不在乎别人的想法，角色间没有组成一个完整的整体，儿童可以一会儿这样玩、一会儿那样玩，缺一个角色并不会影响游戏的进行。而有规则游戏是帮助幼儿去自我中心化的方式，参与者形成一个整体，必须关注别人的态度，如果缺一个角色，游戏就可能无法进行下去。

（2）从经验的角度来看，幼儿在创造性游戏中所反映的经验是零散的，是他们对现实生活中别人的经验的模仿和学习，是一种将外在经验逐步内化为自身经验的过程。例如，幼儿玩“娃娃家”“医院”“戏院”等游戏都是对这些主题角色的模仿。以角色的方式来玩耍，在模仿学习中内化经验，把自己想象成社会生活的成员。而幼儿在有规则游戏中所运用的经验是他自己的经验，是已经内化为幼儿自身经验体系中的经验。例如，幼儿玩“跳房子”“捉迷藏”“玩泥沙”等有规则游戏必须以他自己的经验来进行，否则游戏就无法进行下去。

（3）从游戏规则的角度来看，创造性游戏的规则是隐性的、多元化的，采用不同的规则会导致不同的游戏行为发生。而有规则游戏的规则是显性的、单一化的，游戏者必须接纳同一个规则，才能使游戏继续进行。

（二）角色游戏和表演游戏的比较

1. 角色游戏和表演游戏的相同点

（1）都是通过扮演角色来游戏的。幼儿在两种游戏中都是通过扮演角色来游戏的。通过扮演角色，幼儿实现了玩游戏的愿望；通过扮演角色，实现了对游戏内容的反映；通过扮演角色，幼儿获得了对游戏的基本体验。

（2）都具有明显的创造性。两种游戏都属于创造性游戏。幼儿在游戏中常常表现出以物代物、以物代人、以人代人、一物多用等创造性行为。幼儿在游戏中的积极性、主动性和创造性能够得到充分的发挥。

2. 角色游戏和表演游戏的不同点

（1）角色的来源不同。角色游戏中幼儿所扮演的角色来自于现实生活，是幼儿通过对现实生活中的角色的认识和理解反映在游戏中。表演游戏中幼儿所扮演的角色来自于幼儿文学作品中，是幼儿根据文学作品对角色的描述反映在游戏中。

（2）情节的来源不同。角色游戏所反映的情节是来自于幼儿对现实生活的反映，也就是说，现实生活是角色游戏的源泉。幼儿只有对现实生活有了一定的认识并内化为自己的认知结构，教师才能开展相应的游戏主题。当然，在游戏过程中，可以允许游戏进行较大程度的改变和创造。而表演游戏所反映的情节则来自于文学作品，也就是说，文学作品所描述的内容和情节是表演游戏的源泉。幼儿在游戏之前，必须掌握相关文学作品的内容，对其中的情节、内容、人物、对话、动作、主题有一定的认识和理解，教师才能组织幼儿开展相应的表演游戏。

第三课　幼儿游戏的教育作用

一、可以促进幼儿认知的发展

（一）可以使幼儿积累丰富的经验

幼儿的生活离不开游戏。在游戏中，幼儿与各种各样的材料和玩具发生着各种形式的互动，也就是在这些互动中，幼儿感知、体验着物体的数、量、形、体等特征，感受着物体之间的空间关系、序列关系、包含关系等内在联系，体验着物体在时间上的流动。在游戏中，幼儿逐步积累了对有关空间、时间、可能性和因果等概念的理解。当幼儿等着玩玩具的时候，一些诸如“一会儿”“几分钟”“明天”甚至“下周”的概念都开始出现并具有不同的含义。虽然时间和空间的概念在幼儿的装扮游戏中并不是很稳定，但是顺序和结构的概念经常是一致的而且很容易理解。

（二）可以促进幼儿各种能力的发展

1. 可以发展幼儿的专注力

苏联心理学家曾做过这样一个实验：让幼儿在游戏和单纯完成任务两种不同的活动方

式下，将各种颜色的纸分装在与之同色的盒子里，观察孩子注意力集中的时间。实验结果发现，在游戏的形式下，4 岁幼儿可以持续进行 22 分钟，6 岁幼儿可坚持 71 分钟，而且分放纸条的数量比单纯完成任务的形式下多 50%；而在单纯完成任务的形式下，4 岁幼儿只能坚持 17 分钟，6 岁幼儿只能坚持 62 分钟。实验结果表明，孩子在游戏活动中，注意力的集中程度和稳定性较强。可见，游戏可以促进幼儿专注力的发展，教师应多开展游戏活动，让孩子在游戏中培养他们的专注力。

2. 可以发展幼儿的语言能力

游戏是轻松、愉快的，在这种气氛中，孩子可以较为自由地表达出自己的想法和愿望，可以与同伴轻松地进行交流。游戏能激发幼儿的表达欲望，为幼儿自由表达创造适宜的语言环境。在语言游戏中，孩子的吟唱、富有创意的改编有助于他们充分感知语言的韵律，从语音、语法规则、语义等方面理解语言。如“小兔子乖乖，把门开开，妈妈没回来，谁来也不开”。

3. 可以发展幼儿的创造力

游戏为幼儿提供了一种激励创造性思维的适宜气氛。幼儿在游戏中体验着自由，追求着自由，也在创造着自我，创造着世界。游戏是幼儿自由与创造的生活源泉。在游戏中，幼儿“以棍为马，以椅为车”，充分发挥着自己的想象，实现着内部世界对于外部世界的改造和创新。幼儿在游戏中的创造表现处处可见，游戏的情节、内容、玩法、材料、形式等都可能成为幼儿创造的对象。

4. 可以发展幼儿解决问题的能力

在游戏中，幼儿面临着许多有待动脑子去解决的问题，如拼出图案。这些问题能激发幼儿的思维，促使幼儿不断地想办法，将办法付诸实践，即使失败了也会去尝试新办法。在这个过程中，幼儿解决问题的能力便得到了发展。

案　例

在以“我的家真美丽”为主题的游戏中，教师先引导小朋友们谈自己家附近的各种游乐场、商店、超市等设施，同时在建筑区里投放了大家一同制作的各式屋顶、招牌、数字牌、秋千、滑梯、果树、草坪等的材料，然后，教师在建筑区建了一幢孤零零的住宅楼，引导小朋友们美化这里的环境，如图 1-1 所示。小朋友们情绪高涨，思维活跃。他们搭建出各种高大漂亮的住宅楼，还贴上了楼号，装上了样式新颖的“窗户”“门”，并在住宅楼的附近搭建出幼儿园、医院、超市、公园、停车场等建筑。通过给这些建筑物挂招牌，小朋友们还认识了许多字，培养了识字的兴趣。在活动中，教师还注意引导小朋友们怎样美化环境。小朋友们结合自己的生活经验，在“小区”里种上各种绿树、鲜花，在“楼房”周围铺上绿油油的草坪，摆上路灯、长椅、垃圾桶等公共设施。在教师的不断启发引导下，小朋友们搭建的小区环境新颖漂亮、别具一格，充分显示出小朋友们独特的创造力。

图 1-1　我的家真美丽

二、可以促进幼儿身体的发育

（一）可以促进身体的生长和发育

在游戏活动中，幼儿身体的各种生理器官和系统处于自觉的活动状态，机体的血液循环加快，新陈代谢旺盛，机体动作相互配合协调，这些都使幼儿身体各种器官的功能得到充分的发展。许多游戏在户外进行，户外的阳光、空气能提高幼儿对环境的适应能力和抵抗疾病的能力，从而增强幼儿的体质。游戏中的幼儿始终处于积极、主动、愉快的情绪状态，许多色彩斑斓的玩具，有趣的游戏情节，都让幼儿欢乐、愉悦、舒畅，有利于恢复幼儿的体力和脑力劳动所造成的身心疲倦，因此，游戏是幼儿生长发育不可缺少的“营养素”。

（二）可以促进动作技能的发展

幼儿正处于身体迅速生长发育的时期，十分好动、好奇，什么都想摸摸、动动、玩玩，游戏满足了幼儿的这一需要，可以让幼儿反复摆弄游戏材料，不断增强手部小肌肉动作的灵活性，变得“手巧心灵”；可以让幼儿做出各种动作，不仅锻炼了走、跑、跳、攀、爬等基本动作，而且逐渐掌握了基本的运动技能。如“老狼老狼几点了”这个游戏，孩子十分陶醉于“有节奏地走”“听到特定回答立即扭头跑”的过程，他们既享受了游戏的乐趣，又锻炼了身体。

（三）可以促进大脑的发育

动物学研究表明，游戏会导致一系列生物学意义上的变化，在一个不断更换游戏物的环境中生活过 4～10 周的老鼠，脑重量较大，神经末梢粗壮，神经传导发达，并且酶的活动强度高。研究人员发现，每天进行两个小时内容丰富的游戏活动，持续 30 天，能引起动物脑重的改变。因此，研究人员认为，游戏对大脑的发育是非常有利的。

实践证明，由于游戏能提供大量体育运动、技能训练、动手操作的机会，因此对发展右脑非常有利。并且，由于游戏能创造许多意想不到的情景供儿童去想、去说、去发现、去推理，因而也能有力地促进左脑功能的完善和整个大脑的功能整合。

三、可以促进幼儿社会性的发展

（一）可以促进社会交往能力的发展

幼儿的游戏离不开游戏伙伴。在与游戏伙伴的交往中，幼儿懂得了如何表达自己的意愿以及如何回应他人。在游戏中，为了让自己被游戏伙伴所接纳，幼儿必须对自己的某些行为进行自我约束，逐步消除以自我为中心的观念，学会与他人合作，学会关心他人。在游戏中，幼儿也逐步学会了分享、协商、交流、谦让、公平竞争等交往技能。在与同伴的游戏中，冲突常常不可避免，每一次冲突的产生及其解决都为孩子经验的积累、心理的发育提供了机会。正是在一点一滴的交往中，孩子明白了怎样与人相处，也逐渐学习了社会行为规范。

（二）可以促进独立性的发展

游戏是幼儿自主的活动。在游戏中，要求幼儿自己选择玩具、自己商量角色和玩法、自己解决游戏中遇到的困难，因此，游戏能让幼儿学会独立。例如，一个 5 岁的小女孩准备参加“智力闯关比赛”，但是到了现场，哭着闹着非要让妈妈陪着自己。可是，当闯关游戏开始时，小女孩渐渐地将注意力转移到棋盘上。面对对方的局势，她紧锁眉头，思考着自己的每一步应对方式。在整个游戏过程中，孩子独立思考、独立决定，用自己的方式与对方交往。一个曾经害怕离开妈妈的孩子在游戏中变得如此独立，可见游戏的作用是巨大的。

（三）可以促进勇敢品质的形成

游戏的魅力正在于它对幼儿构成的挑战性。通过游戏，幼儿既可动手动脑解决问题，又可以克服困难，锻炼意志，还可以发现和体验自己的能力，产生胜任感与成就感，进一步增强自信心与进取心。现在许多幼儿园都设计了幼儿喜欢的活动区域，如小舞台、语言区、音乐区等，提供了一个让幼儿展示自己的场所。一些胆怯害羞的幼儿可以在区域游戏中勇敢地表现自己，正是因为游戏的独特魅力，使幼儿在活动中解放自己，锻炼了胆量。还有许多体育游戏也是培养幼儿勇敢品质很好的平台。

（四）可以培养活泼开朗的性格

在游戏中，幼儿以愉快的心情饶有兴趣地再现现实生活，对教师的启发诱导容易自然地接受。游戏一方面可以给幼儿充分的机会发展自主的性格和健全的意志；另一方面又受各种规则的限制，在限制中约束了自己，理解、体谅了别人，培养了活泼开朗的性格。以角色游戏为例，在游戏中幼儿可扮演在生活中接触最多的父母、老师、司机、医生等熟悉的人物，通过模仿人物来进一步认识这些角色，学习这些角色所具有的良好的品质。在游戏中，一些比较内向的、不太活泼的幼儿也会参加到活动里，担任不同的角色，使各个方面得到锻炼和发展，如开朗、活泼、友善、爱心、同情心等。教师在适当的时候给以引导，幼儿的性格就会逐渐活泼开朗起来。

（五）可以增进心理健康

游戏具有独特的心理保健功能。首先，它可以缓解幼儿内心的焦虑和不满。在游戏中，幼儿通过“跑、跳、挤、摔”等行为可以宣泄内心的不良情绪。其次，在游戏中，幼儿可以实现在现实生活中不能实现的愿望。如扮演“警察”“医生”“爸爸”“妈妈”，学小狗“汪汪”地叫，学蝴蝶翩翩起舞。最后，游戏还是一种很好的诊断方式。游戏是一面镜子，我们通过观察幼儿的游戏，可以初步诊断幼儿的发展状况，如果一个幼儿某方面发育存在缺陷，或者具有特殊的经验背景，那么这些信息会在游戏中真实自然地表露出来。这样有助于教师对这些幼儿进行有针对性的疏通。

总之，游戏是幼儿最喜欢的活动，它对于促进幼儿身心的全面、和谐发展具有其他活动不能替代的作用。

第二单元　幼儿园游戏环境规划

学习目标

1. 知识目标

了解幼儿园游戏环境规划的意义及原则；

能根据幼儿园户外游戏和室内游戏的特点合理规划、创设相应的游戏环境。

2. 能力目标

能根据幼儿的年龄特点选择和调整游戏材料；

合理安排幼儿的时间，满足幼儿的游戏需要。

3. 情感目标

能够营造宽松、良好、支持游戏的心理环境，使幼儿获得游戏体验。

第一课　探寻游戏环境规划的意义和原则

游戏环境的规划是指教师在开展游戏活动之前，系统地、综合地思考、计划幼儿开展游戏所需要的物理环境和心理环境。环境是影响幼儿园游戏活动开展的客观条件。

物理环境是构成游戏活动的客观物质背景，包括玩具材料、游戏场地、游戏时间。良好的物理环境，除了要考虑基本的安全之外，更应根据不同类型的游戏活动选择适当的游戏空间。大到整个地面材质、空间、面积、辅助器材，小到游戏材料的种类和数量以及游戏时间的长短，这些都是影响一个游戏活动成功与否的关键因素。

心理环境主要是指游戏现场的人际交往关系以及由此带来的心理氛围，如师幼关系、幼儿与幼儿之间的关系以及他们所共同营造的心理气氛。

游戏环境规划是教师组织幼儿园游戏活动的第一步。只有对游戏环境有一个全面、系统、动态、整体的规划，教师才有可能创设出吸引幼儿游戏的环境，让幼儿在享受游戏的过程中获得身心的健康发展。

一、游戏环境规划的意义

（一）确保落实“游戏为幼儿园基本活动”

《幼儿园教育指导纲要（试行）》（以下简称为《纲要》）指出：环境是幼儿园重要的教育资源，应通过对环境的创设和利用，有效促进幼儿的发展。合理规划幼儿游戏环境，能够有目的、有计划地利用幼儿园的游戏空间、游戏设施和游戏材料，实现利用物质环境的效益最大化。同时教师可以根据对幼儿的了解，创造良好的心理环境，使幼儿在充分的游戏时间里尽情体验游戏带来的乐趣，保证游戏真正落实到幼儿园的一日活动中。

要对游戏环境进行规划，教师必须充分观察了解幼儿游戏发展水平，这就使教师指导的重心由教师本人怎样进行教育、指导，转变为根据幼儿发展需要来组织游戏。教师首先应考虑的是怎样利用游戏环境促进幼儿的发展，并根据幼儿的发展水平为幼儿提供游戏的条件，切实落实“游戏为幼儿园基本活动”。

（二）确保游戏环境符合幼儿的年龄特点

《纲要》指出：“幼儿园的空间、设施、活动材料和常规要求等应有利于引发、支持幼儿的游戏和各种探索活动；有利于引发、支持幼儿与周围环境之间积极的相互作用。”幼儿的发展是一个连续的分阶段的过程，不同年龄阶段的幼儿有着不同的年龄特点，这些特点决定了不同年龄阶段幼儿的游戏需要不同。根据不同年龄阶段的幼儿身心发展特点对游戏环境进行规划，可以有效地确保幼儿在游戏中找到适合自己的游戏空间，操作适合自身特点的游戏材料。

（三）确保游戏环境促进幼儿多元智能的发展

加德纳的多元智能理论指出：幼儿的智能是多元的，主要包括语言智能、数理逻辑智能、音乐智能、视觉空间智能、身体运动智能、人际交往智能、自我认知智能、自然观察智能等多种智能。加德纳认为各种智能的发展与是否具备促进这种智能发展的环境条件有关。游戏的过程就是幼儿与游戏环境及材料相互作用的过程，同时也是幼儿与同伴交往的过程。教师通过合理规划幼儿园游戏环境，可以为幼儿多元智能的发展提供适宜的外部条件。

（四）确保满足幼儿多样化的游戏需要

幼儿的游戏种类繁多，让大人们眼花缭乱。他们既喜欢玩“过家家”“警察捉小偷”，又喜欢玩积木、玩堆沙……幼儿的游戏是丰富多元的，这就要求幼儿园教室里要有能够满足幼儿不同游戏需要的游戏区角，幼儿园的室外环境中也要创设能够满足幼儿室外游戏需要的玩沙、玩水区，适合幼儿奔跑、跳跃的小土坡、小操场、草坪等。不同年龄阶段幼儿的游戏发展水平不同，偏爱的游戏方式也不同。教师对幼儿园的游戏环境进行合理规划应充分考虑到不同年龄幼儿的多种游戏需要，促进幼儿的发展。

（五）有利于促进幼儿与环境发生积极互动

游戏环境的规划能为幼儿提供有序的环境，幼儿通过与环境的互动，不断操作、改造、调节周围的环境，并把有关外部世界的经验同化到自己的经验体系中。在游戏的过程中，幼儿通过动手动脑，增加了感性经验，促进游戏进一步发展。有规划的游戏环境往往渗透着教师一定的教育意图，它不仅能激发幼儿游戏的愿望和兴趣，还能启发引导幼儿朝着教育所期望的方向发展。

二、游戏环境规划的原则

（一）安全性

3～6 岁的幼儿往往缺乏安全意识，也不具备保护自己的能力，因此安全性是幼儿园环境规划的首要原则。无论是幼儿园的室外游戏环境还是室内游戏环境，教师在规划的时候，首先应考虑怎样最大限度地保障幼儿游戏过程中的人身安全。幼儿园园所环境规划时，要在游戏材料、大型玩具、器械安全无隐患的前提下，兼顾游戏环境的童趣和教育意义。

强调游戏环境的安全就是要杜绝可以预见的危险，例如游戏材料和设施的牢固性、大型设施是否有保护性地坪等，但这并不意味着要让环境变得毫无挑战。幼儿在游戏过程中出现安全问题可能是由多方面原因造成的，可能与游戏环境本身的规划有关，也可能与游戏过程中教师组织指导不当以及幼儿本身的能力发展有关，因此不必片面地追求环境的绝对安全。例如某些幼儿园为了所谓保护幼儿游戏安全，将户外土地全部铺设塑胶跑道。在这样极端的保护中，幼儿失去了很多练习的机会。运动经验有助于幼儿减少游戏过程中的危险，幼儿园游戏环境规划是在确保杜绝安全隐患的同时，根据幼儿的发展水平，提供有一定挑战性的游戏环境。

（二）丰富性

幼儿的心理具有强大的吸收力，他们是在环境的潜移默化中学习和成长的。丰富的游戏环境能够支持幼儿的游戏行为，给幼儿提供多样的游戏经验。在丰富的游戏环境中，教师不需要过多的指示和干预，幼儿就会主动积极地投入游戏环境中，按照自己的想法开展游戏。教师只需从旁观察，适时指导。反之，如果游戏环境过于贫乏，幼儿没有兴趣，他们就会频繁地出现无所事事、打闹等行为。

（三）发展性

发展性原则是指幼儿园游戏环境的创设要以促进幼儿发展为原则。不同年龄班级教室内开设哪些游戏区角？区角如何布置？各个区角的位置如何安排？游戏区角内投放哪些玩具或者游戏材料……所有这些问题都需要教师时时以促进幼儿发展为中心，合理设置并能够根据幼儿的需要进行适当的改变。

游戏环境规划的发展性原则，要求教师对于游戏环境的创设不能一劳永逸，而应根据幼儿的游戏水平以及游戏需要随时做出调整。例如，娃娃家的菜肴在游戏初期都是些仿真模型，随着幼儿游戏水平的不断提高，教师逐渐提供一些菜肴范例以及不同质地、形状、颜色的材料，幼儿可以根据自己的游戏水平组合利用这些材料，赋予这些材料新的意义。玩过一段时间之后，如果幼儿提出娃娃家的爸爸妈妈要洗澡，但没有浴室，教师与幼儿一起讨论，共同设计布置一间浴室。

（四）参与性

教师不能根据自己“想当然”的想法规划幼儿园的游戏环境，而应建立在观察幼儿游戏的基础上，并与幼儿讨论，让幼儿参与规划游戏环境。因此，幼儿园游戏环境规划并不是教师按照自己的想法设计制作就可以，而要倾听幼儿的想法，这样才能使游戏环境更加符合幼儿的游戏需要。幼儿在游戏环境中的参与可以是全方位的，小到教室中区角的设置、墙饰的制作，大到幼儿园园所环境的创设。

例如，有个幼儿拿着一口小锅在娃娃家门口做出倒水的样子，原来他是在学爷爷种花和浇花，教师了解到很多幼儿对“浇花”行为感兴趣，于是决定在游戏区开辟一个小花坛。教师为幼儿准备了常见的花朵图片、各色皱纸和吸管等，让幼儿自制花朵。结果，幼儿一起动手布置的“花坛”引发了幼儿更多的游戏情节。

幼儿参与游戏环境的规划，能真正意识到自己是游戏的主人，也会更爱惜游戏材料，注意保持游戏环境的整洁有序。

（五）开放性

开放性原则是指创设幼儿园游戏环境的规划，不仅要考虑幼儿园内环境要素，同时还要重视园外环境的各要素，两者有机结合，协同一致地对幼儿施加影响。

幼儿园游戏环境规划的开放性体现在两个方面。一是要选择、利用外界环境中有价值的因素来为幼儿游戏活动的开展服务。例如，当幼儿园户外游戏场地不够时，可以将游戏环境延伸到社区，可以利用当地的乡土资源来创设游戏环境等。二是要吸纳家长等园外的人员参与游戏环境规划，他们不但能从物质上为幼儿园游戏环境创设提供支持，如提供游戏开展所需要的废弃物，而且能从精神层面为幼儿园游戏环境的创设提供支持，如营造管理游戏的氛围，为创设游戏环境献计献策等。

第二课　户外游戏环境的规划

所有的幼儿都喜欢和大自然亲密接触。幼儿天生喜欢温暖的阳光、和煦的微风、清澈的流水、粗粗的沙子……在户外，幼儿会把自己从成人的期望中解放出来。此时，他们较少受到限制和约束，能够自由地进行活动，以自己独特的方式接触自然、认识世界，独立自主地去解决问题。这不仅增强了幼儿熟悉和控制环境的自信心，同时还陶冶了幼儿的情操，培养了幼儿的美感，加深了幼儿对大自然、对生活的热爱之情。可见，室外环境大大拓展了幼儿的视野，为幼儿的发展提供了更广阔的游戏空间。

一、幼儿园户外游戏的特点

（一）与自然紧密结合

户外游戏最突出的特点在于其与自然的紧密结合。幼儿与大自然有一种天生的亲近感，没有人能够像幼儿那样会对自然界的一草一木都感到新奇，也没有人能够像幼儿那样怀着真实的情感和大自然对话。室外游戏环境能满足幼儿对大自然的向往，使幼儿完全感受到大自然的美景，获得一种全新的感觉。在户外游戏中，幼儿可以充分享受大自然的恩赐，观察大自然的雨雪冰霜、四季变换中的花开花谢、鱼鸟昆虫……奔跑、跳跃、追逐、欢笑。所有这些都是大自然的礼物，充满了生命的气息，能够极大地激发幼儿的好奇心和求知、探索的欲望。在茫茫大雪中堆个雪人、打个雪仗，是多么好玩的一件事情啊！对于幼儿来说，自然是最好的游戏场所和玩伴。

（二）能满足幼儿的运动需要

幼儿天生热爱运动，户外游戏充满了刺激与挑战的运动特点。户外游戏中，幼儿兴致勃勃、乐此不疲地参与各种各样的运动。滑滑梯、荡秋千、过桥索、钻山洞、爬山坡、攀登……这些户外游戏能够极大地满足幼儿喜欢冒险、挑战自己的心理需求；玩轮胎、三轮车、风车、沙包……可以满足幼儿动作发展的需要，如图 2-1 所示。幼儿在户外运动中让自己的身体和心灵得到充分的滋养，放松身心，享受成长的欢乐。

图 2-1　幼儿户外游戏场地

(三) 促进幼儿积极的人际互动

户外游戏环境能促进幼儿间积极的互动与交流。由于室内游戏都在一定的区域内进行，空间相对狭小，有些时候幼儿在室内游戏时反而不愿意和别人合作。室外环境所提供的开放空间，吸引着幼儿互相观察、互相模仿、彼此交流经验、分享情感，因此当他们在室外游戏时常常会主动去找寻同伴。室外环境鼓励并支持着幼儿的合作游戏、协同合作。在这样一个合作性的氛围中，幼儿学习和锻炼了各种社交技能和社会行为，发展了适宜的情感、态度、自制力和问题解决能力。室外环境为幼儿的各种互动提供了充分的便利条件，成为幼儿互动的保障。

户外游戏环境同样也能促进师幼间的有效互动，如图 2-2 所示。对于教师来说，室外游戏时间是教师在无组织的社会互动中观察幼儿的时间，也是一个与幼儿分享对自然界的认识与体验的时间。在户外，教师可以以有意义的方式与幼儿互动，鼓励幼儿深入探索、支持幼儿大胆表达。户外游戏环境为教师真正成为幼儿学习与发展的支持者、合作者和促进者提供了条件。

图 2-2　幼儿游戏互动

二、幼儿园户外游戏环境规划应考虑的要素

创设良好的幼儿园户外游戏环境，还需要合理规划游戏环境。在规划幼儿园户外游戏

环境时，教师需要考虑以下几点要素。

（一）充分利用幼儿园的自然环境和材料

教师在创设幼儿园户外游戏环境时，可以充分利用幼儿园已有的自然环境及园所环境中的自然材料，进行合理规划和设计。山坡、树木、草地、小溪等自然景物应尽可能保留其本来的样子，保留其原本的路面。如幼儿园中的小山丘、小土堆，可以因地制宜，设置上坡、下坡的途径，用作幼儿练习走、跑、跳、攀爬等运动技能发展的游戏区域。在滑梯、台阶、斜坡等下方设置沙地，既充分利用自然环境，又能达到安全游戏的目的。此外，还可以用作幼儿户外游戏的现成“舞台”。

考虑到户外游戏需要，比如夏季阳光强烈，如果没有树荫很难组织幼儿外出游戏，如果有条件，可以设计绿色长廊，栽种紫藤、茑萝、葡萄等藤蔓类植物，并架设秋千一类玩具；在沙池、水池、大型玩具旁栽种高大、枝叶茂密的乔木；提供山洞、小城堡、游戏小屋一类充满神秘感的设施，如图 2-3 所示。

图 2-3　幼儿园环境

（二）巧妙利用场地特征

幼儿园的办园规模要与自己的室内和户外面积相匹配。由于受客观条件限制，加上每个幼儿园的设计理念不同，幼儿园户外空间各异、面积大小不一。为了避免人均户外空间不够而出现拥挤现象，户外游戏环境设计时也要注意因地制宜。对于户外游戏场地较小的幼儿园，除了在户外游戏活动的组织上采用轮流、交替的方式进行户外活动外，也可以通过开发楼顶活动空间，立体地利用户外空间。例如，进行立体绿化，或者在墙壁上设计横向攀岩；购买综合大中型玩具，靠边墙摆放；在高大的树木间设计秋千、摇椅、跷跷板等；沙池与戏水池巧妙组合……

此外，要灵活利用原有场地特征进行合理改造，比如原来低洼的地方可以设计成小河、沟渠，并架设上晃悠悠的桥索。

（三）考虑不同发展水平幼儿的游戏需要

户外游戏场地设计要充分考虑全园不同年龄段幼儿的特点和需要。例如，小班幼儿基本活动能力较差，动作不协调，自我保护能力和意识差，动作控制能力弱，容易在运动中碰伤。在运动环境的创设中要考虑安全性，包括消除场地上不安全隐患，所提供的各类运动器具应没有任何尖锐的棱角和坚硬部位。幼儿不会因为摔跤或将材料误入口中而造成伤害、中毒等事故。针对这一特点，可以为小班幼儿设计一个专门的半开放的软游戏区，铺设软垫、塑胶地面或人造草坪，适当投放一些小型玩具如皮球、沙包、小汽车等。中大班幼儿动作的灵活性和协调性的发展相对较好，要开辟一些有挑战性的游戏区域，满足幼儿冒险的需要。

户外游戏活动的组织形式各异，既有集体游戏，又有小组游戏和个别游戏，所以户外游戏场地的面积也应该根据需要设计，大小不一，可用灌木丛进行适当隔离，并设置多个出入口。

户外游戏活动多种多样，所以地面的设计也应该软硬都有。树林、山坡、草坪等应该尽可能保留其土质地面，便于动植物的生长，可以在连接处的路面进行硬化处理；另外，幼儿园还应该专门为幼儿设计车道等硬化地面，还要有沙池、水池等游戏场地，如图 2-4 所示。

图 2-4　幼儿游戏场地

（四）大型固定游戏器械与小型可移动游戏器材的合理搭配

大型固定游戏器械和小型可移动游戏器材是幼儿户外游戏的重要设施，是幼儿园户外游戏不可缺少的“道具”，在幼儿园户外游戏中发挥着不可替代的作用。这两者的组合安置能增加玩法，不仅可以延长游戏时间，还能促进幼儿之间的交往与合作。教师需要合理搭配两者的数量，巧妙规划位置，使之既不能太近，又不能太远，太近了容易互相干扰，增加幼儿碰撞的机会，太远了不方便教师组织和指导幼儿的活动。

小型可移动游戏器材组合方式多变，玩法多样，非常适合户外活动。像轮滑、骑车、滑板等容易引发碰撞事故的器材最好设计专门的区域或者路线。

（五）充分利用日常生活用品创设户外游戏环境

在日常生活中常见的便于取得的物品，经过教师们的巧手加工、改装、自行设计后就变成了美观、有趣的运动玩具，如图 2-5 所示。

纸盒是生活中常见的随处可取的材料。教师收集提供各种大小不同、颜色鲜艳的纸盒投放在运动区域中，幼儿可以找找各种颜色的纸盒，数数纸盒，比比大小，把盒子垒垒叠叠，玩垒高游戏。在挂有铃铛的大盒子里钻钻爬爬，当幼儿能碰到小铃时，小铃发出的声音让幼儿在动作和结果之间建立联系。

有些幼儿园在大型游戏器械上绑上床单，在草地上搭帐篷，就可以为幼儿创设出一个户外的娃娃家、饭店和幼儿的私密空间，激发幼儿在户外进行角色游戏的兴趣，给幼儿带来多样化的游戏体验。

图 2-5　利用日常生活用品创设户外游戏环境

三、幼儿园户外游戏环境的创设

不同的户外游戏需要不同类型的游戏设施和游戏场地，不同的游戏设施和场地可以给幼儿带来不同的游戏乐趣和不一样的心理体验。

（一）幼儿园户外游戏场地的类型

1. 传统的户外游戏场地

传统的游戏场地有一些固定的运动设施。典型的器具包括立体攀登架、秋千、滑梯、跷跷板、旋转木马等，每种设备只有一种功能，各设施之间缺少有机的联系。这些设备主要引发幼儿机能性游戏，可用来帮助幼儿练习大肌肉动作。

这种游戏场地有一些比较明显的优点，如活动设备容易维护，也较容易融入学校或当地的建筑风格。但也有明显的缺点，如活动设备功能太单一，只能用于一些特定种类的游戏，无法满足幼儿的个别需要。此外，因为传统的户外游戏场地中的这些运动设施一般通过水泥地固定，在安全性方面也存在隐患。

2. 现代的户外游戏场地

现代的户外游戏场地采用新的设计和新的观念，将传统需求和现代需求融合在一起。传统游戏场地中固定的大型器械，以及包括攀爬栏杆、旋转木马、跷跷板、秋千等室外固定的活动器材仅被看作整体环境设计中的一个要素与一些现代的活动材料结合使用。一般来说，适合幼儿的、有创造性的、现代的活动场地会包括以下几种活动材料：

（1）由金属和木头混合组成的带有平台、轮子、绳索等的大型攀爬结构；

（2）适合幼儿玩的秋千、滑梯、圆桶、小桥以及平衡木；

（3）游戏房、小木屋以及迷宫；

（4）各式各样的铁轨、电缆卷轴和轮胎；

（5）空心木、圆木等大块经过处理的木头；

（6）可以爬进爬出、爬上爬下的城堡或是其他有趣的结构；

（7）小货车、独轮车、脚踏车、手推车、玩具马车；

（8）塑料箱子、摇船或其他可以乘坐的玩具；

（9）大型沙坑以及各种大小、形状、样式不同的挖掘工具。

现代活动场地给幼儿提供了既熟悉又有挑战性，既能促进身体发展，又能培养好奇心、创造性的室外环境，使幼儿成为积极热情的参与者。最大限度地利用自然环境的优势，使幼儿无论在独立游戏还是合作游戏中，都能拥有许多互动的机会。幼儿既可以使用那些传统的活动器材，又可以操作、摆弄、移动新的活动材料，从而更有效地控制自己的环境，成为自己环境的真正主人，游戏结束回到室内时会感到非常满足和愉快。

（二）幼儿园户外游戏场地的创设

现代的幼儿园户外游戏场地一般包括集体活动区（游戏材料区）、大型固定游戏器械区、玩沙区、玩水区、跑道或车道、种植养殖区、自然绿地区等。我们在创设的时候应避免游戏区域相互之间的干扰或者存留安全隐患。

1. 集体活动区

我国幼儿园注重集体活动，因此大部分幼儿园在进行幼儿园户外游戏场地规划的时候都首先会划分出一大块宽敞的、平坦的空间作为幼儿做早操、上体育课以及开展集体游戏活动的区域。幼儿园周一早晨的升旗仪式，每天的早操，以班级为单位组织的户外游戏活动（如沙包、跳绳、飞碟、拍球等）基本都是在集体活动区进行的。

为了保证幼儿的集体活动安全，一般幼儿园的集体活动区以塑胶地面为主，泥地和沙石地面已非常少见。但是实际上泥土地面对幼儿的身心发展具有独特的、塑胶地面无法替代的价值。

2. 大型固定游戏器械区

大型固定游戏器械区是幼儿园一道独特的风景，一般放置在幼儿园的草坪、土地或者沙地上，主要包括攀登架、秋千、滑梯等组合。其主要作用是供幼儿练习和拓展攀登、平衡、走、跳、爬等基本动作，增强幼儿的上臂及腿部的肌肉力量，协调幼儿上肢和下肢的运动平衡，促进幼儿感觉统合能力发展。

目前幼儿园的大型固定游戏器械一般都比较大，包括一个或多个出口，可以容纳多个幼儿集体活动。在设计时考虑到不同年龄阶段幼儿的发展需要，不同的器械组合难度不同，能够为不同年龄班的幼儿提供难度不同的动作挑战和练习机会，如图 2-6 所示。

图 2-6　幼儿园的大型固定游戏器械

3. 玩沙区

沙是幼儿很喜欢的一种游戏材料。它在幼儿的手中可以千变万化，创造出形态各异的形状，如图 2-7 所示。幼儿园的玩沙区一般有两种形式：一种是单独设置的沙坑或者沙池，一般在幼儿园的墙角、树荫下等边缘地带；另一种是直接购买的带盖子的沙箱，使用的时候将盖子打开，不用的时候将盖子盖上，保证沙子的清洁。

因为不同年龄幼儿玩沙能力不同，大班的幼儿可以自己用沙子做出各种造型，但托班、小班的幼儿则需要成人的帮助或者工具的辅助。因此，玩沙工具是玩沙区必不可少的材料，如铲子、勺子、沙漏、小桶、各种动物模型等。幼儿可以利用多种工具，学习使用挖、舀、推、拉、拍、倒、锄等多种方式玩沙，从玩中认识沙子的特性，促进幼儿精细动作能力、手眼协调能力及创造性思维的发展。

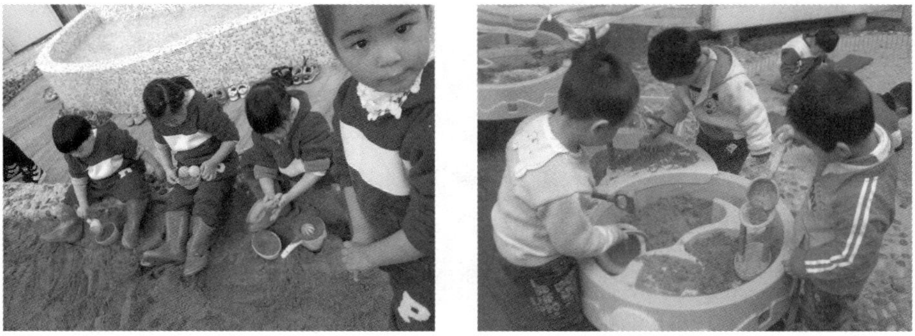

图 2-7　玩沙区

4. 玩水区

为了方便幼儿的玩水和玩沙活动，一般幼儿园在设计规划玩水区的时候都会把玩水区和玩沙区设计在一起。南方的幼儿园会有一个小水池，北方的幼儿园会把玩水和玩雪结合起来，玩水区既可以玩水又可以玩雪，如图 2-8 所示。小水池池水很浅，方便幼儿的玩水活动。也有幼儿园把玩水区设计成一个清浅的小池塘，里面养着小鱼，种着一些水生植物，岸边垂柳依依，上面再架一座小桥，既可供幼儿玩水，又可观赏，形成一道美丽的风景，令人赏心悦目。

图 2-8　玩水区

5. 跑道或车道

跑道主要提供幼儿练习跑步，感知并学习控制跑步时不同的速度和力度，如图 2-9 所示。车道主要提供幼儿练习推、拉、骑单轮、双轮、三轮甚至四轮车。幼儿园中、大班的幼儿很喜欢玩车子的游戏。有的幼儿园跑道和车道是合二为一的，有的幼儿园是分开的。车道应该是一个半封闭的区域，不能与秋千、滑梯等玩具区混在一起。

图 2-9　跑道和车道

6. 种植养殖区

幼儿园的种植养殖区是幼儿认识、亲近动植物的一个重要窗口，如图 2-10 所示。有条件的幼儿园可以为每个班级的幼儿开辟一块种植区，插上班级的标牌。由班级教师和幼儿决定种植什么植物，并由教师和幼儿负责管理、收获自己班级“自留地的劳动成果”。幼儿园的种植区一般栽种容易成活，方便幼儿观察的植物，例如各种蔬菜、花卉。但不宜栽种有毒、有刺或者过分刺激性的植物，如夹竹桃等。幼儿可以观察和体验播种、施肥、浇水等种植过程，了解植物的生长过程以及植物生长与外界环境之间的关系。幼儿园的养殖区可以让幼儿饲养小动物。通过喂养动物，观察小动物的生活习性，可以激发幼儿热爱小动物的情感。

图 2-10　种植养殖区

7. 自然绿地区

幼儿园的户外游戏规划也应包括树木和植物组合成的自然绿地区，可以栽种各种树木、四季的花卉。幼儿每个季节都能看到不同的花儿开放，闻到不同的花香，观察自然界的变化与植物生长的关系。长廊、树荫、花棚、游戏小屋……构成了丰富的自然绿地区。

此外，有些幼儿园开始考虑为幼儿创设一种介于室内经验与室外经验的过渡性经验的“室内-室外”环境，这对幼儿的发展有着非常重要的意义。将室内环境与室外环境融合在一起的例子有很多。例如，一处可以藏身的门廊，当天气变冷时还可改为活动室；一处设计漂亮的院子、一块特殊有趣的储藏区等。在每种设计中，幼儿都非常喜欢其中的“室外”区域，因为这个区域为一些户外活动中很少进行的特殊活动，诸如画画、家务管理、阅读和游戏提供了特别的机会。更为重要的是，这在幼儿不断扩大的生活范围内为幼儿提供了另一个成长与发展的空间，具有非常重要的心理学意义。

第三课　室内游戏环境的规划

幼儿一日生活的大部分时间是在室内度过的，所以室内游戏环境创设尤为重要。如果室内游戏环境设置合理、材料投放丰富、氛围宽松和谐，就可以激发幼儿生动多样、富有创造性的游戏行为。

一、室内游戏环境特征对幼儿游戏行为的影响

（一）空间密度对幼儿游戏行为的影响

空间密度是指每个幼儿在游戏环境中所占的空间大小，也就是室内拥挤程度的指标。

空间密度=（房间大小一不可用的空间大小）/幼儿人数，数值越低，表示教室越拥挤。

很多研究表明，空间密度会影响幼儿的游戏和游戏中的交往行为。空间密度减少，就意味着拥挤度增加，相应地必然会减少幼儿的大动作活动。在过于拥挤的空间内，幼儿相互之间的冲突和攻击性行为以及幼儿错误地使用材料的频率会增加，师幼间的直接教导行为也会相应增多；反之，空间密度过大，就会减少幼儿的社会互动，幼儿粗大动作以及冒险性游戏行为也会增加。

为了形成合理的空间密度，我们一般会把整个教室划分成若干小的区域，各个区域动静分离、相互联系、相互影响、相互支持。

（二）空间结构对幼儿游戏行为的影响

游戏空间是开放还是区隔？使用什么方式进行区隔？不同的开放与区隔活动区的位置安排等会对幼儿的行为产生不同的影响。例如“娃娃家”是开放的还是区隔的，会极大程度地影响游戏中“邻居”的行为。

开放的空间满足了幼儿行为上的自由，使幼儿能自主安排游戏空间，自由拓展游戏情节，突破由预先设置的游戏空间、材料而带来的思维定势的局限。然而无区隔的开放空间，会增加噪音和身体冲突的机会，因此大小不同的空间区隔是很有必要的，它将适合不同人数的小组进行合作学习，促进幼儿交往能力的提高。

区隔的空间内可以为幼儿提供不同材料形成各种功能活动区，任幼儿自由选择，同时也为幼儿在不同的社会性水平中开展游戏创造了条件。例如，最小的空间是为幼儿独处或一对一活动所设；较小的空间则可以提供双人或多人交往的机会，让幼儿在小组活动中，倾听他人和被他人倾听；较大的空间使幼儿有了与较大群体中的人交往的经验，并获得通过协商、竞争、比较等行为解决游戏中问题的机会；最大的空间往往在走廊或门厅，各班各组的幼儿常在此自由交流，获得更多游戏乐趣。

空间的区隔物灵活而多样，包括可以变化的矮柜、可以移动的屏风、可以放开和收拢的帐篷、可以随时打开和关闭的布帘或竹帘，此外双层空间也是一种区隔的好方法。

二、室内游戏环境规划中要注意的问题

（一）动静区域安排合理

在一个大的不做分隔的教室里，幼儿游戏的噪音会很大，幼儿之间必然会相互干扰。室内游戏活动区必须要有分隔。活动区设置要善于利用班级环境的地理因素，既要考虑到幼儿之间能相互交流、共同合作，又要注意彼此之间互不干扰，从而使幼儿能专注地投入某一活动，充满自信地探索问题，如图 2-11 所示。

教师可以从“安静-吵闹”与“需用水-不需用水”两个维度考虑，将活动室划分为四块不同性质的活动区域：需用水的闹区——自然区；需用水的静区——沙水区、美工区、科学区等；不需用水的闹区——音乐区、角色游戏区、表演游戏区及大肌肉活动区；不需用水的静区——图书区、教学区及小肌肉活动区。这种划分既保证动静分开、避免相互干扰，又满足了不同性质的活动区域的特殊需要，如美工区需靠近水源，角色游戏区需靠近玩具柜以便于取放游戏材料，建构区需场地宽敞便于幼儿操作。

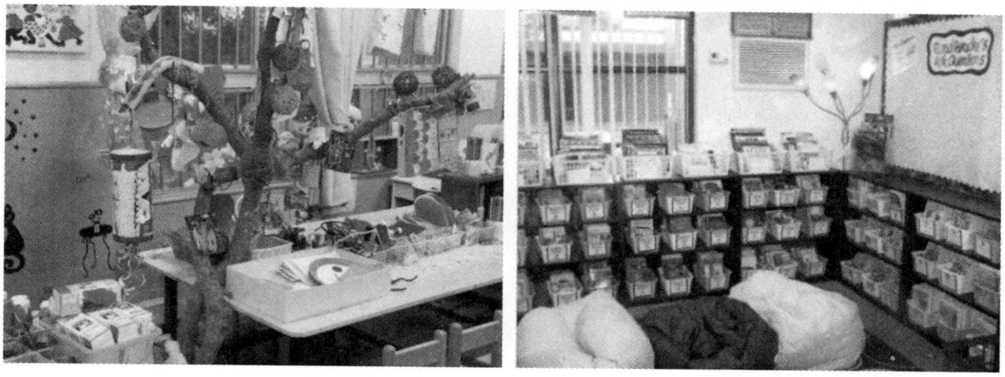

图 2-11　动静区域合理安排

（二）兼顾固定游戏区与临时游戏区

活动区设置时可采用固定区域和临时区域设置相结合的方式。固定区环境本身已经暗示了幼儿的游戏主题，这对于年幼的托、小班幼儿比较适宜，因为他们的游戏行为本身受制于客观环境，但对年长的幼儿来说就不适宜了，稍大年龄幼儿游戏的主题源于自己生活经验中感兴趣的内容，玩什么更为主动，而主题一经固定，会大大限制幼儿游戏行为的主动性和游戏经验的丰富性。因此，活动区并不一定全都要固定内容，有些区域可以只保留区域空间，而不放置固定游戏材料。这样幼儿可以选择不同的材料和玩伴，协商后来到这些区角进行游戏，游戏的自主性也就大大地增强了。设定固定游戏区的同时，也为临时游戏区的开辟留有余地，既给幼儿稳定有序的游戏环境，同时又能满足幼儿临时生成游戏的需要。

（三）合理充分利用有限的空间

由于每个幼儿园的物理空间结构各不相同，因此在设置游戏区时要根据本园活动场地条件因地制宜地合理规划空间。

幼儿园室内空间狭小会直接影响幼儿的游戏质量。教师要充分开发利用其他的空间，通过合理改造变成幼儿的游戏区角。

（四）赋予环境一定的自治因素

环境具有暗示、引导作用，能规范和控制幼儿的游戏行为。我们可以在一些需要限定人数的区域设有相应的标记，如在建筑区放上三双小鞋子；在娱乐区的钓鱼游戏区放上两根钓鱼竿；在美工区放上两把小剪刀等，从而引导幼儿自己调整人数。幼儿在游戏中无需教师分配和提醒，自己以规则约束行为。通过长期的反复实践，逐步形成规则意识，保证整个游戏过程进行有序。

三、幼儿园常见的游戏区域

我国目前幼儿园的室内游戏环境基本是以活动区为主的空间结构。区域式的游戏环境创设所包含的理念：创造丰富的环境，让幼儿和环境相互作用来学习和发展，使幼儿各种新出现的能力得以充分运用和发挥。区域游戏强调环境、材料在教育中的重要性，有利于增进幼儿与游戏材料、幼儿与同伴、幼儿与教师之间的互动，注重幼儿在直接体验中获取经验，注重人际交往的多向性，使幼儿充分展现能力、水平与个性特点，有助于幼儿良好情感、态度及个性品质的形成。按照不同的功能，幼儿园一般会设置生活劳动区、语言区、美工区、科学/数学区、建构区、角色游戏区、私密区等各种区域。

1. 生活劳动区

生活劳动区的主要功能是通过各种生活模仿性操作与练习，培养幼儿的生活自理能力（如穿脱衣服、整理衣物、梳头、系鞋带、洗手帕）和整理环境的能力（如折叠餐巾、分碗筷、切水果、刨瓜皮、浇花等），如图 2-12 所示。

图 2-12　生活劳动区

2. 语言区

语言区的主要功能是发展幼儿的语言理解与表达能力，包括阅读、合作猜谜、故事表演、剪贴废旧图书、自编故事、跟“磁带老师”讲故事、下语言棋等，如图 2-13 所示。

图 2-13 语言区

3. 美工区

美工区的主要功能是通过撕、贴、剪、画、捏、做等美术操作表现活动，发展幼儿的动手操作能力及欣赏美、表现美和创造美的能力，如图 2-14 所示。

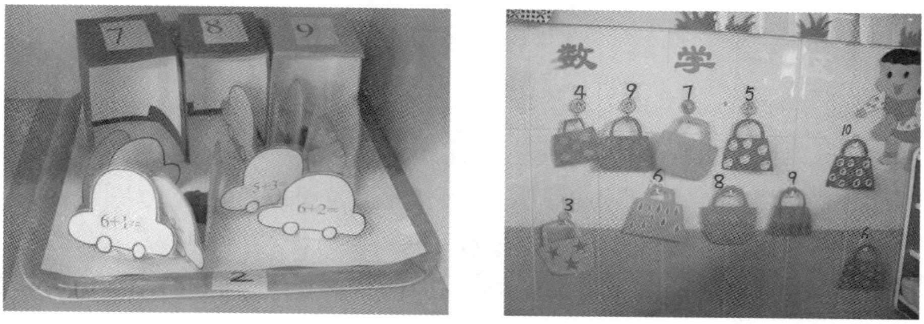

图 2-14 美工区

4. 科学/数学区

科学/数学区的主要功能是通过各种科学小游戏及数学操作活动，从小培养幼儿对科学探索的兴趣，发展幼儿的数学能力和动手操作等能力。

5. 建构区

建构区的主要功能是利用积木、积塑等建构类玩具及酸奶盒、易拉罐、纸盒、玉米瓤等生活中的废弃物进行的建构游戏活动，培养幼儿的空间知觉，发展幼儿的空间想象力、动手操作及交流合作能力，如图 2-15 所示。

图 2-15 建构区

6. 角色游戏区

通过模仿各种社会活动，帮助幼儿学习各种社会知识，发展交往能力。常见的角色游戏区设有娃娃家、造型屋、超市、美食城、餐厅等，如图 2-16 所示。

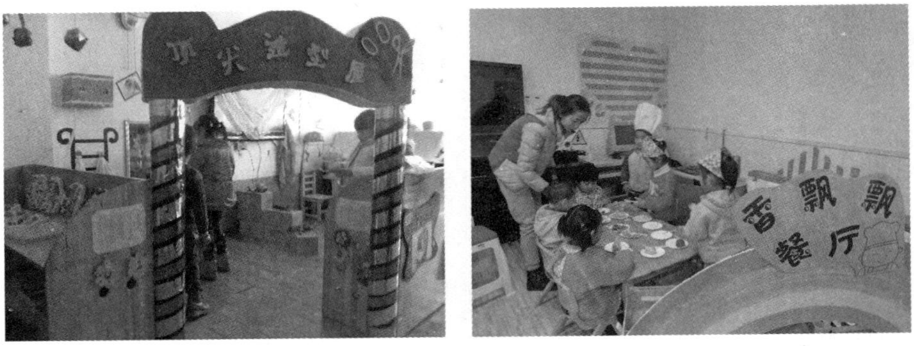

图 2-16　角色游戏区

7. 私密区

细心观察幼儿的教师会发现：不论哪个年龄阶段的幼儿都喜欢游戏时躲进一个比较封闭的“小地方”。这个区域可能是用帘子与外界分隔的“悄悄话小密室”，也可能是教师和家长一起用废旧的大纸箱做的“小房子”，还可能是教室里或者走廊上幼儿园统一购置的玩具“小屋”……这个深受幼儿喜欢的区域有非常鲜明的特点：空间较小、比较隐蔽、来去自由。这既是属于幼儿全体又是属于每一个幼儿自己的一个独立的小王国——私密区，如图 2-17 所示。

私密区一般占地不大，几平方米即可；靠近教室的边角位置；幼儿来去自由，谁进去了就属于谁的独立王国。待在里面既可以“躲进小楼成一统，管他冬夏与春秋”，享受独自一人的快乐；同时又能观察外面其他幼儿游戏的情况，只要愿意，随时都可以投身到火热的游戏活动中去。这是一个可进可退的“小堡垒”，也是一个可以享受清静的“桃花源地”，还是一个可以进行自我反思、自我休整的“加油站”。幼儿喜欢私密区，因为它满足了幼儿成长的心理需要，促进了幼儿自我意识的发展。因此，幼儿园的室内环境规划需要一个私密区。

图 2-17　私密区

第四课　幼儿园游戏材料的选择

玩具在幼儿的生活中起着重要的作用，它是幼儿的童年伙伴，也是幼儿的启蒙教师。玩具具有可操作性和具体形象性的特点。通过摆弄玩具，幼儿可以获得关于物体形状、性质等物理经验，帮助幼儿认识周围世界，因此有人说玩具就是幼儿的教科书。通过与其他幼儿共同玩玩具，幼儿可以获得与他人交往的机会，学习如何与同伴和成人交往。

尽管没有玩具和其他游戏材料，幼儿也能开展游戏，但丰富的游戏材料可以激发幼儿的游戏兴趣，教师可以通过调整游戏材料的投放方式，促进游戏行为发展，生成新的游戏，提高幼儿的游戏水平。

一、游戏材料的分类

（一）根据玩具的功能特点分类

1. 形象玩具

形象玩具是指色彩鲜艳、能发出响声、形象生动逼真的玩具，主要有玩具娃娃、玩具动物、交通玩具、医院玩具、模拟日常用品的玩具（如碗、杯子、衣服等）等，如图 2-18 所示。此类玩具在象征性游戏的角色扮演中占有重要地位。

图 2-18　形象玩具

2. 智力玩具

智力玩具侧重于促进幼儿智力的发展，用于智力游戏，材料主要有拼图、拼板、镶嵌板、魔方、套塔、套碗、棋类玩具、纸板等。

3. 结构造型玩具

结构造型玩具用于建构活动的游戏材料，主要指积木、积塑、橡皮泥、黏土、沙、雪等各种结构造型材料，如图 2-19 所示。

图 2-19　结构造型玩具

4. 体育玩具

体育玩具是指侧重于发展幼儿的基本动作和运动技能，主要指在体育游戏中所使用的各种设备、器械、材料等。按形体大小可分为大型体育活动设备（如荡船、滑梯、攀登设备、大型转椅等）、中型体育玩具（如秋千、木马、平衡木、脚蹬三轮车等）和小型体育玩具（如皮球、跳绳、呼啦圈、毽子等器械以及沙、土、水、雪等天然材料）。

5. 音乐玩具

音乐玩具是指侧重于发展幼儿的音乐智能的各种能发出悦耳声响的玩具，如小铃铛、小喇叭、口琴、小铃鼓、花唧棒等，如图 2-20 所示。

图 2-20　音乐玩具

6. 娱乐玩具

娱乐玩具是指主要给幼儿以欣赏性的视觉快感的玩具，如不倒翁、“小鸭游水”、“小猴打鼓”、“小鸡吃米” 等。

7. 废旧物品或天然材料玩具

许多日常用品或废旧物品以及某些天然材料，如包装纸、包装盒、小木块、纸盒子、小瓶子、旧轮胎、树枝、树叶等，都可以成为幼儿或教师制作玩具的物品或材料，如图 2-21 所示。

图 2-21 天然材料玩具

（二）根据操作方式是否多样分类

1. 开放性玩具

开放性玩具是指操作方法及功能多样化的玩具，如土、积木、建构片等。例如，乐高等塑料材质的积木，有千变万化的造型及丰富的色彩，可在触觉及视觉上为幼儿提供丰富的经验。

2. 封闭性玩具

封闭性玩具是指操作方法固定或是变化很少、功能也固定的教具，如拼图、大富翁、开心农场等规则性游戏材料。

（三）根据玩具游戏功能的结构化程度分类

1. 高结构性玩具

高结构性玩具是指本身具有较固定的具体形象的玩具，如芭比娃娃，娃娃家的锅、碗、瓢、盆、铲子、刀、叉等餐具，拼图，各种仿真的水果模型，如图 2-22 所示。高结构性游戏材料造型基本与实物相符，幼儿从视觉上可辨识出这些玩具所代表的物体名称，比较容易限制幼儿的想象空间。

图 2-22 高结构性玩具

例如，当幼儿看到玩具碗，首先是对它的辨别、再认，即做出“这是什么”的反应。因其逼真的模拟，幼儿很容易地认出当前刺激物是“碗”，同时，过去已形成的与“碗”有关的联系或经验被激活：碗，是用来吃饭或喝水（进餐）的。于是在动作表象的作用下，幼儿一般就能够毫无困难地用玩具碗做出“喝”等象征性动作。

2. 低结构性玩具

低结构性玩具是指本身较无固定形象的玩具，如积木、小方块、乐高玩具等。这类玩具没有固定的用途和玩法，幼儿想怎么玩就怎么玩，并可依幼儿的想象变成任何一种造型，这为幼儿想象力的发挥留下了足够的空间，如图 2-23 所示。

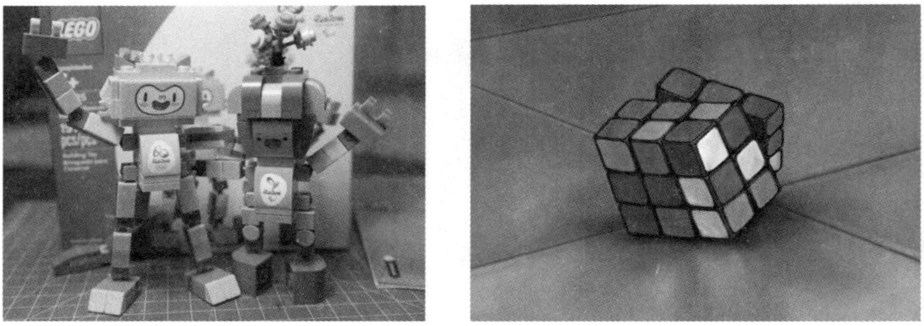

图 2-23　低结构性玩具

例如，当给幼儿半个皮球游戏时，幼儿仅仅认出当前刺激物是什么还不够，还要进行一个“它像什么”为标志的心理活动过程。将半个皮球改造或假想为“碗”是这种心理活动的结果。“它像什么”正是以物代物的象征的心理建构过程，是对当前刺激物的认知和用它来做出象征性游戏动作的中介或联系环节。这个环节实质上是幼儿根据自己对当前刺激物（半个皮球）的感知分析和游戏的实际需要，对它多方面的特征加以综合和取舍，用它来代替不同的物品完成一个更具有创造性的想象过程。

3. 无结构性玩具

无结构性玩具是指本身完全无固定的具体形象，可让幼儿任意建构造型的游戏材料，如沙子、水、黏土，如图 2-24 所示。

图 2-24　无结构性玩具

在游戏中，年龄小的幼儿比较喜欢形象生动、色彩鲜艳的高结构的游戏材料，因为这些形象逼真的游戏材料能引发幼儿的游戏愿望，也容易为幼儿所操纵。年龄大的幼儿更喜欢按照自己的想法去重组、改造游戏材料，使之符合自己的游戏需要，使自己的游戏更加丰富多彩。

（四）根据玩具的来源分类

1. 自制玩具

自制玩具是针对幼儿身心发展的特点和教育工作的实际需求，由教师、家长和幼儿巧妙地利用生活中随手可得的物品设计制作的玩具。

2. 商品玩具

商品玩具是由商家统一设计、制作、销售的玩具。自制玩具与商品玩具相比，有其独特的价值。

一是经济环保。目前市场上的玩具种类繁多，但都价格不菲。一个小小的玩具动辄上百元。购买玩具的经费对任何一个幼儿园来说都是一笔不少的经济支出。在条件具备的情况下，教师们因地制宜、就地取材，利用生活中的简单材料自制玩具，不仅经济而且非常环保，契合了创建节约型社会的新的生活理念。

二是针对性强。幼儿教育离不开游戏，进行游戏又离不开相应的玩教具。因此幼儿园总是需要购买大量的玩教具，但有时买到的玩教具并不适合幼儿操作。自制玩教具往往源于教学实践中幼儿的游戏需求，随时利用身边的各种资源完成，并可投放到幼儿教学游戏活动中。例如，商品玩具类的飞碟大都是塑料制成的，比较坚硬，在幼儿园使用容易碰伤人，有些幼儿园根据幼儿园户外体育游戏的需要设计制作安全性好的布艺飞碟。

三是富有变化。教师可以根据开展游戏的需要，用同样的材料制作不同的玩具，用于不同的游戏中。例如农村地区的麦秆，教师可以根据幼儿年龄及动手能力把长长的麦秆剪成长短不一的多段麦秆。这些剪过的小麦秆既可以放在游戏区角中供幼儿串门帘，又可以放在手工区供幼儿制作贴画，还可以放在“小超市”中当作吸管……

四是幼儿可直接参与制作。《幼儿园工作规程（试行）》指出，“游戏材料应强调多功能和可变性，应充分尊重幼儿选择游戏的意愿，鼓励幼儿制作玩具，根据幼儿的实际经验和兴趣，在游戏过程中给予适当指导，保持愉快的情绪促进幼儿能力和个性的全面发展”。2001 年教育部颁发的《幼儿园教育指导纲要（试行）》第二部分“教育内容与要求”中明确要求，教师应“指导幼儿利用身边的物品或废旧材料制作玩具、手工艺品来美化自己的生活或开展其他活动”。因此，教师可以和幼儿多开展自制玩具的活动，使幼儿从玩具的设计、制作的过程中获得乐趣。从某种意义上说，玩具的制作过程本身对幼儿就具有教育意义。

近些年来，随着时代的发展，越来越多的幼儿教育工作者在教育实践中开始尝试自己动手制作或者与幼儿一起制作游戏材料。心灵手巧的幼儿教师们利用生活中随处可见的废旧材料制作出一个个令幼儿爱不释手的玩具。

（五）案例分析

（1）音乐类自制玩教具——竹音袅袅。

1）音乐类自制玩教具：竹音袅袅（全国优秀自制玩教具展评一等奖作品）。

2）设计者：江苏省无锡市峰影幼儿园。

3）设计灵感：我们幼儿园地处国家旅游度假区——马山。这里竹资源丰富。我们经常带着幼儿在竹园玩敲竹筒的游戏，幼儿在竹园里快乐地奔跑着，“叮叮咚咚”的原始竹筒音乐此起彼伏。带着这样的灵感，我们将竹子加工成打击乐器，投放到音乐区角。我们发现幼儿对此的兴趣绝不亚于现成的打击乐器，参与活动的热情甚至更高。

和幼儿经历竹音系列的制作、演绎的过程，让我们发现原来自然的艺术信息切切实实存在于我们身边，幼儿自己的艺术表现是一件充满乐趣的事情。

（2）手工操作类自制玩教具——纺织乐。

1）手工操作类自制玩教具：纺织乐（全国优秀自制玩教具展评一等奖作品）。

2）设计灵感：了解到线制品的制作过程，幼儿看到棉花被自己弹得蓬松起来，看着捻线锤旋转就能把棉花变成线绳，感觉非常神奇、非常兴奋；再看着自己把捻的线绳染成五颜六色，织成网、织成布、绣出花，还能自己制作线球、球拍、球篮、抄网进行抛接球等游戏活动，大大获得了成功的喜悦。

（3）自制玩教具——有趣的渔网。

1）自制玩教具：有趣的渔网（全国优秀自制玩教具展评二等奖作品）。

2）设计者：江苏省如东县栟茶幼儿园。

3）设计思路：利用渔民下海捕捞用的鳗鱼苗网和织布机上更换下来的废旧剑带制成，成本低廉、制作简单、操作方便、一物多玩、便于消毒、易于收管，富有渔乡特色。主要用法：①平铺式：可以走小路、过小河、跳格子；②侧立式：可以跳高、跨栏、走迷宫；③拱桥式：可以钻桥洞、过隧道；④连环式：可以跳圈、套圈、转圈、滚圈，可以学毛毛虫、学蜗牛爬，还可以投篮、开火车、喂动物、玩车轮滚滚；⑤卷筒式：可以绕小筒、顶小筒、转小筒、滚小筒、两人三足走。有趣的渔网还有其他许多玩法。如打蝴蝶结、做区角隔断、拼拼搭搭、网上冲浪、看电影、抛接物、掷骰子、刺绣等。

二、游戏材料的选择与投放

游戏材料是幼儿在游戏中使用或操作的物质材料，具有诱发游戏主题、丰富游戏情节、促进游戏持续发展的重要功能。游戏材料投放的目标与幼儿游戏的目标、幼儿整体发展的目标具有一致性。教师正确选择与投放游戏材料的过程就是将幼儿游戏的目标进一步具体化、明确化的过程。

（一）游戏材料选择的原则

1. 应符合安全、卫生和艺术的要求

安全、卫生是选择和制作幼儿园游戏材料的最基本标准。为幼儿提供游戏材料时，应选择无毒、无味、对幼儿无伤害隐患的制作原料，制作前进行彻底的清洁消毒。在保障安全的基础上，应注意包装和制作的艺术性。

例如，比较坚硬、原始的易拉罐、包装盒可用彩纸、丝带等辅助材料进行装饰、改造，还可选用质地柔软的绒布、包装纸、美工纸等进行艺术加工。再例如生活区，可以选择色彩鲜艳、做工精美的玉米造型、花瓣造型纽扣，让幼儿练习扣纽扣，以吸引幼儿对活动材料的兴趣，从而积极投入地参与到活动中来。

当然游戏材料的安全与否，一方面取决于玩具本身的质量和结构，另一方面也取决于幼儿的发展水平和知识经验。例如，小班幼儿在游戏中往往分不清楚真实的和虚假的，他们在装扮喂奶的动作时，会把“奶瓶”真的放到嘴里去，这就要求教师在确保游戏材料安全的情况下，注意经常消毒确保卫生。

2. 应经济适用

玩具及游戏材料的选择不应以价格高低为标准，而是要以是否具有教育作用为主要的判断依据。幼儿园游戏材料的选择要坚持低费用、高效益的经济性原则，勤俭节约、因地制宜，充分利用社区资源，就地取材。在保证清洁、卫生的前提下，废物利用，一物多用，不浪费宝贵资源，不盲目攀比，不追求设备设施的高档化。

例如一根普通的冰棍筷子，在“医院”里是“小医生”使用的压舌板，在“娃娃家”里是“妈妈”用来切菜的菜刀，在图书修补区是幼儿用来舀浆糊的工具。用瓦楞纸、废旧挂历纸等代替吹塑纸、植绒纸；可用一次性纸杯、果冻盒做花篮、风铃等装饰节日环境。农村幼儿园可用高粱秆、麦秸秆等自然材料装饰环境。

3. 具有可探究性

苏霍姆林斯基曾指出，幼儿智慧的发展体现在指尖上，操作、摆弄玩具的过程就是激发幼儿好奇心，刺激幼儿求知欲的探索、发现的过程。

所谓探究是指幼儿在动脑思考基础上的动手操作，是幼儿动脑思考和动手操作交织进行的活动。游戏材料的探究性要求游戏材料能引发幼儿动手、动脑，支持幼儿与活动环境的积极互动，引导幼儿根据自己的兴趣爱好对客观事物进行动手操作和动脑思考。

例如，给幼儿几架飞机模型，让幼儿根据教师的要求，找一找有几扇窗、几个轮子，有些什么不同，这并不是一种典型意义上的探究活动。如果交给幼儿各种材料，如飞机模型中的门、窗、轮子等让幼儿自己拼装出飞机，这就是一种探索活动。因此，我们在材料的提供上，还应密切注意材料的探究性。

（二）游戏材料的投放

游戏材料的数量、种类、性质以及搭配直接影响着幼儿游戏的开展，教师可从如下几方面考虑如何选择和投放游戏材料。

1. 根据幼儿年龄特点投放游戏材料

幼儿的发展有着明显的阶段性。不同年龄的幼儿在能力与经验、兴趣与需要等方面存在极大的区别，因而能够玩、喜欢玩的玩具也不相同。即使是玩同样的游戏，教师也需要根据幼儿的特点和游戏的特点，注意游戏材料投放的种类、难易程度的适宜性，注意玩具的数量和玩具的种类搭配。

针对小班幼儿喜爱模仿的特点，要多提供成品玩具和结构性较强的材料，如娃娃、玩具小锅、小灶、奶瓶、方向盘等，避免选择过分细小、结构与功能较复杂的材料。另外，小班游戏的发展正处在平行游戏水平，他们社会性发展水平较低，处理游戏冲突的能力有限，因此相同的玩具数量需要多一点。

中、大班的幼儿想象能力和动手能力有了较好发展，成品过多会限制幼儿的想象、创造，因此应多增加半成品和废旧材料，结构与功能较为复杂或者较为精细的材料，可以使幼儿在操作中按自己的想象任意创造出自己想要的东西，以鼓励幼儿在游戏中以物代物，发挥他们的自主性和创造性。

中大班幼儿已初步具备交换、轮流、合作等社会技能，游戏的社会性发展水平也已达到联合游戏或合作游戏的水平，因此投放游戏材料时同种玩具的数量可以减少。教师可以采取分批轮替投放玩具、更换玩具、增加新玩具、改进和完善原有玩具、重新设计玩具的玩法等方式使玩具常玩常新，持续吸引幼儿参与到游戏过程中。

2. 注意游戏材料投放的动态性

游戏材料的动态性是指教师提供的游戏材料不能一成不变，而要根据教育目标和幼儿的发展需求，定期或不定期地进行调整、补充。教师可定期在游戏区投放新的材料，形成新的刺激点，适时增加材料对幼儿的挑战。在材料投放中，给幼儿一定的时间去寻找、发现和获取新的游戏材料，以保持他们对游戏的兴趣。同时，教师投放材料时不能只投不取，未拿走的破旧材料，会导致材料变化不明显，难以激发幼儿的认知兴趣和操作动机。

当然，游戏材料的调整并不是盲目的，而是要建立在充分了解幼儿以及观察幼儿游戏的基础上。通过对幼儿游戏活动的观察，决定投放什么样的玩具以及在什么情况下投放。例如，小班幼儿的美工区，教师给幼儿提供了纸张，但幼儿在沿线撕纸的时候撕不好，于是就放弃了。教师需要通过观察分析是什么原因导致幼儿放弃这一游戏，是不喜欢，还是提供的纸张过硬、过厚，幼儿撕不动。如果是后者，教师就要尝试更换更为柔软、轻薄的纸张。再例如“娃娃家”里的新玩具娃娃，是在游戏过程中投放合适，还是在游戏前投放合适？一般来说，幼儿对新的玩具都要经历一个熟悉的过程才能在游戏中自如运用，因此新的玩具娃娃最好在游戏前投放，给幼儿充分和娃娃接触、熟悉的时间。

3. 根据教育目标投放材料

幼儿园游戏是实现教育目标的重要途径之一，教育目标可以隐含在投放的材料中，渗透在教师所创设的环境中。教师在投放区域活动材料时，要对幼儿当前的教育目标有清晰的理解和把握，有针对性地选择、投放对幼儿的发展有促进作用的操作材料，满足幼儿发展的实际需要。例如，根据“和纸玩游戏”主题活动中“发展幼儿观察、探究、动手操作的能力”的目标，教师在美工区中投放了各种颜色不同的纸张（皱纹纸、卡纸、宣纸、卫生纸、报纸、广告纸、手揉纸、硬卡纸等）和各种各样的纸盒（包装盒、纸箱），让幼儿探索、制作和玩耍。幼儿在操作探索的过程中发现用五颜六色的纸，可以变成各种栩栩如生的纸动物、纸玩具、纸飞机等。在这一系列操作探索活动中，幼儿始终保持着浓厚的兴趣，通过幼儿与材料的互动，促使教育目标的落实和达成，促进了幼儿各种能力的提高和各种机能的发展。

4. 要注意游戏材料投放的丰富性和层次性

区域游戏最大的优势莫过于能为兴趣、能力各异的幼儿提供丰富多变、适于其发展的活动环境。哪怕是平时最不善于交流、沉默寡言的幼儿，在区域活动中也可以自信地操作、自主地交往，充分调动其活动的积极主动性，这也是区域活动深受幼儿喜爱的主要原因。活动区材料投放的丰富程度直接关系到幼儿活动的质量，但是投放的材料丰富并不等于游戏材料越多越好。这是因为幼儿注意力具有不稳定性，过多过杂的材料投放，尽管能一时吸引幼儿的注意，但容易让幼儿分心，不能专一地进行活动。因此在材料投放时就应考虑材料与活动目标的关系、材料与幼儿需求的关系，从而做到有的放矢。

材料的层次性体现在能为不同发展水平的幼儿提供不同层次、不同要求的材料。一方面，从材料的加工程度来讲，可为同一个活动区提供原材料、半成品和成品，满足幼儿多样化的游戏需要。如操作区内，教师可为幼儿提供制作沙漏的空塑料瓶、装饰好的塑料瓶和已经做好的成品，这样才有利于幼儿的操作探索，更大程度地鼓励幼儿的自主学习。另一方面是指材料的多层次挑战性，同一种材料的玩法可以有不同的困难度，以满足不同层次的发展需要。教师可根据幼儿能力的不同提供操作难易程度不同的活动材料，便于教师对不同能力的幼儿进行针对性的指导和帮助，更好地做到因材施教，促进幼儿在原有水平上不同程度的提高。

例如小班生活劳动区可以投放不同大小、高矮、嘴巴形状的塑料“娃娃”，不同能力的幼儿可以选择不同的“娃娃”，喂“娃娃”吃不同的食物。

材料的层次性还体现在与不同层次教育目标的契合。一方面，同一教学目标下提供多种材料，以引发幼儿进行多元化的操作；另一方面，根据不同的教学内容、知识层次及时变换与之相应的材料。

第五课　游戏的心理环境创设

游戏是生命的内在需要，是每个幼儿短暂的童年中极为重要的快乐源泉。在游戏中，幼儿可以哭、可以笑、可以吵、可以……游戏是幼儿释放自己生命能量，找寻自己、发展自己、完善自己的通道。教师需要重视游戏氛围的创设，给幼儿一个开放、独立、自主的探索世界，支持幼儿的游戏行为。为了给幼儿创设良好的游戏心理环境，建议教师注意以下原则。

一、安全的原则

幼儿的任何活动必须在安全的心理氛围中进行才可能达到最佳效果。在游戏中，教师的尊重、鼓励和支持、引导，幼儿同伴之间的互助合作，能够为游戏中的幼儿创设最安全的心理环境。在这种自由、合作、理解、温暖的心理环境中，幼儿会主动投入游戏过程中，轻松愉快地参与游戏，满怀激情地创造新的游戏，充分体会游戏的美妙。教师与幼儿一起游戏，最容易创设一种安全的心理环境。教师参与幼儿游戏这一行为本身，就会使幼儿认识到自己游戏是很重要的，表达了教师支持幼儿游戏的态度。因此，如果有时间，教师最好能够参与到幼儿的游戏中，观察、了解幼儿游戏，支持幼儿的游戏。

二、接纳的原则

游戏中的幼儿是放松的、开放的。他们对各种事物充满了好奇，想去动一动，玩一玩。教师在游戏中要鼓励幼儿大胆、自由地探索，允许幼儿对事物发表不同的意见，允许幼儿创造性地玩游戏，甚至有的时候也可以允许幼儿犯点小错误。例如表演游戏《两只羊》，幼儿在表演的过程中并没有按照原来文学作品的情节“两只羊掉到河里去了”来演，而是按照自己的生活经验创造性地进行了改编，“两只羊，剪刀、包袱、锤，谁输了谁让路”。面对幼儿富于创造性的改编，教师为何不欣然接纳呢？

三、平等的原则

“没有规矩，不成方圆。”游戏是幼儿自由的活动，但任何自由必须要有规则来保证。在游戏中，教师可以和幼儿一起发现问题、研究问题、解决问题，建立起适当的游戏规则。当发现玩具损坏的时候，教师可以和幼儿一起讨论，制订规则：正确使用玩具、轻拿轻放、会自己收放玩具、损坏了的玩具可以修理。当游戏中发生争抢情况时，教师可以有效利用这一契机，和幼儿一起制订相应的游戏规则：谁先拿到谁先玩、还可以轮流玩等。

四、尊重的原则

同一班级的幼儿虽然年龄相当，但幼儿之间的月龄能相差10个月以上。幼儿由月龄的不同带来的不同领域的发展差异就越大。同一班级的幼儿，有的已经会模仿进行角色游戏，而有的幼儿只在旁边静静观看；有的幼儿已经会与他人进行联合游戏，有的幼儿还处在平行游戏水平。此外，气质类型、个性以及性别的不同都会影响幼儿的游戏水平、偏好、类型。“孩子有一百种语言，一百双手，一百个想法，一百种思考、游戏、说话的方式……”在幼儿游戏时，教师需要观察幼儿，了解不同幼儿的游戏发展水平。尊重幼儿之间的差异，使不同游戏水平幼儿的游戏需要都能得到满足。

第六课　幼儿园游戏时间的规划

无论何种游戏，都需要幼儿有充分的时间去尝试和探索。幼儿的游戏时间决定了游戏的质量。游戏时间的规划作用主要在于确保幼儿的游戏权利得到尊重。一方面保证在一日生活中幼儿有充足的游戏时间，另一方面保证每次游戏的时间足够长，使幼儿园游戏在数量和质量两个层面都得到提升。

一、保证幼儿园一日生活中有自由游戏时间（见表2-1）

表2-1　某幼儿园的一日生活活动安排表

7:30—8:25	入园接待，晨间活动
8:25—8:30	早操准备（喝水、如厕）
8:30—8:55	早操（大班—中班—小班）
8:55—9:00	休息（喝水、如厕）
9:00—9:30	教育教学活动（一）
9:30—10:00	休息（喝水、如厕）、吃水果
10:00—10:30	教育教学活动（二）
10:30—10:50	游戏（户外活动、区域活动）
10:50—11:00	餐前准备（如厕、洗手）
11:00—11:40	愉快午餐（饭后漱口）

续表

11:40—11:50	餐后散步
11:50—12:00	睡前准备（如厕）
12:00—14:20	午睡
14:20—14:45	起床、盥洗、午间操准备
14:45—14:55	午间操
14:55—15:00	点心前准备（如厕、洗手）
15:00—15:20	吃点心
15:20—15:50	教育教学活动（三）
15:50—16:00	休息（喝水、如厕）
16:00—16:20	游戏（户外活动、区域活动）
16:20—16:30	离园准备（幼儿如厕、整理仪表）
16:30—16:40	离园活动（讲故事、看书、唱歌、说新闻等）
16:40—17:30	离园

从这个幼儿园的作息时间表看，幼儿每天的自由游戏时间约为40分钟。

但事实上，就连这每天40分钟的游戏时间也难以保证，常常被其他活动所侵占。例如，幼儿园时常要组织大型活动，如庆祝六一儿童节等，排练节目、准备材料要占用教师和幼儿很多时间。每当遇到这种情况，为了确保教学活动能照常进行，教师只能选择牺牲游戏时间了。另外，由于幼儿园一日活动的时间安排很紧凑，幼儿喝水、上厕所、穿脱衣服、收放物品等都需要充足的时间。一旦上一活动环节拖延了时间，那后续环节势必受到影响，最终被缩减的大多是游戏时间，因为游戏时间相对机动一些，教师可以灵活掌握。

二、保证每次游戏活动有充足的游戏时间

幼儿在游戏中需要足够的时间探索材料、选择合作伙伴、计划和构思游戏情节，还要通过各种方式去实现自己的构思。如果游戏时间过短，幼儿没有充分的时间玩弄和了解各种玩具的特性及玩法，更没有时间操练游戏的规则，幼儿不但不能够体会游戏的乐趣，反而还会降低对游戏的兴趣。例如建构游戏，如果没有足够的时间，结构复杂的造型才刚刚完成一半，教师就宣布“游戏时间”结束了；或者当幼儿刚刚规划了游戏，建构了场景，还未进入想象的情节和互动合作，就被老师宣布结束了。这样匆忙的游戏，幼儿不能尽兴，其游戏的水平也不易提高。

在时间短促的情况下，幼儿不能自由创造生成新的游戏，只能在有限的时间内玩形式、内容简单的游戏，而且在玩游戏的过程中，总要担心游戏时间不够，心理不够放松，

根本不可能对游戏进行进一步的发挥创造。但在时间宽松的情况下，我们会发现：即使同一个游戏，每天都玩，如果给予幼儿充分的时间，他们会在重复中生成新的游戏，在重复中进行创造。

由于幼儿游戏时间的长短受幼儿游戏的经验和兴趣的制约，因此，幼儿一次游戏所需要的时间随着幼儿年龄的增长而递增。小年龄幼儿一次游戏时间较短，在一日活动编制时可分段安排。大年龄幼儿一次游戏时间较长，在一日活动时间编制时可集中安排。一般来说，游戏时段的安排没有绝对的标准，小年龄幼儿的游戏可以陆续开始、陆续结束，大年龄幼儿则可以同时开始、同时结束，这是依据不同年龄幼儿游戏合作水平差异的特点。

幼儿园游戏环境规划是游戏之前非常重要的一步，是幼儿游戏效果的重要保证。它有助于确保落实游戏为幼儿园基本活动，使游戏环境符合不同年龄幼儿的发展特点，满足幼儿多元智能发展的需要以及多样化游戏的需要，促进幼儿与环境积极互动。教师在规划幼儿园游戏环境时，需要遵循安全性、参与性、丰富性、发展性和开放性的原则。

幼儿园户外游戏与自然紧密结合，满足幼儿的运动需要，促进幼儿积极的人际互动。户外游戏环境的规划需要充分考虑幼儿园的自然条件，合理搭配游戏器械，为幼儿的游戏行为选择合适的游戏场地。室内游戏环境的规划要充分考虑游戏空间、游戏结构、游戏类型、游戏者的年龄发展特点以及幼儿的人数等，因地制宜创设适宜的游戏环境，动静搭配，不变中有变化。重视游戏环境中幼儿私密区的创设。

幼儿园户外游戏环境与室内游戏环境并不是截然分开的，而是一个有机联系的整体。幼儿园环境规划需要综合考虑户外与室内的整个环境，为幼儿创设一个互相联系的整体的户外-室内游戏环境，使户外与室内游戏环境实现良好的衔接，在幼儿不断扩大的生活范围内给幼儿提供丰富而有支持性的游戏环境，真正发挥环境对幼儿潜移默化的熏陶作用。

玩具是幼儿重要的游戏材料。玩具的种类丰富，需要教师根据幼儿的年龄特点、游戏的特点选择、搭配、投放或者与幼儿共同制作游戏材料。在游戏环境的规划中，教师还需要遵循安全、接纳、平等、尊重的原则，积极为幼儿创设自己探索的游戏心理环境。

第三单元　幼儿角色游戏

学习目标

1. 知识目标

了解幼儿角色游戏的特点、结构和教育作用；

掌握幼儿角色游戏组织与指导工作原则、指导环节；

掌握各年龄班幼儿角色游戏的指导要点。

2. 能力目标

能对幼儿的角色游戏行为进行观察与记录；

能根据幼儿身心发展特点提供材料，创设角色游戏的环境；

能制订适合各年龄班幼儿角色游戏的指导计划；

掌握组织与指导幼儿角色游戏活动的基本技能；

能恰当评价幼儿的角色游戏。

3. 情感目标

对幼儿角色游戏有正确的认识和积极的学习态度；

具备组织、指导和评价幼儿角色游戏的基本素质。

游戏是幼儿最喜欢的活动，任何幼儿都离不开游戏。因此，创设一个良好的游戏环境对幼儿的成长非常重要。角色游戏是幼儿园的主导活动，它能满足幼儿的生理和心理需要，是一种特殊的教育活动，是童心嬉戏的世界。角色游戏是幼儿期典型的游戏，不同年龄幼儿的角色游戏有不同的特点和水平，它对促进儿童发展有不容忽视的价值。幼儿在角色游戏中通过扮演角色，运用想象，创造性地反映个人生活经验，可以促进其社会性等各方面能力的发展。

第一课　幼儿角色游戏概述

角色游戏是幼儿依据自己的兴趣和意愿，借助模仿和想象，通过扮演角色，创造性地反映其生活环境、生活体验和生活感受的游戏。角色游戏是幼儿重要的活动形式，强调游戏中的自主性、主动性、创造性的发挥，对幼儿的健康发展具有极为重要的促进作用。

一、角色游戏的特点

（一）与幼儿的社会生活密切联系，幼儿的生活经验是角色游戏的源泉

角色游戏是幼儿对现实生活一种积极主动的再现活动。游戏的主题、角色、情节、材料与规则均与幼儿的社会生活经验有关。幼儿自身社会经验的丰富程度直接决定着游戏内容的丰富和游戏情节的变换。幼儿生活经验越丰富，角色游戏的水平就越高。

（二）具有表征、自主性和创造性的特点，是幼儿富有创造性的想象活动

角色游戏是幼儿在对角色、动作、情景等方面进行想象并表征出来的活动，是幼儿表征能力发展的产物。幼儿在游戏中，常以动作、语言来扮演角色，对游戏的动作和情景进行假想，会出现以“物”代“物”。游戏中的这些“假想”活动对于幼儿来说都是“当真”的。

想象活动是角色游戏得以进行和发展的重要支撑。角色游戏过程是创造性想象的过程。幼儿可以在角色游戏中自由地发挥其想象力和创造力，因而他们对角色游戏的兴趣最为浓厚。幼儿玩角色游戏时的主题、角色、情节也是多种多样，并且非常新颖。在角色游戏中，幼儿往往把自己想象成一个特定的人物，说话做事都执行角色的职责。创造性想象主要表现在三个方面：一是假想游戏角色（即以人代人），幼儿可以扮演他们感兴趣的各类社会角色；二是假想游戏材料（即以物代物），以一种物品代替其他物品，例如可以将一把普通的椅子想象成汽车等；三是假想游戏情节（即情景转换），幼儿常常通过游戏动作浓缩或转换游戏情景。

二、角色游戏的结构

角色游戏的结构是指角色游戏包含的各种基本要素，即角色游戏所共有的一些因素或成分，包括角色游戏中的人、物、情节以及内在规则。

（一）角色游戏中的人

幼儿在角色游戏中扮演一个或多个假装的角色。这些角色通常是他们自认为重要的、经常接触的、熟悉的或者能引起强烈情感的人物，如爸爸、妈妈、孩子、司机、乘客、服务员、客人、导游、游客等。幼儿借助语言、表情、动作等重新组合头脑中已有的人物表象，创造新形象，展现自己对社会角色的认识与体验。

这些角色一般可分为技能型角色、互补性角色和想象性角色三类。所谓技能型角色是

指幼儿通过模仿对象的典型动作来进行角色扮演，如通过转动方向盘的动作来扮演司机，通过挥动手臂来扮演交通警察；所谓互补性角色是指幼儿所扮演的角色是以角色关系中另一方的存在为条件，如扮演医生是以病人的存在为前提条件，扮演老师则是以学生的存在为前提条件；想象性角色中的角色不是现实生活中的人物，而是来源于幼儿的想象，如小花猫、小白兔等。

幼儿对于角色的扮演是多样性的，也是有选择性的。通常，幼儿根据自己的取向对扮演的角色有很强的选择性。有三种角色幼儿比较喜欢扮演，第一种是幼儿比较崇拜和尊敬的人，如教师、父母等；第二种是让幼儿感到害怕的人或动物，如医生、警察和老虎等；第三种是与自己身份不同或低于自己身份的角色，如小婴儿、小动物等。男孩更爱扮演父亲、叔叔、司机、警察等具有明显男性特征的角色。女孩更爱扮演妈妈、医生、护士等。另有研究表明：住院的孩子比不住院的孩子更倾向玩医生看病打针等游戏。

（二）角色游戏中的物

角色游戏中的物是指游戏中的材料和物品。角色游戏离不开游戏材料的辅助和支持，特别是幼儿对游戏材料和物品的假想。对物品的选择、假想，是由幼儿的思维发展水平决定的。例如，在娃娃家的游戏中，把石头当成面包，把树叶当成菜，把枕头当成娃娃。由于不同的幼儿对同一物品会有不同的想象，因此，他们要想共同游戏，就需要通过交流，对游戏中的材料和物品的假想达成统一，使别的幼儿能够理解与接受。例如，指着积木说“这是饼干”，指着沙子说“这是米”。这样，个人的表征就变成游戏的表征。在游戏中，积木和沙子是代替物，而饼干和米则是被代替物。代替物和被代替物在幼儿思维中出现的顺序有两种情况。一种情况是由代替物引发的想象活动：这个东西可以用来当什么呢？如看到一把椅子，便想象用它来当马；另一种情况是由被代替物引发的想象活动：什么东西可以用来“当它”呢？如医院游戏中幼儿想要一个注射器，他便会依照头脑中已有的注射器的表象来寻找相似的替代物，比如一支笔，如图 3-1 所示。

图 3-1　角色游戏中的物

（三）角色游戏中的情节

角色游戏中的情节是指幼儿对游戏动作和情境的假想。对游戏动作和情境的假想是角色游戏非常重要的创造性心智活动。在角色游戏中，幼儿通常借助操作游戏材料来假想游戏情节，如用玩具电话给妈妈打电话，用玩具听诊器给病人看病，用自制的羊肉串、烤箱给客人烧烤食物等。游戏情节与一定的情境密不可分，而对游戏情节的假想又会衍生出相关的情境。如给妈妈打电话时，妈妈在哪儿，可能在做什么；医生看病时是在医院里还是在救护车上，是站在病床边还是坐在椅子上，周围还有些什么设施等。

游戏中的动作，不是具体某人、某一动作的翻版，而是概括的、压缩的动作。如为病人看病、妈妈抱娃娃、喂娃娃等是医生、母亲动作的概括。由于动作、情景带有概括性，为幼儿发挥想象提供了广阔的天空，也为幼儿的集体合作游戏提供了可能性，有不同经验的幼儿都可以参与到同一主题的游戏中来，促使游戏得到进一步发展。

随着幼儿年龄的增长，其生活经验在不断丰富，幼儿对事物和场景的想象能力不断地增强，从而面对角色游戏中的情节也在不断地进行丰富和发展，可以使自己的能力和他人的游戏相互联系起来，如去书店买书、去医院看病、去电影院看电影等，如图 3-2 所示。

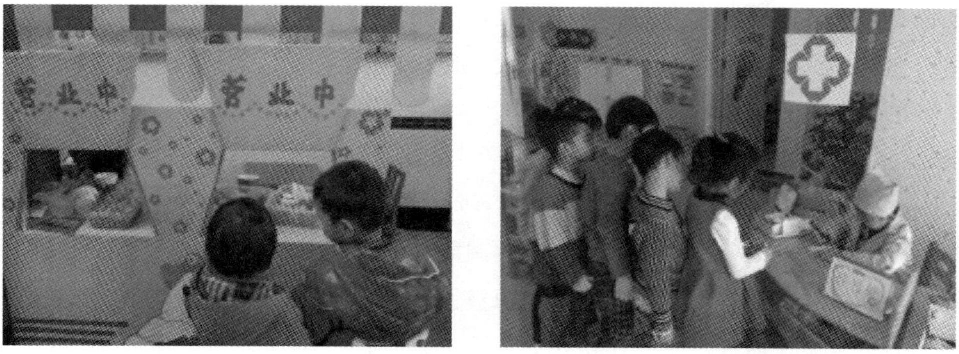

图 3-2　角色游戏中的情节

（四）角色游戏中的规则

角色游戏中的规则表现为：正确地表现现实生活中每个人物应有的动作及其先后顺序，人们的态度以及相互间的关系等。如幼儿在游戏中经常会说，“不是这样的，医生应该是给病人先检查，才能开药，先用酒精消毒，才能打针”等。

角色游戏中的规则有别于其他游戏中的规则，其他游戏的规则是为了保证游戏的顺利实施而由大家规定的，如捉迷藏中准备去抓别人的幼儿不能睁眼偷看，神秘袋只能用手摸不能用眼睛看等。这些规则既可以预设，又可以在游戏中生成，不具有必然性。这些规则经过参与者的同意也是可以进行改动的，即规则是外在的。而角色游戏中的规则是受角色制约的，扮演哪种角色就必须按照相应的角色行为以及人物之间的社会关系来展开游戏情节，不可以随意改动，即规则是内在的。它是幼儿为了真实表现社会生活中的角色而设定的，如妈妈如何照顾孩子、医生如何给病人看病、服务员如何给客人提供服务等。幼儿虽然知道自己是在游戏，是假装的，但他们总是试图尽可能准确地再现他们所观察和体验到的现实生活中的情境。

三、角色游戏的教育作用

（一）促进幼儿认知、身体和语言的发展

角色游戏能激发幼儿的兴趣，集中注意力，活跃幼儿的智力活动，使幼儿在轻松愉快的气氛中学习，从而促进幼儿智力的发展。幼儿将已有的知识与经验综合用到游戏中，同时，游戏也促使他们不断学习新的知识。在游戏中，幼儿积极地回忆已有的知识经验，重新组合已有的印象，在想象的环境里扮演角色，用语言和动作模仿真实生活的特性。幼儿以游戏材料代替真实物品，积极想办法解决出现的各种问题，从而锻炼了他们开动脑筋解决问题的能力，也使幼儿的记忆、想象、思维和语言能力得到发展。

在角色游戏中，幼儿在愉快情绪的伴随下，不停地操作各种物体，促进了幼儿身体的发育和动作的发展，促进了幼儿肌肉活动和手眼协调能力的提高。在游戏中，幼儿练习用语言进行角色间的交往，学习按角色的要求去使用不同的语言，既有模仿，又有创造，对幼儿语言的发展有着很大的促进作用。

（二）促进幼儿社会性的发展

角色游戏能促进幼儿社会交往能力和协调能力的发展，使幼儿的社会角色意识和社会角色规范得到强化，促进幼儿自我意识及积极性、独立性和主动性的发展，是促进幼儿实现社会化的一个重要途径。主要体现在如下几个方面。

（1）有助于幼儿发展正确的自我意识，摆脱自我中心。

（2）促进了幼儿与伙伴的交往，发展了他们的交往技能。

（3）为幼儿提供了学习规则、进行社会实践的机会。

（4）有利于培养幼儿坚强的意志品质。

（5）有助于培养幼儿积极的情感和良好的性格。

（三）有助于培养幼儿的主动性、创造性和独立性

角色游戏对幼儿的主动性和创造性也提出了一定的要求。由于角色游戏是由幼儿自定主题，自由充当角色，自行设计游戏情节，它可以充分表达幼儿的个人意愿，满足幼儿渴望参加社会生活的需要，因此，幼儿在这种游戏中有着极大的主动性。在角色游戏中，幼儿为实现游戏的愿望，需要按照游戏的主题、角色、情节去支配与控制自己的行动，按自

己的意愿作用于周围的环境，这就要求幼儿积极地、独立地去从事活动。同时，在角色游戏中，幼儿充分地发挥想象力，开动脑筋，进行创造性的活动，并为达到游戏的目的，不断独立解决与克服遇到的种种障碍。这种主动性和创造性是幼儿认知、情感和身体发展的基础，又是进一步健康成长的重要条件。

综上所述，角色游戏在学前幼儿的生活中占有重要的地位，是促进幼儿身心全面发展的重要手段。在学前期幼儿教师支持和引导幼儿开展角色游戏，是非常重要的。

第二课　幼儿角色游戏的组织与指导

一、角色游戏组织与指导的原则

（一）主体性原则，允许幼儿自由选择

只有出自自己内在的需要和兴趣而选择的游戏才是真正快乐的游戏。教师在组织幼儿开展角色游戏前，可以观察幼儿日常活动的情况，如幼儿喜欢什么样的游戏主题、内容和玩具材料，近来感兴趣的是什么，通常和谁一起玩等。教师根据自己的细心观察和了解，鼓励幼儿自由地去选择自己需要和感兴趣的游戏，从而获得自由选择的快乐。在鼓励幼儿自己选择时，教师应让每个幼儿都享有自由选择的权利，并且明确表明自己的态度，使幼儿在轻松自如的氛围中学会选择，敢于选择，并按自己的意愿自由选择游戏。在与材料和伙伴的相互作用中，共同分享游戏带来的快乐和学习彼此的经验，促进幼儿主动性、独立性、创造性的发展。让幼儿在自主性游戏中学习，学会做人、学会生活，由此培养幼儿的自主意识。

角色游戏是幼儿自主自愿的游戏，角色游戏的主题应来自于幼儿的需要。教师要善于发现幼儿游戏的需要，适当启发幼儿游戏的动机，帮助幼儿学会确立主题。例如，幼儿在玩“娃娃家”时，发现“娃娃家”里缺了很多东西，宝宝吃的奶粉，家里要用的日用品都没有，这时教师可以启发引导，接着开设超市游戏……在游戏情节的不断发展下，还可以开设理发店、麦当劳等。这些角色区的建立，来源于幼儿的需要，符合幼儿的意愿，他们游戏起来才会更投入，更有主动性和创造性。

教师要为幼儿创设良好的游戏条件和主动的游戏环境，尽可能为幼儿提供充足、丰富、可塑性强、多功能性的材料，保证足够的时间，创设宽敞的空间，营造宽松而富有吸引力的游戏氛围，只有这样，幼儿才可以自主考虑玩什么，在哪儿玩，和谁一起玩。这为幼儿选择玩具材料，寻找游戏伙伴，选择场所，分配角色，商量玩法提供了良好的外部条件。教师在了解幼儿已有经验的基础上，可以引导幼儿共同参与游戏环境的创设，为幼儿提供丰富的游戏环境及均等的游戏机会。

（二）个性化原则，体现层次性，满足幼儿的发展需要

幼儿与幼儿之间是有差别的，发展的速度是不一样的。因此，创设游戏环境时既要考虑发展快的幼儿，又要考虑发展慢的幼儿，还要兼顾有特殊需要的幼儿，使每个幼儿都能在适宜的环境中获得发展。例如，在理发店游戏中，教师可以提供各种不同种类的夹子，有操作较简单的，也有操作相对较难的，使每个幼儿都能找到适合自己运用的操作材料，这样有着不同层次的能力的幼儿都可以使自己的肌肉得到发展。

不同的年龄阶段，幼儿游戏发展的层次水平各不相同。如小班幼儿的角色游戏以模仿为主，大班幼儿的角色游戏则以创造为主，教师应针对不同的年龄段，选择不同的侧重点进行指导，以达到开展角色游戏的目的。

（三）开放、随机性原则，适时介入给予指导

有些教师认为，游戏的目的就是让幼儿玩，成人不要随时进行干预和指导，因为成人的指导会影响孩子游戏的正常开展。这种想法不完全正确。游戏作为幼儿的一种自由自主的活动，教师少干预是不错的，但少干预并不是说不要教师的适当指导。教师观察了解幼儿在游戏中的表现，对幼儿进行随机指导，不但不会影响幼儿游戏的开展，而且更能激发幼儿参与游戏的兴趣。如教师以角色的形式参与到幼儿的游戏中，可以丰富幼儿角色游戏的内容和情节；教师参与到年龄小、能力弱、胆子小的幼儿的角色游戏中，能帮助这些幼儿增强角色意识，使他们在游戏中更能获得成功的体验和游戏的乐趣。这里要说明的是，教师的介入和指导应把握好时机和分寸，以不干扰幼儿游戏为前提。

由于幼儿的自我调节能力较差，他们在角色游戏时往往长时间地充当同一个角色。如当“运输工人”的幼儿老是重复装运玩具的活动，累得满头大汗也不知道休息。教师发现这种情况，应及时调整角色，如可建议幼儿去当“医生”，坐在“医院”里为“病人”看病开药。

由于幼儿的年龄小，分辨是非的能力较弱，因此，教师为幼儿提供可供选择的游戏内容应是健康的，有益于幼儿身心发展的。幼儿在游戏过程中有时会出现一些不文明、不健康的内容，如模仿打架、吵架、打麻将等行为，这会强化他们对生活中一些不良现象的印象。发现此类情况，教师必须马上制止，及时介入，帮助幼儿树立是非观念。

总之，教师应做有心人，细心观察了解幼儿各方面的发展水平和内心世界，充分发挥教师的指导作用，尊重幼儿的兴趣和愿望，用幼儿的眼光来看世界，充分发挥幼儿的自主性、创造性，并创造有利条件来满足幼儿游戏的实际需要。

二、角色游戏的指导环节

角色游戏对幼儿的身心发展具有重要的促进作用，为了充分发挥其教育作用，教师加

强对角色游戏的组织和指导时，应遵循幼儿身心发展的特点，依据角色游戏的特点，从游戏的前期准备、游戏过程和游戏结束三方面进行指导。

（一）角色游戏的前期准备

前期准备主要是指为幼儿提供开展游戏所需要的环境与条件，这是幼儿开展游戏的前提和基础。

1. 丰富幼儿的生活经验

角色游戏与幼儿的社会生活联系密切，幼儿通过角色游戏反映现实生活，幼儿的生活内容越丰富，游戏内容越多样并富有变化，游戏水平也就越高。如果幼儿的生活经验相对欠缺，那么幼儿的角色游戏将会受到较大的影响。例如，某幼儿园老师准备了有关“超市”的游戏材料，但是幼儿不怎么玩，经老师调查发现，原因在于幼儿缺乏相关的生活经验，不知该如何玩。因此，幼儿园老师应通过教育活动、日常生活、参观、看图书等多种方式拓展幼儿的视野和积累生活经验。另外，幼儿园可以通过家园合作，请家长经常带孩子散步、参观、听故事、看电影，参加各种社会活动，或外出旅游，以拓宽幼儿的眼界。

2. 提供适合的场所及丰富的游戏材料

环境对幼儿的发展具有重要影响，幼儿在与环境的和谐互动中获得发展。角色游戏的环境主要包括游戏场所和游戏材料，它们也是幼儿进行角色游戏的物质条件，能有效激发幼儿游戏的愿望和兴趣。

第一，要为幼儿设置相对固定的游戏场所。有条件的幼儿园可以设置专门的游戏室，场地有限的幼儿园需要教师运用教育智慧，充分开发资源。例如，如果班级场地有限，则每个班级可以设置1～2个角色游戏区，各个班级尽量不相同，你班有娃娃家，我班有小超市，各班资源共享，不仅可以物尽其用，还可以扩大幼儿社会交往的范围。

第二，要为幼儿提供丰富多样的游戏材料。丰富的游戏材料可以激发幼儿的游戏兴趣，满足幼儿的游戏要求。教师可以为幼儿提供部分逼真的玩具，如娃娃、餐具、听诊器、注射器等。随着幼儿年龄的逐渐增长，教师还可以多提供一些半成品游戏材料，和幼儿一起自制玩具。这不仅可以及时更新游戏材料，增加玩具的数量，提高幼儿游戏的兴趣，还可以充分调动幼儿的积极性、主动性、创造性，同时增强幼儿的自信心。

3. 提供充足的游戏时间

在角色游戏的整个过程中，幼儿要明确游戏主题、分配游戏角色、准备游戏材料、展开游戏情节，需要花费较长的时间，教师应保证幼儿每天都有充足的时间开展角色游戏。充足的游戏时间是保证幼儿顺利、深入、自主开展游戏的重要保障，也可以有效保持幼儿继续开展角色游戏的兴趣，以充分发挥角色游戏对幼儿的教育促进作用。

（二）角色游戏过程中的现场指导

在具体的游戏过程中，幼儿会出现或多或少、或大或小的问题，教师需要充分观察幼儿的游戏现状，根据幼儿的年龄特点和个性特点，在尊重幼儿主动性的基础上，有针对性地指导幼儿深入、自主地开展角色游戏，促进幼儿个性的健康发展。

1. 鼓励和启发幼儿按照自己的意愿自主确定游戏主题

游戏是儿童的内在需要而非外力强加。只有经过幼儿自主选择的游戏，幼儿才能真正全身心投入。只有幼儿全身心投入，游戏才能发挥其应有的作用和价值。幼儿在角色游戏的过程中，根据自己的经验、兴趣和需要，自由选择游戏的主题、材料、内容、情节和伙伴，自主展开、自发交流，充分发挥自身的积极性、主动性、独立性和创造性，这也正是角色游戏的根本价值所在。为了充分赋予幼儿游戏的主动性，教师就需要相信幼儿、尊重幼儿、放手让幼儿主动活动，同时还需要认真、仔细、深入观察幼儿的游戏进程，及时提问、建议、启发幼儿，给予幼儿一定的指导，鼓励幼儿自主提出并确定游戏主题。

2. 教会幼儿分配游戏角色

幼儿喜欢玩角色游戏主要是因为在游戏中可以扮演他感兴趣的各种社会角色。虽然幼儿非常关注自己扮演什么角色，但由于自身发展水平所限，往往过多考虑个人愿望而不善于分配角色，有时也会因为大家都想扮演某个角色或不想扮演某个角色而协商不成发生争执。为了保证游戏的顺利开展，教师应该教给幼儿一些分配角色的方法，如自己报名、推选、轮流等。经过教师的引导，幼儿会逐渐学会如何较好地分配角色，这不仅可以提高幼儿的游戏能力，还有助于幼儿个性的健康发展。

3. 观察幼儿游戏，参与幼儿游戏，给予适宜的指导

在游戏过程中，教师应给予幼儿较多的游戏主动权，自由选择游戏主题、游戏材料、游戏伙伴，以充分发展幼儿的积极性、主动性和创造性，同时还应注意观察幼儿的游戏主题、游戏情节、选取的游戏材料、游戏行为等，了解幼儿游戏水平、社会性水平的发展。教师在观察的基础上，还需要参与幼儿的游戏，给予幼儿适时适当的指导。教师可以通过扮演游戏角色参与游戏。教师在指导幼儿游戏时，还需要尊重幼儿的个体差异性，通过多种形式，因人而异地实施指导。

（三）角色游戏结束环节的指导

游戏的结束环节既是本次角色游戏的结束，又是下次角色游戏的准备和起始，教师应十分重视游戏的结束环节。

1. 愉快地结束游戏，培养幼儿对游戏的兴趣

使幼儿愉快地结束游戏是教师组织指导角色游戏的重要环节。教师应注意以下三个方面：一是在游戏时间快到时，提前提醒幼儿，让幼儿做好准备；二是根据幼儿游戏的实际表现，选取游戏结束的时机，最好是在幼儿兴致降低但还保持游戏兴趣的时候；三是注意游戏结束的形式，最好是以游戏的形式结束游戏，如火车到站了、医院下班了、娃娃睡觉了等。

2. 引导幼儿收拾游戏材料和场地，培养幼儿良好的习惯

游戏结束后，引导幼儿收拾玩具、整理场地既是本次游戏的完整结束，又为顺利开展下次游戏提供了必要的基础和条件，同时还可以培养幼儿独立做事、善始善终的良好习惯。针对不同的年龄特点，教师引导幼儿时应具有年龄差异性：①培养小班幼儿整理游戏环境的意识。以教师为主，引导幼儿给予部分帮助。②培养中班幼儿适应游戏环境的能力。教师只是在必要时给予帮助。③培养大班幼儿独自整理游戏环境的能力。教师只是在必要时给予一定的督促。

3. 评价游戏，丰富游戏经验，提升游戏水平

通过游戏评价，教师可以进一步了解幼儿的游戏情况，丰富游戏情节、提高幼儿解决游戏问题的能力。当然，并不是每次幼儿游戏后都需要开展游戏评价，教师可以根据幼儿游戏的具体情况灵活处理，有的游戏还可以在过程中开展评价，如幼儿在游戏开展一段时间后注意力不集中或者幼儿之间发生激烈的冲突时。

总之，幼儿角色游戏活动的发展应当是以幼儿的“问题”为中心，在教师与幼儿、幼儿与材料、幼儿与幼儿之间的互动过程中不断丰富和发展的动态过程。在角色游戏中，从主题的确立、材料的提供、环境的创设、游戏的开展以及评价都是教师在充分尊重和发挥幼儿游戏的主体性的基础上与幼儿共同完成的。从教师的指导方面看，这一不断发展的动态过程可以分为以下四个基本步骤：①帮助幼儿确定游戏的主题；②和幼儿一起创设游戏环境；③帮助幼儿扮演角色进入游戏活动；④组织幼儿开展讨论、发现问题、丰富扩展游戏所需要的经验等。这四个步骤在游戏的发展过程中是不断重复循环的。

三、各年龄段角色游戏的指导要点

幼儿的游戏水平具有年龄差异性，在角色游戏中，小班幼儿以模仿为主，大班幼儿则以创造为主。教师应针对幼儿的年龄特点和游戏水平，有侧重点地进行指导。

（一）小班

特点：幼儿处于独自游戏、平行游戏的高峰期，主要与游戏材料发生联系，与伙伴之间的交往少；角色意识不强，对操作游戏材料或模仿成人动作较感兴趣；游戏主题单一、情节简单。

指导：鉴于小班幼儿的游戏内容主要是重复操作游戏材料，教师的指导重点便在于如何使用游戏材料。教师根据幼儿的游戏特点和社会经验为幼儿提供种类少，但同一种数量较多的成型玩具，避免幼儿因相互模仿而争抢玩具，满足幼儿平行游戏的需要。教师以游戏者的身份介入游戏，引导幼儿，培养幼儿的规则意识，让幼儿逐渐学会在游戏中进行自我管理，通过游戏评价不断丰富游戏经验。

（二）中班

特点：幼儿认识范围不断扩大，游戏的内容与情节较小班不断丰富；处于联合游戏阶段，游戏主题丰富，但不稳定，幼儿会经常更换，在游戏中也时常有频繁换场的现象；希望与别人交往，但交往技能欠缺，常与伙伴发生冲突，角色意识较强；能够按照自己选定的角色开展游戏。

指导：重点是引导幼儿解决游戏冲突。教师应结合幼儿的社会经验，为幼儿提供丰富且富有变化的游戏材料，鼓励幼儿不断丰富游戏主题，仔细观察并认真分析幼儿发生冲突的起因。以游戏者的身份介入游戏，指导游戏；通过幼儿讨论等形式展开游戏评价，积累游戏经验，丰富游戏内容，指导幼儿在游戏中逐渐掌握社会规则和交往技能，逐渐学会独立解决问题。

（三）大班

特点：随着对社会生活认知的不断积累，游戏经验十分丰富，主题新颖，内容丰富。游戏中所反映的人际关系较为复杂，处于合作游戏阶段，喜欢与伙伴共同游戏，能按照自己的愿望主动选择游戏主题，并有计划地开展游戏，增强在游戏中独立解决问题的能力。

指导：教师引导幼儿一起准备游戏环境，侧重语言引导，培养幼儿的自主性；认真观察游戏，给幼儿提供必要的条件和机会以及适当的引导；允许并鼓励幼儿在游戏中进行创造，培养幼儿的创造性；通过多种形式开展游戏讲评，让幼儿在分享中取长补短、开拓思路，提升游戏水平。

第三课　幼儿角色游戏案例分析

一、小班游戏

（一）爸爸妈妈我来当

1. 游戏生成

小班幼儿一个突出的年龄特征就是爱模仿。他们喜欢模仿一切他们所熟悉的人，所以幼儿园在小班开设“娃娃家”满足了他们的愿望，角色游戏的开展成为幼儿的学习动机，同时也成为了幼儿学习他人经验的过程。小班幼儿在入园前所熟悉的环境都与父母有关，入园后他们会更倾向于进行以家庭生活为主要内容的游戏，如图 3-3 所示。

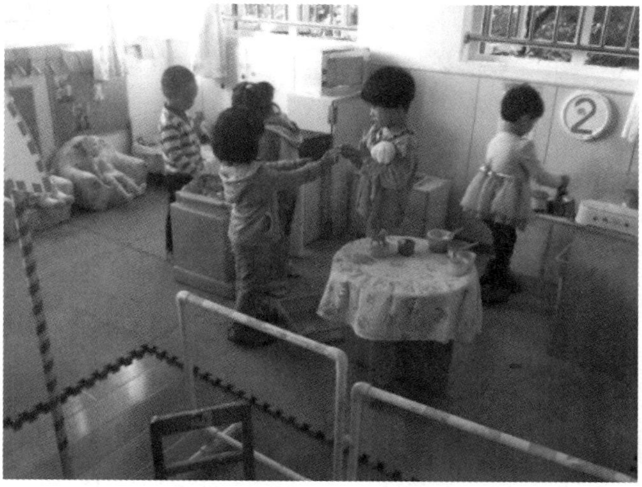

图 3-3 模仿游戏

2. 游戏目的

(1) 提高幼儿的角色意识。

(2) 培养幼儿的细心和耐心。

3. 游戏准备

材料准备：家中有的各种家电（自制），厨房用具，幼儿非常喜欢的各种玩具。

场地布局：创设区角“娃娃家”。

4. 游戏玩法

(1) 根据自己的选择来确定扮演爸爸妈妈的人选。

(2) 幼儿自己选择哄“宝宝”睡觉的方法。

5. 观察记录

中午睡觉起床的时候，鑫鑫悄悄地告诉教师：“老师，我想当爸爸。”“为什么想当爸爸?”教师好奇地问道。“爸爸厉害，可以打怪兽。”鑫鑫说。“可是你是女孩儿。”教师提醒她。“我就想当爸爸。”鑫鑫嘟着嘴巴表示不满。“好吧，等会儿玩游戏的时候，你可以问问其他小朋友。”“嗯嗯，等会儿我们就去玩。”鑫鑫很开心地对教师说。

角色区里进入了几个小朋友，鑫鑫也在里面，教师看到她一直在和其他的小朋友商量。

(1) 鑫鑫先找到艺艺说：“艺艺，今天你当妈妈吧？我当爸爸。”艺艺还没有来得及说话，旁边的轩轩说：“不行不行，鑫鑫你是女孩儿，爸爸是男的。”艺艺也说：“鑫鑫，女孩儿不能当爸爸。”“可是我想当爸爸。”鑫鑫继续噘着嘴说。三个小朋友有了点儿小争执，最后轩轩说：“我是男孩儿，我来当爸爸，鑫鑫来当妈妈吧。”“可是，我也想当妈妈。”艺艺嘟起了小嘴巴有点不满意这样的安排。

(2) 通过商量，三个小伙伴终于确定了爸爸妈妈的人选，轩轩当爸爸，鑫鑫当妈妈，艺艺当宝宝。角色分好，鑫鑫拿起书对艺艺说："宝宝，妈妈给你讲故事。"然后两个人躺在床上。这个时候，轩轩开始在旁边忙了，一会儿玩玩小车，一会儿骑骑小马，看上去很开心。但是扮演妈妈的鑫鑫却问了一句："这个爸爸怎么回事？怎么不来睡觉?"喊完之后，轩轩没有理会她，继续玩自己的。艺艺说："爸爸陪我睡觉吧!"轩轩这才不情愿地和鑫鑫、艺艺一起躺在了床上。"宝宝乖，爸爸也给你讲故事。"轩轩一把抢过妈妈手里的书。"那妈妈给宝宝唱歌。"鑫鑫说着真的唱起了歌。"宝宝听我的。""听我的。"于是爸爸妈妈争执起来。"哼，我玩手机去。"最后轩轩气呼呼地走开了。

6. 游戏分析

（1）对于小班的幼儿来说，有一部分幼儿已经能明确地说出自己的性别和性别所代表的家庭成员，但仍有一部分幼儿没有性别意识。在幼儿们商量爸爸妈妈人选的时候，鑫鑫想当爸爸，而轩轩说男的才能当爸爸，这说明轩轩对家庭成员之间的关系观察得比较仔细。

（2）鑫鑫的妈妈肯定是个喜欢给幼儿讲故事的妈妈，所以鑫鑫扮演的妈妈习惯性地在陪着宝贝睡觉的时候给宝宝讲故事，这是在模仿成人的行为。而轩轩扮演的爸爸看上去有点不太负责任，对于宝宝睡觉一开始是不关心的，他一直在玩自己的游戏，在妈妈的吼声中和宝宝的要求下，他才不情愿地躺在了床上，并不是一个喜欢哄宝宝睡觉的爸爸。在评价环节，轩轩说他的爸爸就是这样。

7. 指导策略

（1）幼儿是游戏的主体。对于小班幼儿来说，适应幼儿身心发展需要的就是角色游戏。角色游戏是一种创造性的游戏，它具有一定的特色，幼儿是角色游戏的主体，在角色游戏中必须要充分满足幼儿的意愿，在幼儿碰到问题的时候教师不要强硬干预，让幼儿成为游戏的主人。就像此游戏一开始的时候，有女孩儿抢着想当爸爸，教师并没有否定她，而是让幼儿自己商定，通过和小伙伴们的协商，幼儿们自己把角色进行了分配。

（2）教师要成为幼儿游戏的支持者、合作者、引导者。教师的指导应该是"参与"而不是"干涉"，尤其是在角色游戏中，每个幼儿都是独特的个体，每个幼儿探索、认识世界的方式各不相同，这就要求教师必须学会扮演不同的角色与之互动，游戏中扮演爸爸的轩轩最后生气地去玩手机了，这个时候教师可以适时地扮演一个角色，给他提供一些参考意见。

8. 游戏总结

在进行角色游戏的时候，幼儿是根据自己的生活经验、兴趣、需要进行游戏的，教师在游戏过程中只是一个观察者，对于游戏中产生的问题要及时进行调整，并且要一直采用积极鼓励的态度。在进行角色游戏的时候教师要细心观察，用幼儿的眼光来看世界，创造有利条件来满足幼儿游戏的实际需要，从而提高游戏的水平，充分发挥幼儿的自主性、创造性，充分发挥教师真正的作用。角色游戏经常会出现一些问题，教师要培养幼儿解决问题的能力。当出现问题时，教师不应急于处理，更不能把自己的想法强加给幼儿，应该尊重幼儿，启发幼儿解决问题。如果出现争抢的现象，除了启发他们谦让协调解决外，还应注意培养幼儿自己解决问题的能力。

（二）美容店的理发师

1. 游戏生成

在幼儿的眼里，成人是很了不起的，每个幼儿都希望快快地长大，了解、模仿成人的劳动是幼儿成长过程中的必然经历。最近，我们开展“周围的人”这个主题，用幼儿的眼光去看待成人世界，体察成人的世界：他们是谁？他们在做什么？他们是怎么做的？我能像他们那样工作吗？引领幼儿从成人那里汲取一切有利于自身发展的养料，让他们在了解成人、模仿成人的过程中激发自己的潜能，为促进幼儿主动发展创造良机。

2. 游戏目的

（1）增强幼儿的角色意识。

（2）体验社会成员之间的相互交往合作。

3. 游戏准备

理发店的环境创设，各种仿真理发用具，如图 3-4 所示。

图 3-4 美容店的理发师

4. 观察记录

（1）角色游戏的活动时间到了，非凡担任的是理发店的发型师。有一个顾客来到了理发店，非凡开始为他理发。只见非凡一只手拿着梳子，一只手拿着小推子，梳一梳，推一推，有模有样地为顾客理着发。理完了，顾客照了照镜子，高兴地走了。非凡看见顾客走了，又没有新的顾客来，就在椅子上坐了下来摆弄着理发店里的物品。摆弄了一会儿，非凡看看还是没有顾客来，就起身离开了。

（2）非凡来到烧烤店，独自坐在烧烤炉前开始烤他的韭菜串，他在烤韭菜串的同时听到旁边的幼儿说什么什么好吃，就又要那些好吃的串串来烤，后来又跟别的幼儿聊起了天，很长时间过去了，他烧烤的热情依旧高涨。在教师以客人的身份进入理发店理发时，非凡才放下了手里的各种烧烤串离开烧烤店，回到理发店继续当理发师。

5. 游戏分析

可以看出，小班幼儿的角色意识不是很强，对游戏的坚持性也比较差，不管是担任服务员、医生、娃娃家的爸爸妈妈或是顾客的幼儿都存在同样的问题，他们容易被其他游戏吸引，不能很好地坚守岗位，尤其是当他们在无所事事或是比较空闲的时候就会更表现出来。就像非凡小朋友，他的岗位在理发店，是一名理发师，可他在理发店等不来顾客的时候自己也离开了，并且在烧烤店待了较长时间。

教师发现这种情况后，可以去当一回顾客，到理发店里去剪发，并指名要他剪发。让理发店里的服务员去把他找来，可以对他说："你上次给我剪的头发很漂亮，刚才我没找到你，我等了很久呢!"无形中增强了幼儿的自信心，引导幼儿投入角色中。

6. 指导策略

教师首先要做的，就是敏锐地观察每个幼儿的每一点变化，了解他们的每项兴趣与需要，通过观察游戏了解幼儿，在适当的时机介入，给予幼儿支持和帮助。游戏中当观察到理发师角色意识不强后，教师立即以客人的身份提示幼儿的游戏行为，帮助他拓展游戏情节。

另外，在游戏开展过程中，各个游戏区都会出现时而人多拥挤、时而冷冷清清的现象，当冷清的时候该怎样让幼儿觉得不那么无所事事？教师要提供游戏材料，引发幼儿产生新的游戏情节。比如：理发店里可以提供一些毛巾，让理发师在空闲的时候洗洗、晒晒、叠叠，给他们一些小抹布，让他们能经常把理发店的柜子擦一擦，把各种理发用品理一理，这样一来，他们就能比较长时间地专注于一个游戏。

7. 游戏总结

让幼儿在游戏中自主，应是幼儿在一定的游戏环境中根据自己的兴趣和需要，以快乐和满足为目的，自由选择、自主展开、自发交流地积极主动地活动。让幼儿关心周围人们的活动，了解常见社会成员的工作及与自身的关系，并尊重他们的劳动。

二、中班游戏

（一）我是老师

1. 游戏生成

在宝宝的心目中，教师的威望远远超出了爸爸妈妈，幼儿对教师是那么的崇拜。听家长说起幼儿在家中特别喜欢扮演教师的角色，教家人学习唱歌、游戏等，想到幼儿对教师角色的崇拜，于是开展"我是老师"游戏，让幼儿在角色扮演游戏中过一次当老师的瘾。

2. 游戏目的

（1）提供机会满足幼儿的表现欲望，提高幼儿对幼儿园学习的兴趣，尝试当老师的乐趣。

（2）通过角色扮演，能大胆地进行口语表达，增强幼儿的自信心。

3. 游戏准备

故事书、手偶玩具、小黑板等。

4. 游戏玩法

幼儿协商推选出扮演教师的人选，进行游戏。

5. 观察记录

大家推选小尚当老师，只见他组织幼儿们排成整整齐齐的一队，然后来到教室。他让小朋友们坐好后，拿来一本幼儿用书，翻到“鸟儿乐园”这一页，指着书上其中的一只鸟说：“你们知道这是什么鸟吗？它有什么本领？”小朋友们也非常配合这位小老师，纷纷举手回答。小尚老师对每一个回答问题的小朋友都竖起了大拇指，还引导全班幼儿一起表扬他们。

这时，亮亮站起来大喊：“我爷爷家就有鹦鹉，两只都关在笼子里。”小尚老师走到亮亮身边，对他说：“亮亮，回答问题时要举手。”亮亮点头同意，并且非常配合地举起手来，小尚老师赶忙让亮亮回答，还表扬亮亮有错就改是个好孩子！

按着亮亮的话题，小尚老师引导幼儿开始讨论：“为什么要把鹦鹉关在笼子里呢？它喜欢在笼子里吗？”

小尚老师的问题，激发了幼儿对鸟儿的喜爱和怜悯之心，大家纷纷说鸟儿应该生活在树林里，自由自在。还有幼儿对亮亮说：“回家告诉爷爷把鹦鹉放了吧。”亮亮本能地点了点头。

一场激烈的讨论后，小尚老师宣布下课。然后请小朋友分组排队喝水。他自己也拿着水杯，径直走到队伍的最前方，然后把旁边的幼儿挤到一边，说了句：“让让，老师渴了，老师先喝！”

这时教师拿着自己的杯子和幼儿们一起排队，排在队伍的最后面，小朋友看到了，纷纷笑着说：“老师也要排队。”“对，老师喝水也要排队。”其他幼儿附和着。小尚老师不好意思地脸红了。

6. 游戏分析

在老师的角色扮演中，“小老师”有模有样的表演，其实都是来自于他日常对老师一日生活的观察。幼儿有很强的观察力，非常善于模仿周围人的言行举止。从观察到模仿，幼儿从中获得了成功的喜悦和乐趣。幼儿虽然处于好奇心强的模仿阶段，但由于心理很不成熟，辨别是非能力低，所以往往不能分辨哪些值得模仿，哪些不应该模仿。这就要求教师深刻注意自己的一言一行、一举一动，要给幼儿做一个正确的示范。

7. 指导策略

（1）提供生活经验。要想保证角色游戏的顺利开展，幼儿要有足够的生活经验，了解角色的特点。作为教师，应引导幼儿在观察中积累生活经验，为进行角色游戏提供更多的素材，从而促进游戏的有效开展。游戏中多抛出问题，引发幼儿思考，给幼儿提供一些遐想的空间，让幼儿发挥想象力。

（2）教师参与其中。在游戏最后环节，当教师发现模仿教师的幼儿在喝水环节的表现时，教师没有直接指出“小老师”的不足，而是作为游戏中的一分子参与其中，并通过自身的表现，让幼儿感受到自己行为的不足，帮助幼儿把自己的无意识学习，变成有意识学习，让幼儿无意间感受角色的定位，并且用正确的行动和语言，更加恰当地进行指导。游戏结束后，也可以组织幼儿进行分享交流，让幼儿有期盼下一次游戏的欲望，提升游戏价值。

8. 游戏总结

本游戏满足了幼儿的表现欲望，尝试了当老师的乐趣。通过角色扮演小老师，让幼儿大胆地进行口语表达，增强幼儿的自信心。同时，“我是老师”游戏也是一面镜子，照出教师日常生活的不当之处，所以教师在平时要以身作则，给幼儿们做好示范，要明白自己的行为不知不觉中会被幼儿们模仿。

（二）清洁工与“百变孙悟空”

1. 游戏生成

角色游戏“寒风中的人”已演变了几个游戏主题：“寒风中的警察”“寒风中上班的人们”，本周幼儿生成的游戏是“寒风中的清洁工人”，如图 3-5 所示。由于传统职业观念的影响，幼儿的父母及祖辈人常常这样对他们说“你不好好学习，就像那个奶奶、叔叔一样去扫大街”，无形中贬低了清洁工这一职业在幼儿心中的地位，他们在畅谈自己的理想时很少提及“将来我要成为一名清洁工人”。针对这种状况，教师在游戏前与幼儿一起做了大量的准备工作：观看遍地垃圾的马路图片、环境严重污染的视频、天不亮清洁工清扫马路时的身影及各种现代化工具在清洁过程中的应用。经过一系列清洁工事件的熏陶，幼儿对清洁工这一职业的认识发生了较大变化。在游戏中还常常会突发奇想发明许多高科技的清洁工具。本次游戏就是清洁工游戏系列中的一个。

2. 游戏目的

（1）消除职业歧视观念，喜欢扮演清洁工职业角色，并对他们产生敬畏之情。

（2）能主动创造角色，丰富游戏主题。

3. 游戏准备

马路清洁用具及替代物若干。

4. 游戏玩法

（1）幼儿协商提出清洁工游戏的主题。

图 3-5　寒风中的清洁工人

（2）幼儿根据游戏主题需要选取材料布置游戏环境。

（3）幼儿协商分配角色，自主游戏。

（4）根据游戏进程的需要，创造新角色“百变孙悟空”。

5. 观察记录

铭铭、茜茜、欣欣、墨墨、辰辰、彤彤和康康几个幼儿在一起商量今天“清洁工”的游戏情节。他们用纸板条隔离出一条马路。茜茜穿上橘红的清洁服，拿起“大扫帚”清扫着垃圾；彤彤拿着大袋子和铁簸箕假装搓着垃圾；欣欣、墨墨一人开着扫地车，一人开着洒水车在马路上来来回回地忙碌着。铭铭一时找不到合适的活干，看到茜茜和彤彤累得满头大汗，他突发奇想说：“茜茜、彤彤，你们休息一会儿，看我的。”只见他挥动手脚，嘴里念念有词：“我是百变孙悟空，变，电动大扫帚。”说完他对着马路边的大片垃圾“呼呼”吸起来。摇身又一变，“电动大扫帚”变成了“垃圾运输车”，他手一拉“开关”，地上成堆的垃圾“嗖嗖”地自动跑进了“垃圾运输车”。

清理完垃圾，铭铭对着大家拍拍胸脯说：“看我厉害吧！你们想想，清洁工人还需要什么我来变，这样，他们就不会那么辛苦了。”墨墨说：“那你变个马路空气净化机吧，这样我们就可以净化空气了。”“好的。”“马路空气净化机”变出，其他幼儿觉得很新鲜，纷纷模仿他。

“我也会变。”“我也会变。”

游戏继续进行着，只是他们都成了“百变孙悟空”，使用着他们变出的“新型”清洁工具清扫着马路上的垃圾。

6. 游戏分析

幼儿一起商议清洁工游戏的情节：怎样玩？应该有哪些角色？有怎样的故事发生？这些都是幼儿所关心并需要了解的，也是游戏能否持续进行的基础所在。他们用纸板条隔离出一条马路，根据游戏需要自主地创设环境，充分体现了“幼儿为主体”的教育理念。中班幼儿对角色的职责已有了很好的定位，他们会根据游戏角色的需要很好地履行自己的职责。“百变孙悟空”是幼儿在清洁工这一角色的基础上创新出来的，原本清洁工的工作在他们心中是又苦又累，创新出“百变孙悟空”的角色是想改变这种情况，创新出高科技清洁工具，新鲜又好玩，幼儿们比以往游戏热情高涨了很多。

7. 指导策略

角色游戏是幼儿对现实生活的反映。游戏开展的成功与否取决于幼儿对游戏主题、情节及角色的认知度。中班幼儿虽然对清洁工的工作有一些了解，但只限于看到过“马路上清扫垃圾的爷爷、奶奶、叔叔、阿姨”的影子，对于他们的工作，幼儿不敬重，更说不上崇拜。在这样的情况下开展“清洁工”的游戏，其效果是可想而知的。因此，在“清洁工”这一游戏中采用了游戏前“多方认知扩展幼儿前期经验”的指导策略。通过大量的图片、视频让幼儿了解清洁工人工作环境的恶劣及辛苦，还带幼儿认识了多种现代化的清洁工具，比如扫地机、洒水车、喷雾车等等，无形中激发了幼儿的创造欲望。

8. 游戏总结

本次游戏前的“经验准备”是幼儿成功开展游戏的关键所在，也是游戏开展的必要基础。这样的准备不但消除了幼儿的职业认知误区，对清洁工这一职业不再贬低，而且唤起了幼儿的敬重与崇拜之情，在以后的角色游戏指导中教师要注意对幼儿心理认知的健康教育，消除社会负面因素的影响。

三、大班游戏

（一）小小飞行员

1. 游戏生成

晨谈时，几个幼儿谈起了阅兵，琳琳兴奋地说：“我看了大阅兵，我最喜欢阅兵里的飞行员了，他们开着飞机在天空表演，真神奇。”瑶瑶说：“我也看了，还放出漂亮的彩色烟雾呢，飞行员本领可真大呀。”这几个幼儿的议论引来好多幼儿的参与，大家都对飞行员产生了敬意，以飞行员为主题，让幼儿拓展相关游戏情节，不仅可以提高幼儿的想象力，还可以通过游戏促进幼儿之间的语言交往、合作能力，于是“小小飞行员”游戏便诞生了，让幼儿们自由想象，自由发挥。

2. 游戏目的

（1）能在游戏中自由发挥，创想出相关的游戏情节。

（2）有集体意识和合作意识，能共同完成游戏环节。

（3）乐于表达，参与活动情绪积极。

3. 游戏准备

飞行员的表演道具、服饰、相关音乐。

4. 游戏玩法

幼儿模仿飞行员动作，先是找个别幼儿模仿，再由几个幼儿自由结组表演，表演前引导幼儿想象飞行中的队形变化，想象相关的游戏情节。自由创想相关动作。

5. 观察记录

（1）最先参与表演的一凡小朋友，先是做了一个两臂平身下蹲的动作，然后慢慢将手收拢，做转动方向盘的动作，接着原地跑起来。琳琳看到了说："你这是在开汽车，飞行员开飞机的动作不是这样的。"说着琳琳模仿起驾驶员开飞机的动作。"为什么要这样弄?"一凡不解。"电视上都是这么演的。"琳琳说得理所当然。

（2）小飞行员甜甜一边驾驶着飞机，一边跑上斜坡，又冲下来，时不时还绕过斜坡，一边飞嘴里一边喊着："我的飞机飞过了田野，飞过了小山，我是最棒的飞行员。"之后她的动作渐渐慢下来，由快跑变成快走，后来变成慢蹲，她说："飞行任务完成了，我要降落了。"

不爱说话的楼楼问甜甜："你开飞机都看见了什么?"

"我看到了田野上的花。"

"不对。"浩浩插话进来，"飞机飞那么高怎么可能看见花?"

"我是用望远镜看到的。"甜甜补充说。

"那我也试试。"浩浩跃跃欲试，嘴里说着："我要去看恐龙。"

（3）清清是一个比较谨慎的幼儿，当别的幼儿争抢着要表演时，清清在一旁观看，当轮到她模仿飞行员时，她系上安全带，飞行前做了一个敬礼的动作，然后走进机舱不紧不慢地开起飞机来。

（4）后来在群体结组进行飞行演练时，月月是小指挥，她让大家有序站好后，飞行表演开始，月月先是指挥大家变成圆形，停了一会儿，又变成方形、三角形，后面她又提高要求说："飞机变换队形时不要停下来，停下来会让飞机坠落的。"大家接受了她的建议，一边飞行一边变换队形。

6. 游戏分析

游戏中有时会出现种种状况，都是我们始料不及的，但偶发事件的处理在于教师的引导，更在于幼儿的认知水平。游戏中有幼儿把开飞机开成了汽车，这些与幼儿的认知经验有关，可能是对飞行员驾驶飞机的认知经验不足，需要生活中引导学会多观察。而甜甜在开飞机时看到了田野上的花是在游戏中的创新，增加了游戏的趣味性。幼儿存在着个体差别，每一个幼儿都不一样，教师不要对所有幼儿提出一致的要求，要给足幼儿发挥想象的空间。

7. 指导策略

（1）关注幼儿的兴趣点。游戏中有提供阅兵视频、图片，让幼儿兴致倍增，这也为幼儿之后的飞行表演及队列变化做了很好的铺垫。幼儿的兴趣被吸引过来，他们不仅变换出各种有趣的飞行队列，还想到了在自己的身上系五彩带，说是飞机放射出来的五彩烟雾，幼儿们的兴趣盎然，表演投入，在游戏中得到满足感。

(2) 让幼儿在积极的互动中成长。《幼儿园教育指导纲要》提出："尊重幼儿的学习特点，用幼儿感兴趣的方式发展动作，并吸引幼儿主动参与。"游戏中看到同伴一凡驾驶飞机动作像是开汽车，琳琳开始纠正，告诉他飞机有操纵杆，可以上下左右晃动操纵杆，一边说还一边演示，同伴的影响，同伴间的互动，是幼儿获取经验的最佳方式，让幼儿影响幼儿，能够激发彼此的积极性、主动性，让幼儿去发现问题、解决问题，这样才会积极互动起来。

(3) 发挥个体优势，促进群体发展。月月语言表达能力、组织能力都很强，在游戏中她就像个小指挥，指挥大家做好上机准备，指挥大家飞行演练、变换队形，是幼儿中组织能力较强的一个，完全可以做教师的小帮手，让幼儿去组织幼儿游戏，会起到事半功倍的效果。

8. 游戏总结

飞行员这一角色对幼儿来说有些生疏，大多都是在电视里见过，生活中并不多见，但也正因为如此才更容易引起幼儿对飞行员的好奇心。本次游戏的开展建立在幼儿的兴趣上，幼儿们个个跃跃欲试，在游戏中探索、创新，给幼儿足够的想象空间，这样幼儿们在整个游戏中都会兴趣不减。

(二) 水果店

1. 游戏生成

大班的幼儿已经掌握了一定的数学知识，因此在角色游戏中融入数学知识，可以巩固幼儿所学习的知识点，也可以通过角色游戏让幼儿去感知、学习一些数学知识或者是为接下来的数学学习做好铺垫，更重要的是让幼儿感受、体验数学运用于生活的道理和数学游戏的乐趣。于是教师设计了此次活动。

2. 游戏目的

(1) 模仿营业员和顾客进行角色交往。

(2) 了解买卖的一些常识，运用数学知识进行买卖交易。

3. 游戏准备

各种逼真的水果、水果篮、水果标价牌、电子秤。

4. 观察记录

(1) 水果店第一天开张，想要来玩的幼儿很多，最先进入的两位幼儿就成了水果店的服务员，其余幼儿作为顾客。两位水果店的服务员很负责，进入水果店工作后，很快就把所有的水果都归类摆放到了水果篮中或者水果架上。对每种水果都进行了标价，苹果3元、香蕉2元、西瓜5元，并且热情地吆喝起来："快来买水果呀，我们店里的水果新鲜又便宜，快来买呀！"小顾客轩轩领了钱迫不及待地来买水果了。

"请问你要买什么？"瑶瑶热情地招呼着。

“我要买西瓜，西瓜多少钱?”轩轩问。

“5 块钱。”

轩轩付了钱，拿了西瓜开心地走了，瑶瑶赶紧热情地说了句：“欢迎下次再来。”

小怡进水果店付了 2 块钱买走了一个香蕉。

(2) 张老师扮演的妈妈也来水果店买水果了，张妈妈问：“橙子多少钱一斤?”“4 块钱一斤。”

“我要一斤。”服务员瑶瑶拿了一个橙子给张妈妈。

张妈妈说：“我要一斤，不是要一个。”

瑶瑶愣了愣，看上去不太明白。

张妈妈笑着说：“你最好用电子秤给我称一下，我觉得一个橙子没有一斤重。”

经这么一提示，瑶瑶懂了，赶忙拿几个橙子放在电子秤上称重，直到放了三个橙子，才够一斤。瑶瑶非常开心地把称好的橙子递给了张妈妈说：“给，一斤!”

“谢谢你。”张妈妈付了钱走了。

(3) 张妈妈走后，营业员瑶瑶和贝贝商量着把论斤卖和论个卖的水果摆放到了两个水果架上，并进行了明确的标价：苹果 5 元/斤、香蕉 4 元/斤、西瓜 2 元/斤、猕猴桃 5 元/个、柚子 10 元/个，等等。恒恒要买一斤梨，营业员瑶瑶熟练地拿了两个大梨，一称说正好一斤，恒恒付了钱开心地离开了。然后小宇在瑶瑶的叫卖声中走过来，要 5 斤西瓜，只是在称好西瓜付账的时候瑶瑶不知道 5 斤西瓜收多少钱，就去问贝贝，贝贝摸着脑袋为难地说：“我也不知道。”教师在观察到幼儿出现问题时，及时进行引导：“那你们试试能不能一斤一斤地付钱?”“一斤两块钱，两斤四块钱……”在教师的引导下，瑶瑶说“一斤付两块”，分了五次让小顾客把钱付清，虽然过程烦琐了点，但问题总算解决了。

5. 游戏分析

从幼儿们的游戏表现可以发现，水果店服务员热情招待顾客的生活经验，能从幼儿们的游戏中体现出来。幼儿们对于水果的标价没有细致观察过，买卖水果过程中的一些细节和方法，其实大部分幼儿没有积累好相关的经验，因此大部分的幼儿都是论个买水果，虽然也有幼儿知道水果要论斤买，但大多选择简单的交易类型。还有就是从后面 5 斤西瓜不知道收多少钱看出，这个问题对于他们来说真的有难度。只有把这个数学难题进行分解，让幼儿运用已有的数学知识和生活经验才能解决。

6. 指导策略

(1) 丰富幼儿生活经验，推进游戏。幼儿的一切游戏都是以经验为基础的，为了帮助幼儿梳理买卖水果的相关经验，可以带领幼儿一起观看一组水果店标价的图片和一段关于水果店的视频。引导幼儿观察标价牌上是怎么标价的，如橙子 4 元/斤，哈密瓜 3 元/斤，柚子 6 元/个，西瓜 10 元/个，等等。标价时一定要标清楚，也从中让幼儿了解水果既可以论个卖又可以论斤卖。通过视频让幼儿更加清楚水果买卖的整个过程，了解大部分的水果都是按重量来买卖的，知道买卖水果时还可以讨价还价。

除此之外，通过实物操作演示的方法引导幼儿推断水果数量和重量之间的关系。如用实物的苹果、橙子和电子秤，向幼儿介绍一斤苹果、一斤橙子差不多有几个，让幼儿对水果重量的判断有一个初步的依据。

(2) 适时提问，培养自主。大班幼儿在开展游戏过程中，已经有了自己的想法和思路，作为教师只要做一根引导线，引导幼儿自主解决游戏中产生的问题，从而培养幼儿游戏中的自主性。例如：在水果店游戏开始前，教师可以采用演说竞聘的方式，让幼儿说说可以用什么方法又快又正确地卖出自己的水果，有想法有创意的幼儿可以获得这个岗位；在水果店游戏进行中，教师可以引导：一次买的太多，计算麻烦容易出错，可以想什么办法解决；在游戏评价环节，教师可以提问：今天在做水果店游戏中，遇到哪些困难或问题，谁能帮他解决这个困难等。通过这样的方式把幼儿们的想法积极调动起来，并创设宽松的谈话环境和幼儿一起发现问题、分析问题，让幼儿更加自主地开展游戏。

7. 游戏总结

角色游戏，看似只是玩玩的游戏，但在游戏背后却有许多的学问，也蕴含着很多的教育价值。价值在哪里？需要我们仔细地去观察幼儿的游戏情况，幼儿在游戏中的问题所在和疑难困惑，恰恰就是我们的教育价值所在。在游戏中，教师的职责就是通过观察发现问题，适时地介入指导提供支持帮助，指导幼儿运用已有的知识和经验自己来解决问题。在解决问题的过程中，幼儿自然获得了发展，也体验了成就感。

第四单元　幼儿音乐游戏

学习目标

1. 知识目标

了解幼儿音乐游戏的定义、特征、价值和目标；
掌握幼儿歌唱游戏的定义、形式、特征和功能；
掌握幼儿律动游戏的定义、分类、特征和功能；
掌握幼儿演奏游戏的定义、乐器种类、特征和功能；
掌握幼儿欣赏游戏的定义、形式、特征和功能。

2. 能力目标

能设计与指导幼儿歌唱游戏；
能设计与指导幼儿律动游戏；
能设计与指导幼儿演奏游戏；
能设计与指导幼儿欣赏游戏。

3. 情感目标

对幼儿音乐游戏有正确的认识和积极的学习态度；
能够通过教学活动引导幼儿参与音乐游戏。

第一课　幼儿音乐游戏概述

音乐教育作为幼儿园教学中一项主要的教育课程，在幼儿教育的过程中起着不容轻视的作用。对幼儿进行音乐教育，不仅能够陶冶幼儿情操，增强幼儿对美的理解，还能够激发和培养幼儿发现美、创造美的能力。而幼儿音乐游戏课程又是幼儿音乐教育不可缺少的重要教学形式，它在幼儿音乐教学过程中产生，并作为幼儿音乐教学活动的一个重要内容，发挥着极其重要的作用。

一、幼儿音乐游戏的定义

音乐游戏目前已成为幼儿音乐教育的重要教学手段，是一种以发展幼儿音乐能力，并且通过音乐促进幼儿身心全面发展为目标的集体教学活动，是音乐教育中不可缺少的形式和内容。音乐游戏一般是指以音乐为背景，或在音乐伴奏、歌曲伴唱的同时，幼儿以个人、多人合作或集体的游戏方式，用动作、表演、演奏或欣赏等形式来表现和体验音乐的性质、内容和音乐形象，以此来培养和发展诸如感受、鉴赏、表现和创造等艺术能力的音乐教育活动。在音乐游戏中，音乐和游戏是相互促进、相辅相成的。它将教育教学的要求以生动有趣的游戏形式表现出来，帮助幼儿更具体、形象地感受和理解音乐，获得一定的情绪情感体验，使幼儿在乐此不疲的游戏和玩耍中掌握音乐知识和技能，渗透品德教育和审美教育。

幼儿音乐游戏的活动形式主要分为四大类：幼儿歌唱游戏、幼儿律动游戏、幼儿演奏游戏、幼儿欣赏游戏。四种不同的游戏方式各自发挥着不同的作用，每一种游戏方式都有自己的训练价值，同时各领域的内容也相互渗透，从不同的角度促进幼儿的知识、技能、情感、态度、能力等方面的发展。本单元将对这几种教学形式进行分析、研究，并提供大量的教学实例，供学前教育工作者借鉴。

二、幼儿音乐游戏的特征

较之其他的艺术教学，幼儿音乐游戏有其自身的独特性，其特征主要表现在以下几个方面。

（一）音乐性

音乐是声音的艺术，是通过声音的高低、长短、强弱、音色等要素，构成节奏、节拍、速度、力度、旋律、音区、音色、调式、和声、织体、曲式等音乐的基本表现手段和组织形式，来表现人的内心情感，反映社会生活的艺术。

音乐是音乐游戏的灵魂，贯穿音乐游戏教学活动的始终。幼儿在音乐游戏中，感受音乐，伴随音乐的流动、旋律的起伏、节奏的跳跃、音色的异同、情绪的变化与发展，用手中的乐器或自己的身体外化音乐、表现音乐，或在老师的启发下进一步欣赏和感受音乐。从接触音乐到感受音乐、认识音乐、表现音乐、发展音乐……整个游戏活动都是以音乐为轴心进行发展和变化的，所以音乐性是音乐游戏活动的重要特征。

（二）趣味性

心理学研究证明：人有先天性的行为趋势倾向，趋向积极的情感体验从而回避消极的情感体验，幼儿更是如此。如果让他们感到快乐和获得成功体验，幼儿就会投入强烈的兴趣，表现出不凡的创造力。所以要想让幼儿自觉地、快乐地投入到游戏中，有效率地达成学习效果，趣味性是音乐游戏的根本特征。

（三）阶段性

对于学前幼儿，年龄是幼儿能力的决定性因素。因为处于人体发展的初期，幼儿心理和生理的变化非常大，不同年龄段幼儿的能力也有明显的差异。所以音乐游戏的创编一定要考虑到幼儿的实际音乐能力与最近发展区，对幼儿的教学完成情况做不同的要求。例如我们进行打击乐器的演奏活动时，根据不同的年龄特点，教师应设计不同程度的内容与教学要求。小班可以先以大肌肉的（手臂）动作、以单一多重复的节奏型为主，逐步发展到中班增加手眼配合的动作以及多种节奏型的加入，最后到大班双人配合完成较复杂的节奏型。

（四）多样性

幼儿的稳定性比较差，比较喜欢长时间重复相同或相似的事物。为了吸引幼儿的注意力，让他们对音乐游戏产生兴趣，用多样化的游戏形式和多样化的游戏内容，去建构幼儿音乐游戏活动的最佳方案，让他们成功地体验音乐是教学中尤为重要的。同一个主题、同一种类型的音乐、有时甚至是同一首音乐，我们都可以找到不同的切入点，用不同的教学形式进行教学。

同时，我们看到音乐游戏活动的多样性也来自于音乐的多样性。多样的音乐组成多彩的音乐世界，多彩的音乐世界也带给了幼儿多样的音乐游戏。从不同风格的音乐中感受不同文化，从不同节奏型的音乐中感受不同心情，从不同的游戏形式中感受不同的快乐。

（五）综合性

音乐是综合的艺术，音乐不是以单一形式存在的，不仅仅是用嘴唱或用耳朵听，它是结合动作、舞蹈、语言的有机整体，这恰恰又是人与生俱来的本能，是源于生命开端的，是接近土壤的，是心灵最自然的表露。同样，音乐游戏也不仅仅是音乐中的各个元素的结合，更重要的是多种艺术形式在游戏中的综合体现。当前幼儿园课程改革更是鼓励老师运用开放的观念，寻找音乐与各门艺术以及艺术之外的各门学科间的联系，让幼儿在更为宽泛的艺术领域学习音乐，理解艺术，体验世界。音乐游戏正是综合化学习方式的体现。

（六）社会性

音乐游戏具有多种社会性特征，如音乐游戏活动能潜移默化地培养幼儿主动参与到游戏中的能力和习惯。皮亚杰“儿童自我中心说”证明了儿童是以自我为中心的，因此在新入学的幼儿中往往出现由于以自我为中心而造成的问题，比如参加游戏时具有随意性，缺乏明确的目的性等。而有趣的音乐游戏能有效地激发幼儿参加集体游戏的兴趣，吸引着他们主动地参与游戏活动，让幼儿能够自然地从家庭生活过渡到幼儿园集体教育教学活动，适应社会生活。

三、幼儿音乐游戏的价值

具体地说，音乐游戏的教育价值主要表现在两个方面。

（一）本体价值：促进幼儿音乐能力的发展

1. 促进幼儿音乐感知能力的发展

幼儿的音乐感知能力是一种内在的音乐体验能力，虽然学龄前儿童受年龄和音乐经验的影响，对音乐的感知只能来源于儿童的音乐本能和有限的音乐积累，但是所有的音乐内涵都可以用一种适合幼儿心理特点和接受能力的教学方式来实施和完成。美国早在 20 世纪 60 年代的曼哈顿维尔音乐课程计划中就建立起以音乐概念发展的立体螺旋形式，帮助儿童有效地感知音乐。

2. 促进幼儿音乐表现能力的发展

幼儿的音乐表现能力主要包括演唱能力、演奏能力、律动能力和综合表演能力。表现能力往往是一种外显的音乐能力，是幼儿运用一定的音乐表演技能将内在的音乐感受表达出来的能力。它建立在幼儿的音乐基础之上，同时结合个性、应变能力、心理素质等条件，是比较直观的评价幼儿音乐学习状况的一种标准，所以也是幼儿园音乐游戏中实践得较多的一种能力。当然每个幼儿因为音乐基础不同，各项能力会有差异，比如有的幼儿演唱能力强，有的幼儿动作协调性好，但所有的表现能力都是幼儿直接深入体验音乐的重要途径。

3. 促进幼儿音乐创造能力的发展

幼儿先天具备音乐创作的潜能，这种创作不能狭义地理解为创作音乐作品，很多时候是来源于幼儿对声音的探索以及对制造音乐和表现声音的乐趣中。诸如幼儿在音乐游戏活动中积累起来的创编歌词的能力，创编节奏型的能力，创编旋律的能力，创编动作的能力，以及创编表演形式的能力。音乐创造能力以感知能力为基础，是表现能力的升华。音乐游戏是萌发幼儿音乐创造的摇篮，每个幼儿都能在通过音乐认识自我、认识世界的过程中激发音乐潜能，并用他们自己独特的表现方式来表达音乐。

（二）工具价值：促进幼儿身心的发展

当前幼儿园音乐游戏活动不仅以音乐能力的提高作为主要教学目标，同时还越来越注重以音乐为工具发展幼儿除音乐之外的多种能力。

1. 促进幼儿身体的发展

幼儿期是身体动作的重要时期。在音乐游戏中，幼儿通过发声训练锻炼肺活量以及声带和嗓音的柔韧性，通过舞蹈和律动锻炼手脚协调的灵活性，通过打击乐活动锻炼手持乐器的技巧以及脑中枢神经系统的配合能力，等等，音乐游戏能力强的孩子必定在身体基本素质方面有一定的优势。

2. 促进幼儿语言的发展

众所周知，在幼儿学习语言的过程中，音乐是不可或缺的工具。音乐与语言密不可分，一首首活泼、欢快的歌曲往往就是一首首朗朗上口的儿歌、诗歌；一首首优美、动听的乐曲也好像描述着一个个有趣的故事。通过做音乐律动游戏学习英语单词，通过唱外文童谣积累语感语句。通过音乐来学习语言不仅是孩子的专利，还是成年人语言发展的需要。如今很多智障儿童通过音乐治疗来刺激语言，改善与人交流的障碍，这正是音乐对语言发展巨大功能的体现。

3. 促进幼儿认知的发展

幼儿的认知能力包括各种思维能力。在音乐游戏中，幼儿对音乐的用心聆听提高了幼儿的专注能力。音乐中不同声音的表现形式放在一起，幼儿学会用思维分辨不同类型的声音以及声音中包含的不同情感。久而久之，不仅在听觉中完成了对注意力的培养，还使幼儿养成了良好的行为习惯。通过游戏，教师引导幼儿观察，直接获得感性经验，不仅可以培养和提高幼儿的想象能力，还能为他们抽象思维的发展奠定基础。

4. 促进幼儿情感和意志的发展

音乐是情感的艺术，音乐游戏让幼儿在积极的情感体验中获得美好的生活经验，儿童早期的审美活动对他们一生的情感发展有着重要的作用。经常利用音乐游戏活动对幼儿进行审美教育，不仅会使幼儿在音乐教育活动中体验积极快乐的情绪，在情感上产生共鸣，还可以培养幼儿的审美感知，提高幼儿的审美理解，从而对幼儿的道德品质、行为习惯及审美能力产生积极的影响。在游戏过程中他们也会遇到一些困难和挫折，这对他们的意志和品格也是很好的锻炼。

5. 促进个性与社会性的发展

幼儿既是独立的个体，又是社会的一分子，让他们发展健全的个性和良好的社会性是幼儿园教育的目标。所有的艺术都是个性的艺术，在音乐游戏中，幼儿独立的音乐个性能够在多种途径中得到发挥，同时在游戏的过程中还有利于幼儿集体意识和合作意识的形成，提高同伴之间交往的能力，如严格遵守游戏规则，考验幼儿的自制力和耐心等，各种社会性发展特征都能得到锻炼和培养。

四、幼儿音乐游戏的目标

几种主要幼儿音乐游戏的目标如下。

1. 欣赏游戏的目标

（1）让幼儿享受参与听力游戏的快乐。

（2）培养幼儿对音调、音高、节奏等因素的敏感性，发展对音乐的感受能力。

（3）培养幼儿对音乐的热情。

2. 歌唱游戏的目标

（1）让幼儿享受参与歌唱游戏的快乐。

（2）培养幼儿运用嗓音进行艺术表现的能力，以及对音乐的感受能力。

（3）积累一定的音乐语汇，遵守游戏规则，建立规则意识。

3. 律动游戏的目标

（1）让幼儿享受参与律动游戏的快乐。

（2）发展幼儿运用身体动作进行艺术表现的能力。

（3）积累一定的音乐语汇和艺术动作语汇。

4. 演奏游戏的目标

（1）让幼儿享受音乐演奏游戏所获得的快乐。

（2）发展幼儿对音乐节奏的感知能力和运用各种手段对音乐节奏的表现。

（3）积累一定的音乐语汇和艺术动作语汇。

第二课　幼儿歌唱游戏的组织与指导

一、幼儿歌唱游戏概述

幼儿歌唱游戏是早期儿童最喜欢的音乐游戏活动之一，主要内容包括嗓音开发、声乐启蒙和演唱歌曲。优秀歌曲的内容和其所蕴含的艺术形象，不仅潜移默化地陶冶着幼儿的性情，还可以帮助幼儿听辨音高，辨别音色、音区的变化，为幼儿以后的音乐学习和欣赏打下良好的基础。

（一）幼儿歌唱游戏的定义

歌唱游戏是幼儿园音乐教育活动的重要组成部分，它是指幼儿用嗓子来制造声音，或演唱有旋律、有歌词的歌曲以及节奏朗诵等。在幼儿园中，幼儿歌唱材料有成人创作的儿童歌曲、传统的童谣以及幼儿自己自由创编的歌谣等。幼儿歌唱材料一般具有以下特点：歌曲内容简单有趣、歌词易记且能为幼儿所理解熟悉，节奏和旋律比较平稳；歌曲速度适宜，结构简单多重复部分，适合幼儿自发、自由编唱；适合幼儿用动作表现歌曲内容等。

（二）歌唱活动的形式

（1）独唱：一个人独立地歌唱或独自进行声音的表现。

（2）齐唱：所演唱的歌曲为单声部作品，所有演唱者共同演唱同旋律。齐唱要求所有演唱者在音乐表现诸方面，如起止、音准、节奏、速度、风格处理、力度与音量、发声方法等都要整齐一致。

（3）接唱：将一首歌曲分成几个乐句一句句接唱，包括个人对个人的接唱和小组对小组的接唱。

（4）对唱：以问答的方式唱歌曲中的问句和答句，包括个人对个人、小组对小组及个人对小组。

（5）领唱：一个人或几个人演唱歌曲中比较主要的部分，集体演唱歌曲中配合的部分。

（6）轮唱：用同度卡农手法写成。多个声部（一般为 2～3 个）按一定的时距相互追逐，演唱同一旋律。交叠出现时构成良好的和声关系。

（7）合唱：是多声部歌曲演唱形式。音响上讲究整体的融合性，各声部之间要求均衡、和谐、统一。

（三）幼儿歌唱游戏的特征

（1）动作参与：边唱边跳是最普遍的表现形式。将歌词大意用简单、夸张的肢体语言表演出来，帮助幼儿在情境中进行歌词理解，也帮助幼儿学习了解肢体语言的简单表达方式。

（2）情境表演：将表演的成分加入幼儿的演唱。角色扮演是幼儿最喜欢的游戏形式之一，边唱边演让幼儿在歌声中走进生活与自然，在故事中去体验歌唱的快乐。

（3）乐器辅助：这里的乐器可以是有音调的乐器，也可以是幼儿打击乐器。让幼儿亲自用熟悉的乐器为歌曲伴奏，选择自己合适的乐器种类和伴奏音型，不仅加强了歌曲的节奏感，还增加了幼儿歌曲演唱的兴趣。

（4）歌词创编：突出旋律的完整性，运用歌词部分替换或全部替换的方式，让幼儿展开丰富的想象，运用他们已有的语言经验、数字经验和生活经验对歌曲进行改编，增加歌曲的游戏性。

（5）嗓音玩唱：早期儿童对自己的嗓子往往有着浓厚的兴趣，很多幼儿都有过喃喃发声，一边游戏一边无意识制造声音的经验。在歌唱游戏中，我们可以让幼儿哼唱一些无意义的音节，让他们自发地探索嗓子的无穷能量，学会控制和调节嗓音，并用美好的歌声尽情地表达自己。

（四）幼儿歌唱游戏的功能

1. 帮助幼儿学习发声

四至六岁幼儿的发声器官正处于发育初级阶段，其发声器官的长短、大小和活动能力与成人不同，发出的音色、音量、共鸣也与成人不同。他们声带短小，口腔内上颚、硬腭浅窄，喉肌调节声带活动的能力差，同时呼吸较浅，多用头腔共鸣。我们常常看到有的幼儿在唱歌时颈部青筋凸起，面部涨红，特别是他们唱到情绪高涨时，更容易出现这种现象。这是喉部紧张用力、发声方法不正确的一种表现。这样的唱法会使幼儿的发声器官过分疲劳，时间久了，就会损坏他们的嗓子。所以应当让幼儿学习在唱歌时保持喉部自然、放松，防止和纠正大声喊叫的唱法，使唱出来的歌声优美、动听。

2. 帮助幼儿学会呼吸

最初接触歌唱的幼儿，常常开口就唱，他们往往根据自己的需要而不是根据音乐的需要换气，而他们的气息常常破坏音乐的整体性，而且唱起来也特别累。有些幼儿把声音全部挤压在喉咙里，不会用自然流畅的方法控制气息。因此，正确的引导对幼儿养成良好的呼吸习惯很重要。例如：教师会把日常生活中常遇到的亲身体验，让幼儿回忆感受一下，诸如快速爬楼梯或跑步后气喘吁吁时的样子，让幼儿边表演边体验深呼吸的感觉，并学习在唱不同音高时，能使用这些感觉来进行歌唱。游戏化的呼吸方法，不仅改善了幼儿演唱的质量，还锻炼了他们的身体素质。

3. 帮助幼儿纠正咬字与发音

很多幼儿的咬字吐字方法不正确，如用“奶声”“扁嘴”说话，又有些幼儿对歌曲中比较长的句子，不能连贯演唱，歌词含糊不清。在歌唱游戏中，教师可以寓教于乐地帮助孩子改善这些问题。比如：在教唱环节上，教师会带幼儿把歌词字正腔圆地朗读出来，待幼儿读正确后再进行练唱；对于吐字不清的幼儿，要多用带爆破音的字进行练习。如模仿青蛙叫（呱）、小鼓敲（咚）、喊爸爸（ba）等，多用跳音练唱。在教师的帮助下，字正腔圆的演唱会让幼儿更充分地理解歌曲的思想内容、领悟美好的艺术形象。

4. 帮助幼儿提高节奏与音准

对于刚接触歌唱的幼儿来说，兼顾节奏和音准并不是一件容易的事情。在教学过程中，我们常常会发现幼儿能够学会歌曲，但很多节奏和音准是“不着调”的，这其中的原因之一就是教学过程过于枯燥和缺乏游戏性，导致幼儿机械地记诵了音乐。游戏化的歌唱方式强调选择适合幼儿音域和演唱能力的歌曲，将幼儿分声部，同时用手打节拍，幼儿就像组成了一个小乐队，这样兼顾节奏和音准的歌唱就变得轻松愉快。在和谐的歌唱氛围中，进行系统的节奏和音调训练，这样循序渐进地培养了幼儿的音准和节奏感。

5. 帮助幼儿建立合作精神

相对于幼儿自身的生理和心理的发展特点，合唱是比较复杂的演唱形式。在合唱的学习过程中会出现各唱各的现象，合唱练习的初期幼儿更容易关注自己的演唱，而忽视他人的声音与节奏。而经过一段时间的训练，幼儿就会将关注点转移到与他人的合作上。简易的多声部训练为幼儿提供了一个合作的平台，让他们从小在听觉中建立和声的概念，声音上的合作也最终会提升他们更为广泛的合作交流能力。

二、小班幼儿歌唱游戏的设计与指导

（一）小班幼儿歌唱游戏的特征

1. 歌唱水平

小班幼儿由于肺活量小，呼吸短促，还不能根据乐句来换气，经常是一字一换，所以唱歌时时常出现断断续续的现象。因此，教师在选择歌唱歌曲时，应避免太长、速度太快、太慢或者节奏过于密集和拖沓的歌曲。

2. 音准音域

3～5 岁是幼儿的歌唱音区发展比较快的阶段。对于小班幼儿来说，他们的音域大致在 C1～G1 之间。小班幼儿音准控制力较差，一般他们比较容易掌握的是三度及以下的级进音程。在没有乐器伴奏的情况下，小班幼儿独立歌唱时容易走调，所以音准是这个年龄段比较难掌握的技能。

3. 歌词和吐字

小班幼儿在掌握简单歌词方面已经没有什么问题，但是碰到复杂的字词，往往吐字不清楚。有的时候他们甚至会因理解困难而在唱歌时故意把其中的字、词去掉。另外，当他们发不出一些不太熟悉的声音时，会自行采用自己所熟悉的语音来代替。如形容小马跑步的声音“咯滴咯滴”往往被他们唱成“科里科里”。

4. 和谐程度

小班幼儿在集体歌唱时还不会相互配合，往往是自顾自按照各自的音高、速度来唱，常常你超前我拉后，不会顾及整体的音响效果。在歌唱中，他们也不太懂得换气，不懂得通过改变声音的强弱、快慢、音色以及声音表情表达音乐的情绪。

（二）游戏的设计

1. 歌曲的选择

在歌曲的选择方面，小班幼儿对于音乐的认知有限，但是非常值得珍惜的一点是小班幼儿对于音乐中各个元素有着浓厚的兴趣。他们虽然不能够达到准确的认知，但是对于鲜明的节奏、清晰的旋律还是能够很好地把握。

根据小班幼儿的能力特点，首先，歌曲的时间不能过长，这是由小班幼儿注意力集中时间较短这一特点决定的。其次，曲调需简单明了，所涉及的音域要符合小班幼儿的声带发育特点，过宽的音域会对他们声带的发育有损伤。另外，在节奏方面，要选择简单、节奏型比较单一的比较明快的歌曲，以 2/4 或 4/4 为主，节奏变换也要尽量减少。最后，尽量选择简短、形象、押韵的歌词，这比较符合小班幼儿的认知发展水平，对歌曲的演唱也比较有利。

2. 活动目标

小班幼儿活动目标的设计的基本原则是符合小班幼儿身心发展水平，所以歌唱游戏的课程目标可以定为学会有表情地演唱歌曲，理解歌词内容，感受歌词表达的情感，掌握基本音准等简单的目标。在目标的设定上也要首先考虑到幼儿是游戏主体这一基本的原则，具体目标的设定也可以根据本班情况或近期单元主题或阶段性主题来定。

3. 活动准备

（1）教师自身准备，包括歌曲材料的分析和教学对象的演唱基础的认识，以及辅助歌唱游戏的音频、视频资料，普及型基本知识、玩偶、折纸、绘画、故事等。

（2）环境准备，包括教师和孩子的站位队形、班级黑板或环境的布置、幼儿桌椅的摆放等。

（3）情感准备，为了让小班幼儿更好地投入游戏的情境，要在游戏前进行有关歌词故事的情感引导，使他们更好地融入歌曲游戏中。

4. 活动过程

活动过程的设计是整个歌唱游戏实施的重点和难点。对于歌曲中歌词情感以及幼儿游戏方式的指导要遵循幼儿是游戏主体这一根本原则。

在活动中，建议先从小班幼儿身边熟悉的生活场景和生活经验入手，通过复习与再现，引起小班幼儿的回忆和成就感，从而与歌唱游戏建立紧密的联系，这样可以避免小班幼儿对于一些陌生事物失去兴趣后游离在游戏之外。

在歌唱游戏的进行中，时刻让他们自己去学习、联想和探索，不要拘泥于形式，也不要刻意强调歌唱的技术，把大部分时间留给他们，让他们在自然、和谐的环境和音乐中自己去感知和体验歌唱的快乐。在游戏进行中，也可以根据他们的演唱能力对原定歌曲进行歌词、节奏或者旋律的改编，增加歌唱的趣味性。

5. 教学建议

不要给小班幼儿预设固定的教学目标，应给他们更多探索的空间和时间。小班幼儿的注意力集中时间较短，要用大部分时间让孩子在游戏中学会歌唱。在歌曲题材上，由于小班阶段的幼儿对于家庭的依恋较大，尽量选择节奏明快、内容愉快以及与孩子的生活内容比较贴切的歌曲，在有限的教学时间中达到最好的游戏效果。

（三）案例分析

1. 活动目标

（1）能够完整地歌唱《我爱我的小动物》（见谱例 4-1）。

（2）学会辨认各种小动物叫声的节奏。

（3）产生热爱小动物的情感。

谱例 4-1：

我爱我的小动物

佚名 词曲

2. 活动准备

（1）各种小动物的图片（小羊、小狗、小鸡、小鸭）。

（2）歌曲 CD。

3. 活动过程

（1）故事导入。教师：“今天是大象的生日，他的四个好朋友来到大象家里做客，大象给好朋友们做了一个大大的蛋糕，和他的好朋友们一起分享。大家都特别高兴地你一言我一语的。”“听听大象的好朋友都有谁呢？”

（2）播放歌曲。教师：“小朋友，你们听听都是哪些小动物在说话？”（播放音乐）

（3）教唱歌曲。教师：“小朋友们听听小动物们说了什么？”教师分段播放音乐，播放音乐后提问。

教师：“小羊是用什么好听的声音让大象伯伯开门的呀？”

让幼儿学会按节奏说歌词 XX X XX X | XX XX X | 大象听见了小羊好听的叫声急忙来给他开门。

教师：“小狗是用什么好听的声音让大象伯伯开门的呀？”

让幼儿学会按节奏说歌词 XX X XX X | XX XX X | 大象听见了小狗好听的叫声急忙来给他开门。

教师：“小鸡是用什么好听的声音让大象伯伯开门的呀？”

让幼儿学会按节奏说歌词 XX X XX X | XX XX X | 大象听见了小鸡好听的叫声急忙来给他开门。

教师："小鸭是用什么好听的声音让大象伯伯开门的呀？"

让幼儿学会按节奏说歌词 XX X XX X | XX XX X | 大象听见了小鸭好听的叫声急忙来给他开门。

（4）看图片，带领幼儿理解歌词。

教师："大象的四个朋友全到齐了，还记不记得是哪四个？"

教师："是不是这四个，（分别出示小羊、小狗、小鸡、小鸭的图片）大象很高兴，他说他要唱首歌来表达他对好朋友的爱，我们来听听他是怎么唱的。"

（5）学唱歌曲。

教师："听了这首歌你们觉得大象爱不爱他的好朋友啊？我们也来学学这首歌。"

教师带领幼儿哼唱歌曲。

（6）游戏：分角色扮演歌唱。让幼儿们分别扮演小羊、小狗、小鸡、小鸭，带上头饰，引导幼儿发挥想象，自由游戏歌唱，同时模仿小动物的动作。（再互换角色）

（7）结尾。

教师："小朋友们全都找到了自己的朋友，大象也有话要跟大家说，我们来听听他说什么呀！"大象说："今天感谢大家给我过了一个愉快的生日，我好久都没有和这么多小朋友一起过生日了，以后每个生日我都希望和大家一起过。"大象要回家了，今天他生日我们最后跟他说一句："再见了大象。"

4. 教学建议

在进行扮演小动物的时候，可以让幼儿扮演各种小动物，例如小牛、小猫等。学会各种动物的发声，同时运用这些声音对歌曲进行创编，在故事中进行角色扮演。创编时，让幼儿自由地发挥自己的想象力和表现力，用肢体和歌曲共同演绎小动物。

三、中班幼儿歌唱游戏的设计与指导

（一）中班幼儿歌唱游戏的特征

1. 歌唱水平

中班幼儿的歌唱水平会有一定提高。首先表现在他们积累的歌唱数量和歌唱经验都在不断增加，能掌握一些在旋律进行和节奏变化上都稍微复杂一些的歌曲。模仿歌曲时对嗓音的控制能力也增强了，能够准确地听辨老师的歌声并加以准确地模仿，从而能够准确地演唱歌曲的旋律与节奏，歌曲的长度也有所增加。在唱他们所熟悉和理解的歌曲时，可以做到用速度、力度、音色的明显变化来表现歌曲中的不同形象和情绪，还可以为自己的歌曲创编表演动作、创编歌词、变换歌唱形式、编配伴奏等。

2. 音域音准

中班幼儿的音域在逐渐加宽。中班幼儿在音准把握的能力上有了一定的进步，能控制小跳等类型的旋律变化。如有琴声伴奏，歌曲难度适宜，一般幼儿都能基本唱准音高。教师可以适当地进行一些转调的练声方式，让幼儿对音与音之间的关系有初步的理解，巩固幼儿对音准的把握。

3. 歌词和吐字

中班幼儿的语言发展有了一定进步，已经能够完整地再现较长的歌曲或较复杂的歌词。咬字吐字也更清晰，能够用不同的声音和吐字来演唱不同风格的歌曲。但在歌词的理解方面还有一定的困难，会出现错字、漏字和相似字的现象。

4. 和谐程度

集体歌唱时协调一致的能力也大大增强了，逐渐能够学会跟琴演唱，听出前奏、间奏，还能够学会将自己的声音和其他幼儿的声音协调一致起来，并且对小组唱、对唱、合唱、轮唱等各种演唱形式都产生了一定的兴趣。

（二）中班幼儿歌唱游戏的设计

1. 歌曲的选择

在歌曲的选择方面，由于中班幼儿在音域和歌词的掌握方面有了进一步的拓展，尤其在呼吸方面，幼儿对于嗓音的控制能力也大大地增强了，所以教师对于歌曲可以有更丰富的选择。歌曲题材可以更为广泛，尽量选择围绕中班幼儿生活内容的歌曲，适合朗诵和记忆的歌词，以及适合肢体表演的歌唱材料。

2. 活动目标

中班幼儿能用正确的姿势，自然的声音歌唱。吐字清晰，具备音准、曲调、节奏的基本能力。能跟着伴奏有节奏地歌唱。在有伴奏的情况下，能独立地完整地演唱歌曲，初步学会接唱和对唱。在集体的歌唱活动中能够注意控制自己的音色，使自己的歌声能与集体的声音相协调。演唱中更自信，乐于在集体中独唱与合唱，能与人分享歌唱的快乐。

3. 活动准备

（1）教师自身准备，歌曲材料的具体运用方式，歌曲伴唱与伴奏的准备，以及游戏如何穿插在歌唱中的细节安排。

（2）环境准备，包括环境的创设，幼儿桌椅的摆放，游戏氛围和游戏道具的安置等。

（3）情感准备，教师在游戏前安排幼儿体验与歌曲有关的情节进行铺垫，自然导入歌曲所表达的风格和情感。

4. 活动过程

在演唱中让幼儿根据歌唱游戏中的内容、角色等选择使用道具，或者选择不同的表演方式，可以进行简单的化妆。对于节奏的掌握方面，让幼儿自由地用恰当的节奏来展开身体运动。教师用暗示的方式来提示那些节奏感有困难的儿童，引导幼儿正确地感受歌曲。另外，在歌唱游戏中，为了帮助儿童掌握歌曲的旋律，教师可以在教儿童歌曲的同时，利用一定的直观道具（如图片）或者手上的动作使儿童的视觉、动觉上的高低与听觉上的高低一致，从而形成正确的旋律感。

5. 教学建议

在中班幼儿学习歌唱的过程中，音准也是相对最困难的教学目标，唱歌走音的现象仍有发生。为了尽早地让幼儿形成关于声音高低的正确概念，以促进幼儿音乐感受力和表现力的发展，作为教师，有必要在幼儿的歌唱游戏中有意识地增加旋律感的早期训练和培养。

（三）案例分析

1. 活动目标

（1）学习用自然、优美的声音演唱歌曲《小雪花》（见谱例 4-2）。

（2）感受歌曲抒情、柔和的特点。

（3）有感情地参与演唱和表演，体验并表现雪花飘落的美。

谱例 4-2：

小雪花

汇佳 词曲

2. 活动准备

（1）小雪花的图片。

（2）模拟雪花的道具（如纸片、碎泡沫等）。

3. 活动过程

（1）猜谜导入。

教师："今天，老师给小朋友带来一个谜语，看看小朋友能不能猜出它是什么。""说是花它不香，但有花瓣。它的家真是大，浩瀚无垠。冬天来它也来，满天飞舞；天气热它消失，无影又无踪。"

（2）活动展开。

教师："原来是小雪花，你们知道什么时候会下雪吗？"（出示图片）

教师："下雪以后，小朋友最喜欢的事情是什么？"

幼儿："打雪仗、堆雪人。"

教师："小朋友们都喜欢雪，那你们知道雪花是从哪里飘下来的吗？"

教师："冬天，小雪花们都会开始集体旅行，我们来听听它们都去了哪些地方。"

播放一遍歌曲，让幼儿们仔细聆听和熟悉歌曲中的歌词。

教师："小雪花，飘在手中不见了。你们知道小雪花去哪里了吗？"

幼儿纷纷回答，教师介绍雪花的知识。

教师："老师给小朋友唱一遍这首歌曲，请你们告诉老师你认为这首歌中最好听的歌词是什么。"

幼儿回答，教师整理幼儿说的歌词，边用手拍打节奏，边歌唱。

教师："小雪花是怎么从天空中飘下来的？你能用动作表演吗？"

1）无音乐动作。

2）加上音乐动作。教师播放歌曲，让幼儿根据歌曲的旋律有节奏地表现雪花从空中飘下的情景。用道具适当地渲染下雪的情境。

（3）欣赏歌曲，借助图谱感受理解歌词，并学习演唱歌曲。

1）听一听：在自然中呈现歌词，幼儿倾听欣赏。

教师："咦，快听，小雪花轻轻飞到你的耳边，在跟你说什么呢？"教师："你听到了什么？"

2）唱一唱：幼儿学唱，并初步尝试分角色演唱。

A. 完整演唱。

教师："你们喜欢小雪花吗？今天我们学唱的歌曲名称就叫《小雪花》，我们一起完整地唱一唱。"

教师："小雪花飘下来时心里怎么样？"（第二遍，启发幼儿像小雪花飘落一样用稍慢、柔和的声音有感情地演唱歌曲）

B. 分角色演唱。

教师当小雪花，完成幼儿唱问的部分，然后交换。

4. 游戏——小雪花

小朋友们站成一排，教师当小雪花，飘到哪位幼儿身边，哪位幼儿就演唱歌曲，演唱歌曲后，该幼儿表演小雪花再飘到其他幼儿身边……

5. 教学建议

课后可以做一个延伸活动，来增加幼儿对雪花的了解，教师给幼儿展示各种各样形状的雪花，并可以让幼儿用笔把它们画下来，或者用剪纸的方式制作雪花。

四、大班幼儿歌唱游戏的设计与指导

（一）大班幼儿歌唱游戏的特征

1. 歌唱水平

大班的幼儿已经具备较好的歌唱能力，大多数幼儿能够比较自如地把握常见的幼儿歌曲的节奏，如对歌曲中由二分、四分、八分音符构成的一般节奏掌握较好，甚至也能较好地掌握带附点的节奏和切分节奏。他们对歌曲的形象内容、情感的体验与理解能力有了一定程度的增强，能更加积极主动地在歌唱中用声音变化来表达感情，还能积极争取使自己的歌唱表现更独特和完美。一些幼儿还能够对熟悉的歌曲的节拍、节奏做出变化，甚至能够独立地即兴唱出相对完整的新曲调。

2. 音域音准

大班幼儿对音准的把握能力有了很大的提高，对级进和小跳一般不会感到有困难，他们不仅能唱准七声音节的歌曲旋律，还能掌握切分节奏与休止符，有些变化音也能准确无误地表现出来。幼儿初步建立了调式感，能够感觉到歌曲的主音，歌曲在主音上结束会给幼儿以满足感。

3. 歌词和吐字

大班幼儿一般已经可以比较完整准确地再现熟悉的歌曲的歌词，唱错字、发错音的情况会大大减少。幼儿歌唱的声音表情更加丰富了，能够利用清晰的吐字来演唱出铿锵有力的歌曲，也可以唱出优美舒缓的歌曲。

4. 和谐程度

大班幼儿在保持唱歌声音整齐方面一般没有困难，但是大班幼儿在歌唱时往往善于表现自己，不容易配合整体的声音，有时会出现冒音的声音效果，在合唱中需要老师正确的引导，对和声的听觉敏感度已经有很大的提高。

（二）大班幼儿歌唱游戏的设计

1. 歌曲的选择

大班幼儿对于歌曲的曲风、音域、节奏和歌词所表达的情感的掌握都已经有很明显的进步了，所以在歌曲的选择上，可以有更多的突破。在这个阶段，幼儿的歌唱技能和水平都有了较显著的提高，随着语言和气息的发展，他们能够记住更长更复杂的歌词，音量也有了明显的提高，所以在歌曲的选择方面可以更加宽泛。各种中外的儿童歌曲，甚至少量健康的成人歌曲，都可以作为教学内容出现在歌唱游戏中。

2. 活动目标

大班幼儿的基本目标是能用正确的姿势、自然美好的声音歌唱，并能正确地表现歌曲的节奏、旋律和歌词。在没有伴奏的情况下也能够独立地完整地演唱，并初步学会领唱、齐唱、轮唱和简单的两声部合唱。能用不同的速度、力度和音色变化来表现歌曲的形象、内容等。在掌握基本的歌曲的同时，能够熟练地掌握歌词，并且能够创编新的歌词。能大胆地参与独唱、合唱与表演唱，并且能主动协助老师设计各种演唱方式。

3. 活动准备

（1）教师自身准备，除了作品的分析和歌曲基本技能的准备之外，大班歌唱游戏可以更多地发挥幼儿的音乐创造力和想象力，注重歌曲创编的准备工作。

（2）环境准备，包括教师的站位，班级黑板或环境的布置，幼儿桌椅的摆放等，注重互动的场景准备。

（3）情感准备，从幼儿生活经验入手，引出歌曲的意境和游戏所表达的情感。

4. 活动过程

活动过程应该是以幼儿的兴趣集中点为中心，进一步组织有效的有吸引力的互动性的游戏课程，让幼儿培养勇于探索，乐于发现，并带着问题参与游戏的习惯。大班幼儿情感发展也已经有了很大的进步，所以要培养他们学会通过不同的方式表达自我，并且应该积极地鼓励幼儿参与同伴的合作表演，通过合作等过程参与到更多的歌唱游戏中。可以对音乐作品进行分析并且启发幼儿自己分析比较，让他们用自己的音色、动作等来表现他们对于歌曲的认识，自己做小导演、小指挥，主动积极地成为歌唱游戏的主导者。

5. 教学建议

以游戏为主的歌唱方式不限于教师的一味讲授和示范，尽量抓住大班幼儿创造力和想象力丰富的特点，让幼儿自己在游戏中学习音乐，在游戏中探索音乐，并让幼儿有能力对歌唱游戏做出合适的评价。

（三）案例分析

1. 活动目标

（1）在熟悉卡依游戏的基础上，进一步挑战速度的提升。

（2）在卡依游戏中获得愉快的情绪体验。

2. 活动准备

（1）歌曲《报春》（见谱例 4-3）。

（2）呼啦圈若干。

谱例 4-3：

报　　春

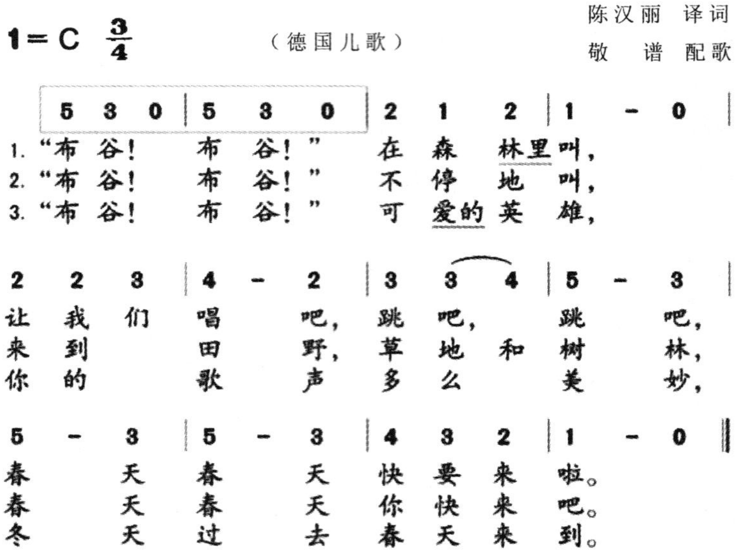

3. 活动过程

（1）复习歌曲《报春》。

1）教师：“现在已经是春天了，外面的天气真好，但是，有的小动物还不知道，这可怎么办呢？”（幼儿发表见解）

预设幼儿：

A. “画幅画儿送给小动物们，告诉他们春天来到了。”

教师：“的确是一个好办法，可是有些动物在冬眠，他们看不到画怎么办呢？请你们再想想，有什么办法能让冬眠的小动物也能够快快地知道春天来到了？”

B. “写封信给小动物们，告诉他们春天来到了。”

教师：“写信也是个好办法，你的信上会怎么写呢？”

C. “可以唱歌给小动物听。”

教师：“那你们觉得唱什么歌曲比较合适呢？”

幼儿：“报春。”

2）教师：“那我们快点去告诉他们吧，用我们动听的声音，告诉小动物朋友们，春天已经来到了。”

3）复习歌曲《报春》。全体幼儿齐唱；摘句练唱；请幼儿担任小指挥，有感情地演唱歌曲。

（2）音乐节奏游戏。

1）教师：“布谷鸟和森林里的小动物都已经知道春天来到了，相信你们也一定都发现了吧，谁愿意把自己看到的、听到的、感受到的春天大声说出来？”

2）跟着音乐节奏，说说美丽的春天。

3）教师小结："你们描述的春天实在是太美丽了，老师也非常喜欢，我也忍不住想把我对春天的感受说出来了——天气真好，小朋友们蹦蹦跳。"

（3）卡依曲式游戏。

教师："我们用'春天天气真好，小朋友们蹦蹦跳'来玩卡依游戏怎么样？我们先一起边拍手边连说 3 遍。"

X X X X | X X | X X X X | X X X ||

春 天 天 气 真 好， 小 朋 友 们 蹦 蹦 跳。

1）分成两组进行游戏（事先准备好呼啦圈放置在地上）。

教师："我们以前都玩过卡依游戏，都知道规则，请你们注意听好，哪组先开始，心里默默数，到了 3 遍马上蹲下。"

2）挑战 4 组同时游戏。

教师："你们真是太棒了，我们一起来挑战四组合作，怎么样？先请大家一边拍手一边连说 4 遍，'春天天气真好，小朋友们蹦蹦跳。'因为这次要分成四组挑战，所以每组都要念 4 遍，说完 4 遍以后，才能蹲下来。"

3）听教师的鼓声，加快速度，进行游戏。

教师："老师发现，这个游戏对你们来说太简单了，我现在要加大难度（拿出大鼓）你们要仔细听鼓声，听着鼓的速度来念'春天天气真好，小朋友们蹦蹦跳'，还是刚才的 4 组，每组讲 4 遍。"

4）结束。

教师："春天真是个好季节，天气好，我们心情也好，大家玩得真高兴。"

4. 教学建议

（1）本次活动的主要环节是卡依曲式的游戏。这种音乐游戏是轮唱的前期阶段，在本次活动前先让幼儿对卡依曲式有简单的接触。

（2）本次活动以春天的景色和特点为切入点，切入前要让幼儿充分感受春天的景色，能够用语言对春天进行简单的描述。

第三课 幼儿律动游戏的组织与指导

一、幼儿律动游戏概述

律动游戏是音乐游戏活动的一种表现形式，它通过清晰可见的动态形象传情达意，引导幼儿随韵律进行自我表现，用肢体动作再现出音乐的情绪和意境，并使幼儿在这潜移默化的过程中，形成音乐文化艺术的“潜质”。在律动游戏中，幼儿掌握了用身体走进音乐的方法，积累了音乐审美体验，开阔了音乐的视野。

（一）幼儿律动游戏的定义

幼儿律动游戏一般是指在音乐或节奏乐器的伴奏指导下，幼儿运用形体的动作感受再现音乐的高低、强弱、长短、快慢、音色、性质的变化，或形象生动地运用形体动作模仿某种形象、事物，抒发某种情绪的富有游戏性的活动过程。它是幼儿表达情感的一种最直接、最自然的方式。当幼儿随着音乐做简单自由的律动时，那是一种自我表现，也是幼儿在与人沟通和交往中进行情感表达的方式。

（二）幼儿律动的分类

目前的幼儿园音乐教学中所进行的律动，大致可以分为三种：节奏性律动、模仿性律动和综合性律动。节奏性律动是指随着音乐做节奏练习的律动。模仿性律动是指让幼儿随音乐模仿从日常生活实践中提炼出来的节奏较强的动作。综合性律动是指让幼儿随音乐学练简单的舞蹈动作的律动。

（三）幼儿律动游戏的特征

1. 音乐与动作紧密结合

舞动身体是幼儿一种本能的自然反应，它来源于孩子对节奏、旋律的心领神会与融会贯通。而幼儿律动正是把音乐与动作完美地结合起来，使它们成为一个不可分割的整体。在律动游戏中，幼儿会跟随音乐舞动肢体，不知不觉中完成了对基本的音乐要素的了解和掌握。例如：用身体表现音乐速度的快慢，力度的强弱，音调的高低，段落的划分，等等。把动作与音乐紧密结合，不仅能帮助幼儿更好地掌握音乐的节拍、韵律，还能让他们通过游戏获得探索身体动作的乐趣，体验音乐意境的美。

2. 与生活经验联结

幼儿感兴趣的舞蹈律动活动大都来自于幼儿生活中的经验，将幼儿熟悉的人物、动物、事物等形象提炼出舞蹈动作，也就是“生活化”的肢体语言，幼儿会觉着很有趣，很有尝试的欲望。律动游戏从突显幼儿生活经验的动作素材入手，并在游戏中将生活动作舞蹈化。这种寓教于乐的音乐活动，极大地提高了幼儿探索动作的学习兴趣。

3. 以想象与即兴为主

由于幼儿的形象思维占主导地位，行为表现好奇、好动、好模仿。在律动游戏中，幼儿往往容易添进自己的直觉和想象，喜欢夸张地表现事物，因此故事性的表演游戏成为律动游戏的主要内容。在游戏中，幼儿不仅运用模仿和想象产生肢体动作，还常常会随着音乐情绪的变化即兴地进行肢体表达。

（四）幼儿律动游戏的功能

1. 促进幼儿身体机能的发展

幼儿舞蹈律动活动是通过一系列舞蹈动作达到儿童身体协调性训练的重要步骤。在律动游戏中，正确、适度的活动会加速幼儿的血液循环，增加营养供给，促进骨骼得到较好的生长，规范的动作也会让幼儿肌肉能力得到不断的加强。如快速的大动作会使幼儿的爆发力得到锻炼，而一些简单的涉及柔韧性的动作，会使肢体有更广度的延伸和变化。除此之外，律动游戏还会对幼儿的心肺功能、关节和韧带的生长，以及平衡感、控制力、身体的协调性和灵活性等方面的发展起到促进作用。

2. 促进幼儿智能的发展

律动是一项需要丰富的想象力和创造力的活动。要想发展幼儿的想象力和创造力，就应当使幼儿同时获得视觉、听觉、触觉、动作及其他刺激，律动就是同时融合了各种刺激的一种活动。也正是这些活动刺激了幼儿的运动神经，使他们体会到各种身体动作所带来的感觉，这对幼儿智能的发展来说具有重要意义。

律动中的形象是一种广泛的、对音乐意境产生的生动想象。也正是这种律动形象，唤起了幼儿对相关事物的视觉印象、听觉印象以及由此产生的联想等，从而发展了他们的创造力。因此，音乐游戏活动中的律动游戏，不仅培养了幼儿动作的敏锐反应力、身心自我控制和把握的能力，还培养了他们的专注力、观察力、思维力和想象力。通过动作，还为幼儿的抽象思维发展提供了条件。

3. 促进幼儿情感的发展

情感发展在一个人的成长过程中占有重要而特殊的作用，它关系到智能、性格、道德等各方面的发展。幼儿早期是情感发展的奠基期，是情感教育的黄金期，充分发挥律动游戏的情感感染功能和强化功能，与幼儿相应的积极情感产生共鸣。

律动游戏中所反映的内心情感，对于丰富和发展幼儿情感是非常有利的。如活动中所表达的欢乐愉悦、活泼等情绪会对幼儿产生深远的影响，健康、积极的情绪体验也将促使幼儿形成乐观进取的性格。这种“以美诱人、以情诱人”的音乐活动，不仅使幼儿情绪稳定、情感丰富，还让幼儿拥有了自信、勇敢和快乐。

4. 促进幼儿艺术素养的发展

律动游戏活动以音乐为工具，以审美感知为出发点，以情感为动力，在不断挖掘幼儿创造潜力的同时，使幼儿心灵在美的节奏中和谐发展。幼儿在潜移默化中受到了音乐及相关艺术的熏陶，陶冶了性情，提高了幼儿发现生活之美和艺术之美的能力。游戏化的律动表演带给幼儿的不仅是动作能力的提高，更多的是引导他们运用动作去探索自我、探索艺术、探索音乐文化的过程。

二、小班幼儿律动游戏的设计与指导

（一）小班幼儿律动游戏的特征

1. 以模仿为主

爱模仿是小班幼儿的重要特点，也成为这个时期幼儿学习的重要手段，他们正是在模仿中成长的。模仿不仅可以成为他们的学习动机，还可以成为他们学习他人经验的过程。由于幼儿的骨骼和肌肉纤维都没有发育完成，平衡能力和控制能力都比较差，甚至连随着音乐的节拍进行整齐的拍手或者踏步都不容易，所以律动游戏中的动作要尽量简单，生动直观、易于幼儿的模仿和学习。

2. 以单纯动作为主

小班幼儿擅长大的整体动作、单纯的动作和不频繁移动的动作。这和小班幼儿动作生理特点有关，他们可以完成一些基本的舞步，如小碎步、小跑步、横移步、进退步等，能自由地运用手、臂和躯干来做各种单纯的动作，如勾、绷脚，伸腿，弯直与柔韧，从而认识人体的相关部位，力求节奏与动作的协调平稳。

3. 持续时间短

由于身体发展的特点，小班幼儿特别好动，注意力易分散，而在相对强度较高的律动游戏中，幼儿的注意力集中时间将缩短，因此，在进行律动游戏时，时间不宜过长，适中的游戏时间，可以让幼儿一直快乐地起舞。研究表明，小班幼儿律动游戏时间安排以10～15 分钟为宜。

（二）小班幼儿律动游戏的设计

1. 音乐的选择

由于小班幼儿年龄较小，他们对于音乐的选择要求是相对较高的。歌曲的节奏要鲜明，强弱清晰，这样的音乐便于提示幼儿掌握节奏、韵律。乐曲的速度以适合幼儿动作展开为目的，一般为中速。因为小班幼儿的骨骼和肌肉发育都不是很成熟，过慢的歌曲让幼儿长时间保持在一种状态较难保持平衡，过快的歌曲会使幼儿动作跟不上节奏，从而导致幼儿丧失对律动游戏的兴趣。律动音乐的内容要与幼儿的生活经验相关，这样便于他们认知和了解游戏要表达的情境和情绪，幼儿就会自觉地投入律动中。

2. 活动目标

小班律动游戏指导应以发现幼儿创造力和想象力为目标，因此在活动目标上，大多以情感为主，肢体动作为辅，发展幼儿在律动游戏中积极参与的态度，感受律动游戏带给他们的快乐。

3. 活动准备

（1）教师自身准备，包括音乐、表演能力或者音频、视频资料的掌握。

（2）环境准备，包括教师的站位、环境的布置、游戏所用的道具等。

（3）情感准备，教师要在游戏前进行有关律动的情感引导，如介绍歌曲或音乐要表达的内容等，从而让幼儿融入律动游戏中。

4. 活动过程

根据小班幼儿的年龄特征，教师的律动教学更应以游戏导入为主，让小班幼儿在玩中探索动作的发展。教学过程中围绕主题进行动作协调性训练，即兴的随乐表演，舞蹈动作的模仿或者情景剧的表演等，比如通过游戏增强幼儿对身体部位的认识和敏捷的反应能力，教师发出口令“小朋友，头碰头”“肩碰肩”“膝盖碰膝盖”等，让幼儿按照口令做出相应的动作，在游戏中既学会了律动，又感觉乐趣无穷，让幼儿带着愉快的心情完成律动课程。

5. 教学建议

教学中尊重、理解、激励每个幼儿的动作创造力，根据每个幼儿的动作能力差异培养幼儿律动的兴趣。以发展的眼光恰如其分地评价每个幼儿的律动才能。

（三）案例分析

1. 活动目标

（1）激发幼儿学习舞蹈的兴趣，学习并认识基本舞步小碎步。

（2）感受小蜜蜂勤劳不懒惰的精神。

（3）配合歌唱，掌握好节奏（见谱例 4-4）。

谱例 4-4：

小蜜蜂

外国童谣

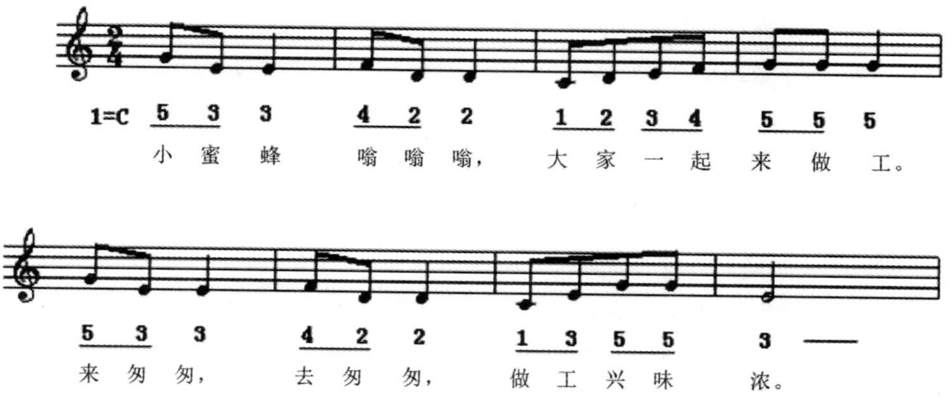

2. 活动准备

（1）音乐《小蜜蜂》。

（2）小蜜蜂手偶。

3. 活动过程

（1）创设情境，引出主题。

教师："小朋友们，今天老师带来一个谜语，看看哪个小朋友能猜出来。"

"小小虫儿真可爱，飞到东来飞到西。飞来飞去采花粉，酿出蜜来人人夸。"

幼儿回答。

教师："小朋友们都说对了，它就是勤劳的小蜜蜂。"

教师："今天老师就带了这个特别的朋友来和大家认识呢。在看到它之前，小朋友都说说它长什么样子啊？"

教师归纳幼儿所说的蜜蜂特点，并出示手偶小蜜蜂。

教师："今天小蜜蜂要带小朋友们一起念一首儿歌，好不好？"

教师带幼儿先念一遍儿歌，熟悉一下歌词。

（2）活动展开。

教师："小朋友们，小蜜蜂可爱不可爱呀？你们喜不喜欢小蜜蜂呀？"

幼儿回答。

教师："那有没有小朋友知道小蜜蜂有什么本领？"

教师提示幼儿回答：会飞，会采蜜，等等。

教师："小蜜蜂是怎么飞的呢？现在，老师请小朋友们和老师一起来学习学习小蜜蜂是怎么飞的，小朋友要仔细地观察哪个动作是表示小蜜蜂在采蜜。"

（3）具体动作分析。

准备动作：所有幼儿自由站立。

1～8 拍：双手作飞翔状，小脚尖点地，后跟离地，形成飞得最高的样子。飞起来的时候轻轻的，小脚轻轻点地踏步。

9～16 拍：双手保持飞翔状不变，小碎步左右来回两遍。

17～24 拍：做采蜜动作，屈膝微蹲，弯腰，头向下低，手臂向后伸直，轻轻摇晃小脑袋。

25～32 拍：双手叉腰，原地跑跳步，重复多次。

教师："我们的小朋友真能干，老师看到你们采到了很多的蜜，我们采的蜜可真香、真甜啊！我们的好朋友大狗熊最爱吃蜂蜜了，要不，我们再多采一些，送给大狗熊吧！"

教师带领幼儿跟随音乐完整演示。

教师："小蜜蜂是最勤劳的昆虫，每天辛勤采蜜从不偷懒，我们这群小蜜蜂采蜜的本领也真强，那我们去花园采蜜吧！我们出发喽！"

播放音乐两遍。

4. 教学建议

（1）根据小班幼儿肢体动作发展的程度，以及小班幼儿节拍感不强的情况同时加以角色扮演，能够使幼儿更好地掌握音乐节奏感。

（2）幼儿在体验蜜蜂在花丛中飞来飞去勤劳采蜜的快乐情景中，学习舞步小碎步，当一只快乐采蜜的小蜜蜂。能感受音乐节拍做动作，并获得一种对小蜜蜂勤劳不懒惰表示认同的情感体验。

三、中班幼儿律动游戏的设计与指导

（一）中班幼儿律动游戏的特征

1. 动作形象生动

中班幼儿是整个幼儿期思维特点表现最为典型的时期，即思维的具体形象性最为突出。随着他们肢体语言表述能力的增强，律动游戏也呈现出了生动形象的特点。幼儿不仅能模仿各种与他们生活经验相符合的舞蹈动作，还能够展开丰富的联想，根据游戏情节进行简单的即兴动作创编。

2. 自行确定游戏主题

中班幼儿处在游戏的高峰期，他们不仅爱玩，还会玩游戏。因此在律动游戏中，幼儿可以自己确定游戏主题，安排角色。而教师可以引导幼儿更好地用动作来表现律动的主题内容，把动作意识渗透在律动之中，从而提高动作的表现力，培养幼儿的艺术感受能力。

3. 动作表达多样化

中班的幼儿，在律动练习中可以做一些简单的舞姿变换练习，可以根据需要变换上肢和躯干的动作速度和幅度，也可以由单一舞步通过节奏变化做一些稍微复杂的连续移动动作，如“错步”“交替步”“秧歌十字步”等，并认识脚的位置，一位、二位、五位，还可以做一些双脚的小跳，在做小跳的腾空动作过程中保持重心和平衡性。

4. 活动时间略有延长

中班幼儿的心理活动水平、神经系统等方面得到进一步发展，兴奋和抑制过程都有较大的改善，表现在幼儿不像以前那么容易疲劳，集中精力从事游戏活动的时间也比小班有所延长。他们在律动游戏中的持久性、目的性和专注性也有了比较明显的提高。研究表明，中班幼儿律动游戏时间安排以 15～20 分钟为宜。

（二）中班幼儿律动游戏的设计

1. 音乐与动作的选择

在音乐的选择方面，中班幼儿对于基本节奏比较熟悉，对有个性风格的音乐有很大兴趣。可以选择的曲目就很多，尤其是形象鲜明、容易联想和情感迁移的作品。音乐风格上，不仅仅停留在简单的儿童音乐中，一些有地方音乐特色的作品也可以被选择作为律动的材料。

动作的编排应多以基本动作和模仿动作为主，可以对动作的规范性和技术难度进行一些要求，但要注意动作的形象性，编排动作时应该给幼儿留下遐想的空间，这样他们才能用自己的方式来表现，而不是一味地模仿，这是律动游戏的重点。

2. 活动目标

积累和学习一些按照音乐节奏进行的简单上下肢联合的动作，如蹦跳步、垫步、侧点步和手腕转动等，初步了解一些动作变化的规律。在活动过程中注意合作与协调，不与其他人相撞，调节自己的活动空间。学会有表情有情感地参与律动游戏，享受在音乐中用肢体动作来即兴创编的快乐。

3. 活动准备

（1）教师自身准备，所用的音乐作品选段，对音乐节拍特点的掌握，动作的编排。

（2）环境准备，包括教师的站位、环境的布置、游戏队形及所用道具等。

（3）情感准备，音乐或者故事的铺垫，了解幼儿相关情感体验的前经验。

4. 活动过程

以激发兴趣为主，幼儿对于事物或者活动的兴趣很多是由外部因素激发的，而且这种兴趣的特点是直接兴趣和短暂兴趣，如果教育得当，这种兴趣就会不断地被强化和记录，逐渐发展成为间接兴趣和稳定兴趣。教师要根据教学内容和教学过程以“新”和“异”来诱发幼儿的直接兴趣。“动”是幼儿与生俱来的一种本能，律动游戏教学要提醒幼儿用心体验音乐，用动作感受音乐、表达音乐。在做动作之前的欣赏过程中，要让幼儿自己发现音乐的特点，包括节奏和内容，重视幼儿节奏感的训练，改善幼儿的姿势，提高动作质量。

5. 教学建议

加强课前音乐分析的教学准备工作，动作的示范尽可能生动形象。对幼儿的指导以鼓励为主，由于幼儿的经历和经验都是有限的，所以选择的音乐和动作都要有特别鲜明生动的特点。教师教学时间不宜太长，根据不同年龄班的特点设定时间，有些律动游戏的活动目标往往不是一次可以达到的，所以教师不要追求游戏的形式化，要注重律动活动的实质。

（三）案例分析

1. 活动目标

（1）初步学唱歌曲《泡泡不见了》，能跟着节奏简单创编吹泡泡的舞蹈动作（见谱例 4-5）。

（2）在唱唱跳跳中感受吹泡泡的乐趣。

2. 活动准备

（1）音乐《泡泡不见了》，泡泡水。

（2）幼儿有一定吹泡泡的经验。

3. 活动过程

（1）吹泡泡，引起幼儿兴趣。

教师：“今天，老师请来了你们非常熟悉的一位朋友，看看我请来了谁？”（拿出准备好的吸管吹泡泡）

教师：“你们吹过泡泡吗？”（教师根据幼儿的回答进行总结）

（2）听音乐，幼儿创编舞蹈动作。

谱例 4-5：

泡泡不见了

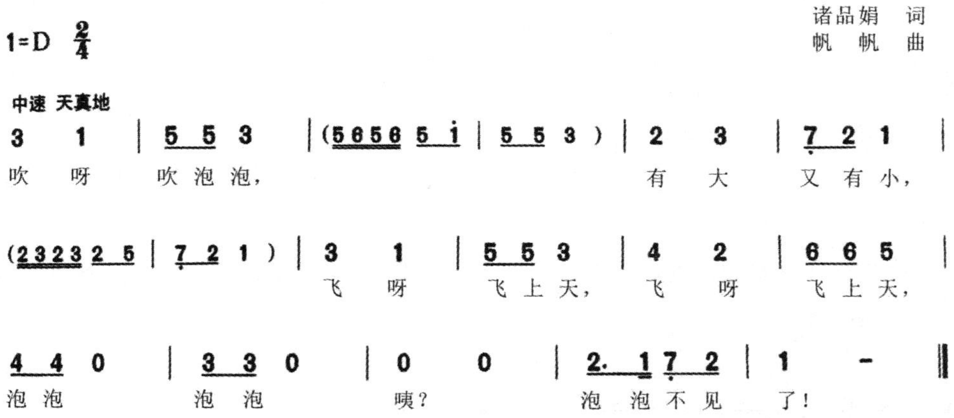

教师：“想不想玩吹泡泡的游戏啊？我们先一起来听听吹泡泡的歌曲，歌曲的名字叫作《泡泡不见了》。”（教师与幼儿一起拍手、点头，熟悉旋律）

教师：“请小朋友们想想看，泡泡是什么样的，是不是一样大的？”（不是，有大又有小）

教师：“泡泡都到哪里去了呀？”（飞上了天）

教师：“（再吹一次泡泡）再来看一下，泡泡最后怎么样了？”（爆掉了，没有了，不见了）（教师总结幼儿说到的泡泡的特征，幼儿跟着老师一起总结）

教师：“小朋友们，那你们是怎么吹泡泡的？请你们用动作表示出来。”（蘸点泡泡水，然后吹）

教师：“泡泡飞上天怎么做啊？”（幼儿创编动作）

教师：“泡泡不见了，是不是很神奇啊？”（边说边做，双手摊开，惊讶的动作）

根据幼儿的创编，教师完整示范动作。

教师幼儿一起边唱边做动作。

具体动作建议：

1～2 拍：低头，双手按手位（做蘸泡泡水的样子），抬头，双手置于嘴前（做吹泡泡的样子）。

3～4 拍：重复。

5～6 拍：后踢腿两下，最后一拍双手撑开，两腿半蹲，头看右；后踢腿两下，最后一拍双手撑开，两腿半蹲，头看左。

7～8 拍：双手叉腰，左倾头、右倾头各两次。

9～12 拍：小碎步，双手做飞翔的动作，上下交替。

13～14 拍：双脚并拢，蹦跳一次，右手握拳伸出（做出抓泡泡的样子），左边一次。

15 拍：双手摊开，表情做惊讶的样子。

16～17 拍：双脚交替跺脚，微蹲，双手置于胸前摇手，摇头。（表示泡泡不见了）

（3）活动结束，师幼进行拓展游戏。

教师："泡泡到底去哪里了呢？我想，泡泡一定是个小淘气包，跑到外面和小鸟做游戏去了，小朋友们一起去找找它们好不好？"

教师带领幼儿去室外游戏。

4. 教学建议

（1）让中班幼儿联系生活中自己吹泡泡的经验，并观察泡泡的特征，便于幼儿掌握吹泡泡的特点，从而进行创编。

（2）幼儿非常喜欢吹泡泡的活动，可将课程延伸到其他游戏中，如亲子游戏、体育游戏等，有很强的操作性。

四、大班幼儿律动游戏的设计与指导

（一）大班幼儿律动游戏的特征

1. 动作的抽象性增强

随着身体的成长和神经系统的成熟，大班幼儿的思维水平比小中班的幼儿有所提高，表现为虽然他们的思维还是以具体形象的思维为主，但是却出现了抽象逻辑思维的初步萌芽。在这个过程中，律动游戏为幼儿的抽象思维的发展提供了机会和条件。例如：在律动活动中，教师可以教授一些具有某种风格特色的舞蹈动作。大班幼儿对简单抽象的舞蹈动作可以熟练掌握。

2. 动作与音乐的协调性增强

此年龄阶段的幼儿经过前一阶段的练习，动作已经完全能和音乐一致，大部分幼儿都能够感觉到音乐的基本节拍，做动作时能很快抓住音乐的节奏，随着拍子的快慢和渐快渐慢而随之改变动作的速度。同时对音乐情绪的把握也比较准确，尤其突出表现在音乐即兴活动中。另外，大班幼儿用动作创造性地表现音乐的积极性也很高，他们能根据音乐的旋律创造出"律动的动作旋律"，并能用独特的节奏创造出独特的、性格化的动作。

3. 活动时间相对较长

大班幼儿大脑皮层细胞发育迅速，他们的注意力集中程度和稳定性都有所增强，身体发育较快，其肌肉和关节的强度有所增强，细小动作的灵活性也有了很大的提高，弹跳力得到较好的发展。他们对有兴趣的游戏活动能比中班幼儿更长时间地保持注意力。研究表明，大班幼儿律动游戏时间安排以 20～30 分钟为宜，活动的强度可以适当加大。

（二）大班幼儿律动游戏的设计

1. 音乐与动作的选择

大班律动游戏的音乐可以从轻松柔和的经典音乐、儿童音乐、一般中国风格的音乐，增加到特殊风格的中国音乐（如藏族音乐、新疆音乐等），同时采用有异域风情的外国音乐或者部分情绪健康的成人音乐作品。大班幼儿对新异的音乐形式有浓厚的兴趣，可以进行律动的音乐体裁和题材都广泛得多。

大班的律动游戏，动作编排可以加强开、绷、直、吸、拧、抬，手、腕、肩、膝、眼的配合，可以将单一动作进行组合，在步法组合和表演性的小舞蹈中提高他们的记忆与反应能力，注重追求姿态和动作美。当然在动作的选择上，要尽量以生动形象为主，大班幼儿在肢体变化方面要强于小、中班幼儿，所以在基本动作的基础上可以加上一些表情生动和更有个性的动作。

2. 活动目标

大班幼儿不仅可以独立完成舞蹈动作的模仿和简单的创编，还可以在老师的引导下进行表演性更强的音乐剧表演、歌舞表演和集体舞表演。对动作的记忆力明显高于以前，可以对幼儿动作协调性和舞姿的优美性方面提出更高的要求。在律动游戏中，可以增加规则性游戏或者角色扮演的游戏，激发幼儿动作创编的欲望，并让幼儿从小建立用动作来随时表达感情的意识和素养。

3. 活动准备

（1）教师自身准备，基本的音乐素材，动作编排，对音乐节奏和游戏规则的分析和准备。

（2）环境准备，包括教师的站位，环境的布置，律动游戏要用到的道具等。

（3）情感准备，教师可以简明地分析、介绍音乐的风格和所表达的情感。

4. 活动过程

律动游戏的动作设计应该是按照年龄的特点划分的，所以在活动过程中要注意舞蹈的表演性，教师的示范要到位，对于整体动作到小的精细动作都要一一教授。教师应从幼儿理解的角度出发，发现每个动作的特点，抓住重点，这样可以让幼儿学习得更简单直观一些，并且注重模仿之外的动作创编过程，运用游戏的方式帮助幼儿回忆和尝试各种动作体验。因为大班幼儿律动游戏中会安排很多表演类的游戏，所以道具的设计也是不可缺少的过程，比如有一定节奏性的打击乐器以及脸谱头饰服装等，这对游戏的成功完成有很大的作用。

5. 教学建议

教师要善于运用多种形式进行律动游戏的设计，着重培养幼儿的舞蹈兴趣，去感受音乐的美好与神奇。教学中可以运用观察、回忆、复习基本动作、辅助音乐欣赏、舞谱做铺垫，以及采用故事渲染等方式增强游戏的趣味性。

（三）案例分析

1. 活动目标

（1）知道新疆这个地方，初步了解新疆的风土人情。

（2）让幼儿安静地聆听《青春舞曲》，培养幼儿的欣赏能力（见谱例 4-6）。

（3）学习随着音乐做手腕转动的动作。

谱例 4-6：

青春舞曲

王洛宾 作词
王洛宾 作曲
王雪晶 演唱
陈洲宏 记谱

2. 活动准备

（1）新疆舞曲《青春舞曲》音乐。

（2）有关新疆风景的 PPT（演示文稿）。

3. 活动过程

（1）观察中国地图，认识新疆。

教师：“新疆是一个美丽的地方，有沙漠，有草原，还有著名的吐鲁番葡萄，那里的男女老少喜欢唱歌、跳舞。”演示 PPT（新疆的美丽景色图片，并加以讲解）。

（2）欣赏律动舞蹈，重点动作练习。

1）教师表演新疆舞《青春舞曲》，引起幼儿兴趣。

教师：“美丽的新疆还有他们自己的传统舞蹈新疆舞呢！接下来，老师来跳一段新疆小朋友都会跳的《青春舞曲》。”

2）学习重要律动动作。

教师："新疆朋友喜欢在舞蹈动作中加上转手腕的动作，这个动作就像一朵开放的小花，他们可喜欢啦，我们也一起来学一学吧！"

教师讲解手腕如何转动。

指导要点：两手位于胸前，手心向上，手指朝外。手指带动，朝胸前翻一圈，手指朝外。待熟悉胸前转手腕后，再请幼儿两手朝上、下、左、右各方位进行练习。

3）学习重要律动动作——踏踮步。

指导要点：先将左脚抬起，然后用前脚掌点地，使右脚略微抬起。

4）幼儿跟随教师听音乐，一起练习转腕动作，体验快乐的情绪。

动作建议：

1～2 小节：①手部动作：拍手一下，右上方转腕一次，拍手一下，左上方转腕一次。重复一次。②脚部动作：踏踮步。

3～4 小节：①手部动作：右手新疆舞姿势叉腰，左手往右、左摆动，重复一次。②脚部动作：右脚不动，左脚前脚掌往右、左点地一次，重复一次。

5 小节：①手部动作：双手手心向里，胸前交叉往上画大圆四下。②脚部动作：踏踮步四下。

6 小节：①手部动作：拍手一下，一手在上方，一手在耳边转腕，两边各一次。②脚部动作：踮脚步。

7 小节：①手部动作：两手平举手心向上转一圈后，拍手一次，一手在上方，一手在耳边转腕一次。②脚部动作：原地转圈一次，踏踮步一次。

4. 活动建议

活动之前可以给幼儿欣赏新疆舞蹈的视频，让幼儿先有直观的感受。在进行舞蹈动作教学的同时，用游戏的方式让幼儿感受新疆音乐文化的特点。

第四课　幼儿演奏游戏

一、幼儿演奏游戏概述

每个孩子都喜欢敲敲打打，对声音具有一种天生的敏感性，演奏是幼儿与生俱来的本能。因此，幼儿园演奏游戏是音乐活动中的一个重要的组成部分，是培养幼儿对音乐活动兴趣的有效途径。

打击乐演奏不仅能帮助幼儿初步掌握乐器演奏的一般知识和技能、发展幼儿的节奏感以及对音色曲式结构、多声部肢体表现力的敏感性，还可以培养幼儿的控制能力、集体意识及多方面的协调能力。丰富多彩的演奏游戏活动在使幼儿获得生理上的快感和心理上的满足的同时，也大大提高了幼儿的音乐理解能力。

（一）幼儿演奏游戏的定义

幼儿演奏游戏即幼儿通过特有的打击乐器，在老师的指导下按照音乐的特点进行配器，通过游戏的方式完成独奏或者合奏的教学活动。同歌唱、律动一样，打击乐器也是幼儿表达音乐情感的一种最自然、最直接的工具，它可以帮助幼儿用运动神经去感觉节奏，逐步形成较为稳定的节奏感。

（二）常见的乐器种类

在幼儿园中，集体性的演奏活动分两种：一种是伴随歌曲或乐曲进行配器和演奏的游戏活动；另一种是为故事或生活场景进行声音烘托的游戏活动。这两种演奏活动都十分受幼儿的喜爱。幼儿园常用的演奏乐器主要分为四大类。

（1）鼓类：大鼓、小鼓、铃鼓等。大鼓音色低沉、音量大；小鼓音色柔和，一般都用在强拍，起到渲染气氛、增强节奏感的作用；铃鼓可以在强音时击鼓突出重音，也可以在弱拍时抖动产生铃声。

（2）金属类：碰铃、三角铁、钹、锣等。碰铃音色清脆尖锐；三角铁通过金属棒敲击圆柱形钢条弯成的三脚架而发音，音色柔和明亮，延续时间较长；钹和锣声音共鸣强，明亮、有号召力，情感表达强烈。

（3）木质类：木鱼、响板、双响筒、高低音筒、蛙鸣筒、节奏棒等。一般通过敲击振动发音，声音柔和清脆，适合表现短促的节奏。

（4）散响类：沙球、串铃、摇铃等。通过抖动摇晃而发音，音色轻柔，表现力广泛。

以上是常见的打击乐器，还有一些类似音色的乐器，都是没有固定音高的。幼儿园里也有固定音高的打击乐器，用来演奏或作固定低音伴奏，主要有木琴、铝板琴、钢片琴，音块等。在演奏游戏中，有音高的打击乐器和无音高的音条乐器相互配合、相互补充，能起到很好的音乐学习效果。

（三）幼儿演奏游戏的特征

1. 随音乐和故事进行

幼儿园常见的演奏游戏都是伴随着音乐和故事进行的。幼儿喜欢旋律优美、节奏明快的音乐，当幼儿听到喜欢的音乐时，会不由自主地跟着节奏拍手。因此，选择一些幼儿熟悉的、感兴趣的、节奏鲜明的、合适的音乐材料，再把它们配上乐器伴奏，会使幼儿有一种全新的体验。同时，在故事讲述和表演中，穿插一些乐器进行场景声音上的渲染，能增强故事的感染力。这样不仅提高了幼儿学习打击乐的兴趣，还便于幼儿理解和把握音乐和故事特点。

2. 强调集体参与

我们知道，打击乐演奏活动更多地体现为一种集体的活动形式，是一项综合的科目，且对活动中各声部之间的合作协调要求甚高。在进行打击乐的游戏时，幼儿可以根据音乐所要表达的情感来选择乐器，所演奏出的声音应是协调、动听、优美的乐曲。演奏游戏的集体参与性，在一定程度上锻炼和提高了幼儿之间的相互合作能力。

3. 与指挥协调配合

打击乐是幼儿之间相互合作的活动，由于幼儿手中所持的乐器不同，为了演奏出和谐、悦耳的节奏，幼儿学会看指挥并与指挥协调配合，是演奏游戏独有的特征。幼儿看指挥的能力，是一个不断训练的过程，它包括了解准备开始和结束的手势动作，以使自己的演奏符合指挥的手势含义，知道用眼睛注视指挥者，在演奏过程中学习以恰当的身体姿势与指挥者沟通、合作和交流，能够看懂和明白指挥者表示节奏和音色变化的动作，使自己的演奏与集体的音响协调一致。

（四）幼儿演奏游戏的功能

1. 提供音乐表达的手段

演奏游戏活动中幼儿能够接触到大量丰富的音响效果，各种各样的音色，对幼儿的听觉感官是个很好的刺激。同时演奏方法（拍、摇、打、碰）简单易学，在活动中，幼儿手、眼、脑、心并用，使大脑建立起复杂的神经联系，让头脑变得灵敏、聪慧。随着幼儿生理、心理的发展变化，他们的情感体验也日趋丰富和复杂，各种基本情感体验的分化也逐渐趋于精细化。通过演奏游戏来表现不同情绪的音乐，幼儿的情感会变得更加丰富多彩，是幼儿表达艺术很好的手段。

2. 增强节奏感的体验

节奏是音乐的重要元素，是音乐的重要表现形式，有了节奏，才使得音乐更富有生命力。培养节奏感的最佳时期就是幼儿时期，让幼儿参与打击乐教学活动，能使他们从敲击游戏中轻松有趣地掌握节奏感。在演奏游戏中，引导幼儿尝试探索各种乐器的演奏方法，同时要调动幼儿所有的感官，反复细致地、多方位、多通道地体验节奏。久而久之，看似抽象的节奏就能轻松地在幼儿的手中表现出来。

3. 促进听觉的发展

音乐是听觉的艺术，感受和鉴赏音乐本来的含义就是“听”。幼儿时期是人一生中听觉最灵敏的阶段，多听，幼儿辨别声音的能力才会得到提高。演奏游戏就是这样一种好方式，它可以调动身体的各个器官参与，尤其是耳朵的参与，让幼儿全身心地“投入”音乐中，极大地促进了幼儿听觉的发展，也很好地刺激了幼儿对音乐细节的听觉敏感度。

4. 增强肢体的协调性

美国加利福尼亚大学的医学教授阿特拉斯指出：学习演奏乐器的人，由于左右手指神经末梢经常运动，促进了大脑两半球的发展。正因如此，演奏游戏对于幼儿的肢体协调发展大有益处。在演奏活动中，会需要身体的许多部位协调配合，比如说打响板，幼儿在打响板时要眼看指挥，脑子思考，手指打动，耳朵辨听，在配合伙伴演奏出动人乐曲的过程中，幼儿需要积极协调视觉、听觉、触觉以及整个机体。

5. 增强合作协作意识

合作协调主要是指在演奏过程中注意倾听自己、同伴、集体的演奏，并努力使自己的演奏能服从于整体音响形象的塑造要求。演奏游戏是较多声部的合奏过程，在游戏中，幼儿不仅要能准确演奏自己的声部，还要主动调节好自己声部与其他声部间的节奏、音色、速度、力度上的合作要求，并且主动地关注整体效果，这无形中锻炼和培养了他们的合作协作意识。

6. 培养创造能力

音乐具有创造性，幼儿长期聆听、演奏、理解、感受音乐，会在内心对音乐产生一种认知。这种认知是抽象的、无形的，一旦形成并有积累之后，幼儿就喜欢发挥、运用并创造。音乐的抽象与变换给创造留下了广阔空间。幼儿在演奏游戏中，不断地学习用不同的方式来演奏乐器，同样的乐器可以发出不同的音色，这种声音探索的意义已经超过了演奏乐曲本身。

教师在游戏中积极引导幼儿开展创造性的演奏游戏，鼓励幼儿参与讨论为乐曲选配合适乐器的方案；鼓励他们自发地探索音乐、探索打击乐器的制作，以及大胆地尝试参与即兴的指挥等，这为幼儿未来的音乐创造力发展奠定了基础。

二、小班幼儿演奏游戏的设计与指导

（一）小班幼儿演奏游戏的特征

1. 节奏感

小班幼儿的身体在迅速发展，双手有一定的协调能力，但手部的肌肉发展相对缓慢，由于这些生理因素的限制，在打击乐器时的节奏稳定性不够。此阶段幼儿的兴趣点很多，注意力容易分散。所以小班的演奏游戏的音乐一定要短小，节奏要鲜明，便于幼儿分辨节奏点。敲打乐器与音乐配合同放在音乐的某个特定的部分，而不是由始至终的敲打，这样就有利于幼儿将注意力集中在倾听音乐上。经过反复的游戏后，大多数的幼儿就都能合拍演奏，并从中体验到演奏的乐趣了。

2. 音色感

这个年龄段的幼儿在演奏乐器时对乐器音色还不能全部准确地进行分辨，但对不同乐器的不同音色会形成初步的认识。幼儿出于好奇，对身边的不同声音会很感兴趣，尤其对小乐器都特别喜欢。在这个阶段，教师应该为幼儿提供多种乐器，让他们尽情摆弄。幼儿在摆弄的过程中，就能够倾听到不同乐器的不同音色，并在教师的指导下逐步掌握乐器的正确使用方法。

3. 演奏能力

小班幼儿喜爱主动认识乐器，他们特别好动，手总是不能闲下来，此时正是培养幼儿认识不同乐器的最佳时期。虽说创造性的演奏他们还无法达到，但是在熟悉和简单了解了部分乐器的演奏方式和声音特点后，小班幼儿是能够为熟悉的、性质鲜明的音乐形象选择比较合适的乐器和演奏方法的。

4. 合作意识

小班幼儿能够学会在演奏时与大家一起整齐地开始和结束；能够初步学会理解简单的指挥手势，并及时地按指挥意图做出正确的反应。但幼儿之间的相互配合的意识还没有形成，他们还只处在共同演奏的阶段，齐奏是最主要的配合方式。就是这种简单的共同演奏，已经能够使幼儿产生合作的快乐和合作的成就感了。

（二）小班幼儿演奏游戏的设计

1. 乐器和音乐的选择

儿童通过自己打击乐器来表达音乐，能够直接地表达出他们的情感，所以乐器音色的选择很重要。因为可打击的乐器都可以发出声响，所以儿童会对这些东西表现出极大的兴趣，想要弄响它，想知道它会发出什么样的声音成为他们参与演奏游戏的重要原因之一。在选择小班乐器的时候要注意音色之间的区分，可以选择多种乐器参与到演奏游戏中。一般适合演奏游戏使用的乐器有小铃、小鼓、串铃、大鼓、沙球、响板等。在音乐的选择上，要选择节奏鲜明、旋律优美、结构整齐的音乐。对于小班幼儿，要选择结构短小、节奏简单的乐器。

2. 活动目标

小班幼儿在演奏过程中能学会简单的乐器操作技能，如敲击小铃、小鼓等简单的乐器。他们能够认识乐器的形状和主要演奏方法，能够在老师的指导下齐奏，并学会基本的看指挥演奏的要领。能够享受参与演奏活动的快乐，并在演奏游戏中，对简单的节奏型和音色建立音响概念。小班幼儿的控制力较差，设定目标不要一味追求精准的节奏，重要的是演奏兴趣的培养。

3. 活动准备

（1）教师自身准备，准备乐器，以及乐器知识的了解。

（2）环境准备，包括教师的站位，班级黑板或环境的布置，幼儿桌椅的摆放等。

（3）情感准备，教师可以简明地分析、介绍乐曲的风格和所表达的情感。

4. 活动过程

小班幼儿的演奏游戏相对于其他活动，由于音乐技术性较强，教师在其中的参与指导成分也相对更多些。尤其在演奏技术和配器方面，教师需要事先做好充分的准备，并对幼儿有明确的指示。在游戏过程中，教师的指导语一定要清楚明确，对于演奏的要求也要做到让每个幼儿都明白，要设定好游戏的每个环节，活动过程要简洁明了。教师可以让幼儿自己感受乐器与乐器之间的不同，这种不同包括音色、质感等方面。在适当的时候可以满足幼儿的愿望，自己尝试驾驭新的乐器。

5. 教学建议

由于是集体的游戏活动，教师要正确地引导幼儿按照正确的节奏演奏，并时刻告诉幼儿看清老师的演奏或者指挥，不然就会出现很混乱的局面，对于幼儿音乐兴趣的培养也是极其不利的。

（三）案例分析

1. 活动目标

（1）掌握小鼓、响板和手摇铃的演奏方式。

（2）认识不同材质乐器的特性。

（3）愿意参与合作、分工型的游戏。

2. 活动准备

（1）小鼓、响板、手摇铃。

（2）《火车开啦》的音乐（见谱例 4-7）。

谱例 4-7：

火车开啦

匈牙利儿歌
吴 静 译词

1=C 2/4

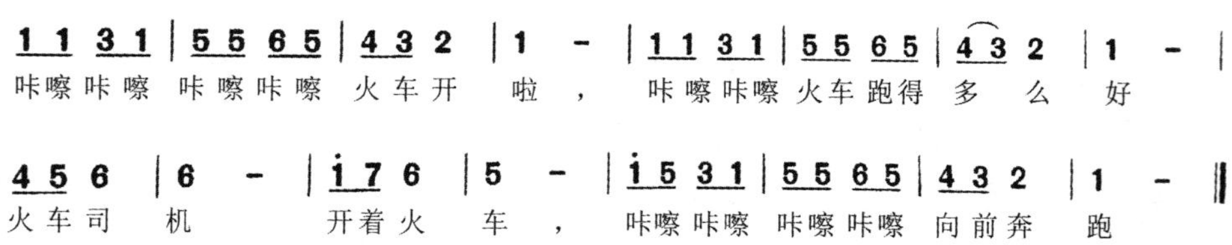

3. 活动过程

（1）引入。

1）声音的模仿。

教师：“小朋友们是不是坐过很多种交通工具啊？哪个小朋友可以告诉老师，你们印象最深的是哪种交通工具？它们行驶的时候会发出什么声音？”

2）给幼儿听各种交通工具的声音，最后播放火车的声音。

教师：“这些都是什么声音啊？”

教师：“小朋友们坐过火车吗？”

教师：“熟悉火车的小朋友能学学火车的声音是什么样的吗？”（有的声音是轰隆隆的；

有的是咔嚓咔嚓的；还有的是哐当哐当的）

教师：“小朋友们说得很对，火车可以发出很多不同的声响，那么我们刚才听到的声音是什么样的呢？”

3）总结火车的声音。

（2）进入主题。

1）播放活动音乐中，组织小朋友们开火车进场。

教师：“我现在要给你们听一首歌，叫作‘火车开啦’，你们能跟我一起开着火车进咱们班级吗？”

2）认识乐器。

教师：“老师今天带来了几个乐器，你们听听！（用小鼓和响板模仿火车咔嚓的声音）你们听，像不像火车咔嚓咔嚓的声音啊？”

教师：“那这个声音像什么？（用手摇铃连续地摇动）你们听，这个像不像火车鸣笛声？”

（3）发乐器并演奏乐器。

教师：“我现在要给你们每个人发一个小乐器，每个人发到的可能不一样，请你们选择好自己的乐器，跟着我坐上我这辆幸福号特快列车，一起开往幸福岛。”

分组发放乐器，提出演奏要求。

具体演奏过程和要求：

【咔（敲击一下响板）嚓（敲击一下小鼓，以此类推）】

咔嚓咔嚓咔嚓咔嚓（响板和小鼓），火车开啦（摇动手摇铃）。

咔嚓咔嚓（响板和小鼓）火车跑得多么好！（摇动手摇铃）

火车司机，开着火车（响板、小鼓、手摇铃一起演奏，一拍一奏）

咔嚓咔嚓咔嚓咔嚓（响板和小鼓），向前奔跑（摇动手摇铃）。

（4）小结：总结幼儿在演奏中的表现，并请幼儿有秩序地把乐器放回原位。

4. 教学建议

鼓励幼儿用不同的演奏方式表现火车的各种声音。同时，教师应积极地鼓励幼儿的创作行为，演奏中要注意鼓励幼儿倾听各种节奏型，找到最合适的声音效果。

三、中班幼儿演奏游戏的设计与指导

（一）中班幼儿演奏游戏的特征

1. 节奏感

中班幼儿的肌肉有了一定的发展，他们能够使用和掌握的打击乐器种类越来越多，掌握节奏准确性的能力也越来越强。此时的幼儿已经能够自如地用简单的节奏随乐齐奏，或者用两种以上的不同节奏型乐器跟随音乐合奏，他们甚至可以看指挥分乐句轮流演奏，具备初步的多声部演奏概念。

2. 音色感

中班幼儿对音乐的理解能力并没有大班幼儿那么敏锐，所以进行演奏游戏，很多时候仍需要老师示范，一步一步指导教学，帮助幼儿了解乐器的特性、声音等。中班幼儿对音色的辨别能力有了明显的进步，能区分四大类乐器的基本音色，并初步具备自己选择音色为乐曲伴奏的能力。

3. 演奏能力

中班幼儿能够理解打击乐作品所表达的情绪，学会基本的节奏型，并探索配器方案的不同。在演奏中，他们还会感受到多声部伴奏的和谐感。在老师的引导下，中班幼儿可以逐步学会使用肌肉动作来演奏乐器，比如：在击奏铃鼓、串铃、碰铃时自然地运用手腕，以使动作更流畅，奏出的声音更柔和。适合中班幼儿的乐器还有木鱼、蛙鸣筒、小铃和小锣等。

4. 合作意识

中班幼儿能够在多声部合奏活动中主动地关注整体音响，并努力保持整体音响的协调性；能较迅速地理解各种指挥手势并积极准确地做出反应。中班幼儿的合作意识在逐渐形成，配合能力还比较差，单独的演奏已经较为准确。他们的自我中心性并没有大班幼儿那么成熟，所以演奏游戏的合作部分不会设计太多。

（二）中班幼儿演奏游戏的设计

1. 乐器和音乐的选择

中班幼儿音乐感知能力有进一步提高，可以选择更多的乐器来参与，也就是在统一乐段中出现很多种乐器，这其中包括了乐器的配合和乐器的分工。在音乐的选择上，可以选择中班幼儿能够掌握的节奏类型，依然要选择结构短小、节奏清楚、容易分辨乐器音色的乐曲，可以适当地加入 ABA 回旋曲式的音乐，让幼儿在有变化的音乐中体验演奏的快乐。

2. 活动目标

中班阶段的幼儿不仅能够模仿成人、教师的演奏方法，而且开始探索同一种乐器的不同演奏方法，还能掌握演奏技巧稍高的一类打击乐器。在演奏过程中，他们对于乐器音色、力度、速度的调整和控制能力也有所提高。随着听觉能力的不断细化，中班幼儿随乐意识也有了很大的进步。他们不仅能够独立地演奏，而且能够与同伴配合得很好，如同时开始、同时结束等等，在掌握了基本演奏方法的情况下，有的时候还可以进行一些自己的配器创造。

3. 活动准备

（1）教师自身准备，准备乐器知识，配器方案，不同乐器的演奏效果。

（2）环境准备，包括教师的站位、班级黑板或环境的布置、幼儿桌椅的摆放等。

（3）情感准备，教师可以简明地分析、介绍歌曲的风格和所表达的情感。

4. 活动过程

由于这一阶段的幼儿在游戏中看指挥和理解指挥手势含义的能力有所发展，所以在活动的过程中，教师可以有目的地提高要求，如放慢、变轻等等，教师要在之前欣赏音乐或者分析音乐的时候给幼儿一个提示，告诉他们在演奏中要注意教师的手势和教师的表情。

在活动的设计中一定要涉及幼儿与同伴的合作，在游戏进行的过程中要特别用语言指导幼儿注意与同伴的衔接和乐曲突出段落的音色，让他们明白合奏的基本特点。在结束的评价中，教师要把握中班幼儿自我中心这一特点，尽量做到关注到每一个幼儿，或者是让每个幼儿都有表达自己的机会。

5. 教学建议

要注意他们的创造性演奏，给予积极的适合的评价，在做示范演奏的时候一定要做到节奏准确，结构完整。注意让幼儿用听觉来感受配器的音色特点，并鼓励他们寻找和谐优美的配器方案。

（三）案例分析

1. 活动目标

（1）能够按照音乐随着节拍敲打小鼓和钹。

（2）通过反复感受，初步了解音乐的名称和内容。

（3）愿意参与用乐器演奏的游戏活动并大胆展示才能。

2. 活动准备

（1）红色手工纸、胶水人手一份。小鼓、钹若干个。

（2）歌曲《小拜年》（见谱例 4-8），以及过年时舞龙舞狮的视频。

谱例 4-8：

小 拜 年

湖南花鼓调
木水　作词编曲

1=G $\frac{2}{4}$

稍快　热烈地

3. 活动过程

（1）播放媒体，导入活动。

1）播放舞龙舞狮的视频。

教师：“刚才我们看到了什么？什么时候可以看到？”（幼儿：舞狮子，过年……）

教师：“过年的时候，我们除了舞龙舞狮，还会做什么事？”（幼儿：发红包，吃团圆饭，放鞭炮，拜年……）

教师：“我们拜年的时候会做什么动作？”

2）播放乐曲《小拜年》

教师：“这首歌曲好听吗？你们听了有什么感觉？”

幼儿：“开心，快乐，热闹。”

教师：“现在我们已经学会了漂亮的拜年动作，也听到了好听、热闹的《小拜年》歌曲，你们动动脑筋，怎么样让我们的新年过得更加喜庆，更加热闹呢？”

（2）出示乐器，激发幼儿兴趣。

1）教师示范演示乐器。

A. 教师示范演示小鼓。

教师：“看，我请来了我们的好朋友，小鼓宝宝。看看小鼓是怎样发出美妙的声音的。”

X X 0 | X X 0 | X X 0 0 | X X 0 |

B. 教师示范演示小钹。

教师：“除了小鼓，小鼓的朋友也来了，看看是谁呀？它的名字叫小钹。我们听听它能发出怎样的声音。”

0 0 X | 0 0 X | 0 0 X X | 0 0 X |

2）分组游戏。

教师：“4 个小朋友一组，比一比，赛一赛，看看哪组敲得最好听。”（引导幼儿在前两个半拍用小鼓，后一拍用小钹来演奏音乐。）

3）播放音乐《小拜年》跟奏乐器。

A. 教师：“过新年真热闹，小锣小钹也想和我们一起庆祝新年，你们愿不愿意啊？”

让幼儿在“咚咚呛，咚咚呛，咚咚呛呛，咚咚呛”的时候加入演奏。（教师带领幼儿跟着音乐敲打小鼓和小钹）

B. 教师：“现在我们来试试看，为整首乐曲来伴奏。第一遍小鼓演奏，第二遍小钹演奏，中间一起演奏。”（教师带领幼儿跟着乐曲演奏）

4）表演音乐，互动游戏。

教师：现在我们要一起做一个游戏，弟弟朋友先来演奏，妹妹朋友来拜年。（一遍后互换）

（3）制作红包，扩展延伸。

教师："嗯，你们敲得真好听，今年过年的时候，你们敲给爸爸妈妈听，一定特别热闹，可是，你们过年的时候最想收到什么呢？"（引导幼儿说出红包）"看看我们的小椅子下都有什么？"

幼儿："红色手工纸，胶水。"

教师："等会我们就用漂亮的手工纸做一个红包。"

4. 教学建议

（1）在游戏过程中，让幼儿不仅要用正确的节奏演奏，同时表情还要体现过年喜庆的情绪。

（2）教师在分配乐器时，应注意男女比例，建议男生、女生均一半鼓、一半钹。

四、大班幼儿演奏游戏的设计与指导

（一）大班幼儿演奏游戏的设计

1. 乐器和音乐的选择

大班幼儿身心发展都有了很大的进步，无论是乐器的演奏技术，还是配器能力，大班幼儿都能够有更为丰富的表现。因此，在乐器和音乐材料的选择方面，可以涉及更多的种类。在音乐的选择上，节奏还是应该尽量保持基本的节奏型，适当加入弱起、切分音、附点音符等音型，音乐结构也可以更为宽泛些，如多段体的结构在大班的音乐游戏中可以穿插一部分。

2. 活动目标

大班幼儿能够使用和掌握多种打击乐器的演奏方法，能用乐器表现音乐的快慢强弱，还能够更多地关注到演奏游戏的背景音乐，并且能够始终与背景音乐相配合，节拍相一致。他们也能够在多声部合奏的时候主动调节好自己的声部与其他声部的配合，更多地注意自己在节奏、音色、力度、速度上的表达和合作要求。在创造力上，他们可以表现得更为积极主动，不仅可以积极地参与搭配乐器的讨论，还可以自发地探索打击乐器的制作，并且大胆地尝试即兴演奏等。

3. 活动准备

（1）教师自身准备，乐器知识的了解，音乐材料的分析等。

（2）环境准备，包括教师的站位，班级黑板或环境的布置，幼儿桌椅的摆放等。

（3）情感准备，对各种配器效果可能产生的情感反应有所准备。

4. 活动过程

对于大班幼儿，教师要注意培养他们迅速正确地对教师的指挥手势做出反应和即兴弹奏乐器的能力。在游戏的过程中，教师可以随意地变化指挥的手势，如突然加快或放慢、突强或突弱等，培养幼儿演奏时看指挥的习惯，这点可以在游戏开始前就提示幼儿。教师要通过正面的积极肯定的评价方式来培养他们这个良好的习惯。在游戏的过程中，教师要对大班幼儿提出倾听的要求，培养他们倾听他人的声音，这种声音包括他人的演奏、他人的创意和集体的意见等。

5. 教学建议

由于大班幼儿的自主性更加强了，所以教师应让幼儿选择自己能够驾驭的乐器，给幼儿更多的空间来表现和表达自己。还要注意的一点是，教学示范的时候教师要做到节奏准确，结构完整，给幼儿的模仿和再创造打下一个坚实的基础。

（二）案例分析

1. 教学目标

（1）在熟悉歌曲的基础上进行节奏游戏，初步感知二分、四分节奏及休止。

（2）在活动中进一步感受春天的美丽。

2. 教学准备

多媒体课件、雌性青蛙若干、音乐《小青蛙》（见谱例 4-9）。

谱例 4-9：

小 青 蛙

1=D　5 3 3 3 | 5 3 3 3 | 5· 6 5 3 | 4 2· |
小 青 蛙 呀　小 青 蛙 呀　在 池 塘 里　玩 耍，
咕 哇 呱 呱　咕 哇 呱 呱　咕 哇 呱 呱　咕 哇，

4 2 2 2 | 4 2 2 2 | 4· 5 4 2 | 3 1· |
东 边 跳 跳　西 边 跳 跳　多 么 快 乐　逍 遥。
咕 哇 呱 呱　咕 哇 呱 呱　咕 呱 咕 呱　咕 呱。

3. 教学过程

（1）导入——感受春天歌声表现。

1）播放背景音乐《森林狂想曲》，在音乐声中幼儿入场。

教师：“春天到了，万物复苏，我们的周围有哪些变化？”（小草长出来了，各种各样的花开了，燕子飞回来了……）

“春天里柳树长长的枝条就像个姑娘拖着长长的辫子，在春风里轻轻地摇摆，让我们用歌来唱一唱。”

2）春天的池塘边，会有谁来玩？（播放多媒体）幼儿演唱歌曲《小青蛙》。

（2）节奏游戏。

1）感知二分节奏。

A. 小青蛙们都来聚会了（见表 4-1），看一看来了几只小青蛙。

表 4-1　青蛙分布表 1

⊙	⊙	⊙	⊙
⊙	⊙	⊙	⊙
⊙	⊙	⊙	⊙
⊙	⊙	⊙	⊙

教师：“一间房子住一只青蛙，请你们用小青蛙的叫声和每一只小青蛙打招呼。”（教师点青蛙，幼儿一格一格学青蛙叫）

B. 幼儿们和着“小青蛙”的音乐来叫一叫，听听是什么效果。（教师随音乐点青蛙，幼儿学青蛙叫）音乐结束了，叫声也结束了。

2）感知休止。

A. 有四只小青蛙要到岸上休息去了，看一看请哪四只青蛙去休息。（教师根据幼儿建议每行拿掉一个青蛙，出现空格，见表 4-2）

表 4-2　青蛙分布表 2

⊙	⊙	⊙	
⊙		⊙	⊙
⊙	⊙		⊙
	⊙	⊙	⊙

教师：“没有青蛙的地方怎么办？”（不唱）幼儿尝试看图唱带休止的歌曲。

B. 有什么办法可以帮助我们在空格的地方不叫出声？（握拳，做休止手势）

C. 再次尝试。

3）感知四分节奏。

A. 看到你们唱得这么开心，有两只青蛙要回来了，不过这次是和它的朋友住在一起（见表 4-3），两只青蛙在一起该怎么叫？（幼儿尝试后，教师正确示范四分节奏）

表 4-3　青蛙分布表 3

⊙	⊙	⊙⊙	
⊙		⊙	⊙
⊙	⊙⊙		⊙
	⊙	⊙	⊙

B. 两只青蛙叫和一只青蛙叫有什么区别？（幼儿练习四分节奏的叫声）

C. 跟着音乐试一试，幼儿和着音乐看图唱节拍。（教师手势帮助）

教师："除了叫声，还可以用什么动作来表现节奏？"（幼儿用肢体动作表现图中的节奏）

（3）提升。

教师："除了叫声，我们还可以用什么方法做节奏游戏？"（捻指、拍手、拍腿等）幼儿选其中两个方法尝试。

教师："原来有很多方法都可以玩节奏游戏，我们下次再来玩。"

4. 教学建议

本课程重点在于十六宫格的教学运用，让幼儿在随机的节奏游戏中掌握各种节奏的区别。

第五课　幼儿欣赏游戏

一、幼儿欣赏游戏概述

（一）幼儿欣赏游戏的定义

音乐欣赏是指以具体音乐作品为对象，通过聆听的方式及其他辅助手段体验和领悟音乐的真谛，从而得到精神愉悦的一种审美活动。而幼儿的欣赏游戏则是在教师的引导启发下，幼儿通过聆听这一行为，进行音乐情感体验，并将这种体验以游戏的方式进行表达的音乐活动。通俗地讲，就是在欣赏游戏中让幼儿听音乐，并将自己的感受、内心体验通过语言、动作、歌唱、演奏或视觉的方式自由地表达出来，投入音乐的情感之中进行自由想象。

一般的音乐欣赏活动分为两步：聆听与感受、分析与理解，然而在幼儿欣赏游戏中，聆听与感受是作为主要内容，对音乐的分析与理解是让幼儿在游戏的基础上去体验。

（二）幼儿欣赏游戏的形式

1. 用讲故事的形式引导

幼儿都喜欢听故事，听故事是最能够吸引幼儿注意力的活动。因此，在欣赏活动之前，教师可以用一个故事来引出所要欣赏的音乐。这个音乐可以表现故事里的一个人物形象，可以表现故事里经常出现的情节、情景，也可以是故事最终表达的一种情绪、情感、感受。例如：我们进行《彼得与狼》的片段欣赏时，教师可以先将《彼得与狼》的故事结合图片讲给幼儿听，为音乐形象做一个铺垫，使幼儿在听音乐前有一定的心理预期；或者教师可以先放音乐，随着音乐的进行慢慢讲述故事情节，在幼儿基本掌握故事大意后，再将音乐单独地进行播放，让幼儿随音乐的变化回忆和想象故事情节。如此，在欣赏活动中，幼儿就能够随音乐作品的表达进行积极的想象，并从中朦朦胧胧地感受到音乐表达的特殊魅力。

2. 用图画展示的形式引导

图画引导幼儿进行音乐欣赏游戏的形式有很多，在不同活动形式中图画的引导可以发挥不同的作用。首先，图画可以用来进行音乐的背景介绍。例如：当欣赏民族音乐时，教师可以用图画的方式来介绍此民族的生活环境、服饰特点、饮食习惯……帮助幼儿了解音乐的背景知识。其次，图画还可以以故事的形式出现，展现故事人物和简单的故事情节，引起幼儿的兴趣。最后，图画还可以创设一种与音乐情感相符的情境，帮助幼儿感知音乐，以此来让幼儿通过视觉感知加深听觉的感受力。

3. 用肢体表达的形式引导

即让幼儿边听音乐边根据自己的感受用肢体动作表达出来。在聆听音乐的时候，幼儿常常会禁不住做多种面部表情，或手舞足蹈地跳起来，这是幼儿表现内心感受的一种极其常见的方法。然而就是这种方法，可以帮助幼儿将注意力不断集中在要表达的音乐上，关注音乐的细节，感受音乐、表现音乐。这里的肢体表达，不同于律动活动的肢体表达。欣赏活动中，教师不需要做具体的动作指导，甚至可以不做任何语言提示，完全让幼儿进行动作的即兴展开，例如欣赏《动物狂欢节》。

4. 用音乐比对的形式引导

（1）同类型音乐比对。将相同情绪、相同文化、相同演奏器乐、相同表达方式的音乐在同一次的欣赏课中作欣赏。相同类型的音乐必定有相同的特点，如果将它们放在一起，会加深幼儿对某一种音乐的印象，加强他们对此类型音乐的知识储备。

（2）不同类型音乐比对。教师可以试着将不同情绪、不同文化、不同演奏器乐、不同表达方式的音乐在同一次的欣赏课中播放给幼儿听，而且在乐曲选择方面最好选择对比性较强，相异性较突出的音乐。例如：悲伤慢速与快速、欧洲古典音乐与中国传统音乐的对比等。相异性较强的音乐因为不断地有新型乐段的出现，不仅可以抓住幼儿的注意力，使他们产生对音乐背景的学习兴趣和了解的愿望以调节课堂气氛，而且让他们在对比中渐渐感受到音乐背景与音乐产生的不同之处，由此加深对相异音乐的印象。

5. 用其他辅助活动的形式引导

幼儿欣赏活动可以渗透到幼儿园活动的很多环节中。比如，在其他幼儿园活动环节中，教师总是播放同一首曲子作为背景音乐，如此重复，幼儿也会留下很深的印象。另外，有些动画作品，比如迪士尼出版的《幻想曲 2000》就是根据具体的古典音乐创作的。这些动画对古典音乐做出了具体生动形象化的阐释。教师可以让幼儿通过欣赏这些优秀的音乐动画，来最终达到欣赏欧洲古典音乐的目的。虽然在欣赏动画时，幼儿的注意力全部集中在动画画面或情节上，然而，背景中的音乐对幼儿的影响是潜移默化的。动画的诠释能够帮助幼儿对音乐进行理解和感受，在反复的播放中，幼儿不被动接受音乐，音乐自然就会在幼儿脑子里留下很深的印象。如果有一天单独播放其中某一首音乐，幼儿的经验就会被调动起来，动画画面浮现于眼前，幼儿会感到既熟悉又愉悦，这对幼儿音乐兴趣的培养起到积极的作用。

（三）幼儿欣赏游戏的特征

1. 音乐形象生动具体

幼儿的抽象能力发展还不够完善，他们无法像成人一样对不熟悉的音乐形象做抽象的聆听，因此要求欣赏的作品应该具有幼儿比较熟悉的音乐形象。如《狮王进行曲》等，在教师的引导下，幼儿很快就能联想到平时看到的各种动物形象。由于有了初步的感性认识，在欣赏活动的过程中，幼儿就容易找到它的音乐形象，进而理解音乐作品表现的思想内容。

2. 以倾听为主要形式

倾听音乐是音乐欣赏的主要方式。在幼儿音乐欣赏游戏中，最重要的环节莫过于倾听。倾听《苗岭的早晨》时，教师应启发幼儿注意倾听乐曲中模仿鸟鸣的声音，由此联想到日常生活中早晨不同的景象，再通过分析苗族音乐的特点，让幼儿体会苗岭早晨特有的景象。只有通过不断的倾听，才能让幼儿真正提高音乐鉴赏力，丰富他们的审美经验。

3. 调动多种感官参与

音乐作品的欣赏仅靠幼儿的听觉活动是远远不够的。围绕欣赏内容，教师可以结合音乐的各种要素，采用歌唱、故事、图画、演奏、身体动作和表演等方式，让幼儿参与到音乐中去，引导幼儿调动各种感官，投入到音乐欣赏活动中。例如，用即兴表达的形式进行。在欣赏游戏中，教师可以要求幼儿自由地做一些符合音乐性质、能表现音乐形象的动作，这种表达不仅会让幼儿更仔细、认真地聆听音乐，还能够最大限度地保护幼儿的创造性，加深他们对音乐的理解。

4. 个性化的音乐理解方式

音乐是抽象的，任何语言都不会准确地描述某一段音乐。欣赏活动与其他音乐活动有所区别，歌唱、律动、演奏活动更需要教师准确的细节指导，哪一拍敲击、具体的歌词是什么、手臂动作的具体位置等等，教师都应当给予幼儿很准确的答案。但在幼儿欣赏活动中，除背景知识介绍外，教师的指导一定要避免过于具体的定义性的词语。比如说：“这段音乐就是表现××敲门声……”“这就是……”“这一定是……”，而要增加“是不是……”“仿佛是……”“像不像……”等引导、启发性的语言。过于具体的语言会阻碍幼儿的想象空间，会限制幼儿对音乐的理解。因此，在欣赏活动中教师对音乐作品的介绍，要根据不同年龄段的幼儿的理解水平和抽象思维能力的水平，进行启发式的讲解，同时一定要避免引导启发的语言过于具体化。

（四）幼儿欣赏游戏的功能

1. 文化功能

多元的文化带来了多元的音乐。当我们为幼儿播放一首音乐作品时，我们将简单地涉及这部作品的文化背景、地域特点、风格特征等相关的能够被幼儿所理解和接受的文化信息。如：欣赏一支蒙古族歌曲，教师会在欣赏的过程中，以多种方式为幼儿呈现蒙古人的生活环境、生活方式、性格特点、主要节庆活动，或者是演奏这首乐曲的民族乐器等等。在这些信息呈现后，幼儿就会对音乐形成一点简单的理性认识，同时也会掌握部分音乐作品的背景知识，了解更多的地域文化，开阔眼界。由此可见，音乐欣赏游戏为幼儿带来的知识是多元复合的，这对增加幼儿的文化知识储备有非常大的帮助。

2. 想象功能

爱因斯坦曾说过："想象比知识更重要。"幼儿的音乐欣赏游戏注重帮助幼儿较为准确地把握音乐情感，引导幼儿以自己的方式（肢体、绘画、故事……）调动起自己已有的生活经验，创造性地对音乐情感进行自由诠释。欣赏的主要目的是教师通过各种辅助教学手段，引发幼儿进行联想与想象，激发他们的创造能力，鼓励幼儿勇于表达自己的审美体验。较之其他音乐活动，欣赏活动为幼儿提供了更广阔、更自由的想象空间。

3. 审美功能

音乐欣赏是一种审美实践活动，在音乐欣赏游戏中，幼儿可以接触到多种题材、风格、内容、形式的乐曲。不同的音乐形成的不同的美，会让幼儿产生不同的美的感受。经常让幼儿进行音乐欣赏活动会增强幼儿对音乐的感受力，培养幼儿对音乐的鉴赏和表现力，丰富幼儿的音乐经验，加深幼儿对音乐的兴趣，逐步培养幼儿认识美、欣赏美的能力。

4. 教化功能

爱美之心人皆有之，优美的音乐可以带给幼儿丰富的情感，使他们获得精神上的愉快和满足。优秀的音乐作品能让幼儿得到美的熏陶，从而在潜移默化中达到情操的陶冶、人格的升华。

二、小班幼儿欣赏游戏的设计与指导

（一）小班幼儿欣赏游戏的特征

1. 理解能力的发展

小班幼儿受其生理、心理发展水平的影响，对音乐作品的理解能力十分有限。他们对音乐作品的感情性质不易理解，往往最注重的是表现主题的特征性因素，如对象声词："轰隆隆"的打雷声、"喵喵"的小猫叫、"咚咚咚"的敲鼓声等对应生活经验进行想象，但是对作品的情绪、风格、音乐的强弱、速度变化不够敏感。另外，小班幼儿在听歌曲的过程中，对歌词的理解也会存在一定欠缺，这和小班幼儿有限的语言认知有关。

2. 倾听能力的发展

倾听是开展音乐欣赏的前提和基础。小班的幼儿对倾听表现出浓厚的兴趣，会十分乐意地自发地倾听周围环境中的各种声音，并主动分辨这些声音。小班幼儿需要在教师的提醒下辨认音乐作品中的简单速度变化或者体会歌曲中所表达的基本情绪，但专注的时间较短。

3. 感受力的发展

小班幼儿已能够较简单地感受音乐情绪，如抒情的、欢快的、悲伤的等，并能够愿意尝试用肢体语言表达出来。但他们尚不具备独立欣赏音乐的能力，无法进行抽象的理解。例如欣赏某段音乐，教师如果先提示幼儿“这是一段悲伤的乐曲”，幼儿就会问“老师怎么了”“老师她哭了吗?”“为什么悲伤?”等等很具体的问题。因此，在小班幼儿的欣赏游戏中，教师需要以较为形象化的语言对幼儿进行引导，帮助幼儿进行理解。

（二）小班幼儿欣赏游戏的设计

1. 音乐的选择

在音乐的选择上，可以是歌曲，也可以是乐曲，或者是由各种节奏组成的声音片段。总之，可以把博大的音乐世界展现在小班幼儿面前，不要担心他们不懂，其实音乐的奇特就是在于不需要真正地懂得也可以融入，也可以联想，也可以享受到美。在歌曲上，可以选择歌词内容丰富的，贴近幼儿生活的，这样会带动他们强烈的热情和对音乐的喜爱。乐曲方面，可以选择各种不同风格的，可以是中国古典的，或是民族风格，也可以是欧洲的古典派，如莫扎特、舒伯特、门德尔松、巴赫、柯达伊等著名作曲家的作品。音乐的欣赏是一个漫长的复杂的积累过程，欣赏的作用会在以后的生活中慢慢延展开来，因此不要受曲目的束缚，要看到欣赏游戏给幼儿带来的长远的乐趣，通过欣赏游戏，他们可以培养更好的思维能力。

2. 活动目标

欣赏游戏的活动目标设定，最容易走模式化，结果设定成了感受到音乐中表达的情感，感受到了词曲家所表达的含义等。其实，音乐来自于内心世界，每个人的内心世界都是不一样的，幼儿更是一个独立的个体。小班幼儿正是在人格形成的关键期，作为一个教育工作者，不能将自己或者自己希望的模式复制或强加于幼儿身上，词曲家所想并非幼儿所想。欣赏游戏的可贵之处就在于它能激发幼儿无限的想象，能拓展他们无限的情感。因此，活动的目标要基于幼儿，不用过于烦琐，对于小班幼儿更是要简单，能够展开丰富的想象，用自己的感受来体验音乐、表达音乐即可。

3. 活动准备

（1）教师自身准备：如对欣赏音乐的基本信息，欣赏音乐的基本风格等，如需要一些材料引导，还可以做一些相关的物质准备。

（2）环境准备：根据欣赏的音乐来布置环境，如：教师站位、桌椅摆放、光线等。

（3）情感准备：这里的情感准备不是让教师把音乐所表达的情感告诉幼儿，而是对幼儿可能产生的不同的情感感受有所预测，以备进行积极的引导。

4. 活动过程

如果选择有歌词的歌曲，在引导阶段也要做一些熟悉的知识和场景的复习与再现，这是小班开始游戏活动比较常用的有效的模式，避免幼儿有一种茫然陌生的感觉，方便理解。在实施过程中，不能只是普通意义上的欣赏，要让幼儿的主体地位充分发挥出来。在欣赏过程中可以进行一些表演类的游戏，让每个幼儿参与到其中，不要固定表演的形式，在基本目标不变的情况下，尽量保留他们的想法，还原幼儿内心世界的真实性。可以让幼儿用语言来表达，让幼儿抒发自己的情感与想法。可以根据他们的想法做一些拓展活动，拓展到其他领域（美术、语言、社会等）中。

5. 教学建议

（1）选用乐曲题材应以欢快或平和为主，不建议用比较悲伤的音乐，因为小班幼儿对于悲伤的认知不是很明确，这种音乐会造成他们莫名的不安；相对而言，欢快的音乐就很容易带动他们的情绪，引发他们的联想，还会随着音乐做动作。

（2）教师引导时间不要过长，主要时间放在欣赏和游戏上，在幼儿不违反基本秩序的情况下，尽量不要控制幼儿的行为。

（3）欣赏游戏很容易触动幼儿内心，他们没有较好的控制能力，在身体协调还没达到一定程度的情况下容易发生意外伤，所以教师要注意游戏过程中的安全问题。

（4）不要遗忘幼儿，有些幼儿比较内向，不容易表达出自己的情感，这时教师不要遗忘任何一位幼儿，在欣赏音乐时情感是比较敏感开放的，幼儿会产生很强烈的失落感。

（三）案例分析

1. 教学目标

（1）感受欢快、低沉的不同音乐性质，有初步听赏习惯。

（2）喜欢做听辨欣赏游戏，体验音乐活动的快乐。

2. 教学准备

（1）多媒体课件、动物胸卡若干。

（2）快乐、低沉的音乐各一段（见谱例 4-10）。

（3）已经学会演唱歌曲《小猪搬家》。

谱例 4-10：

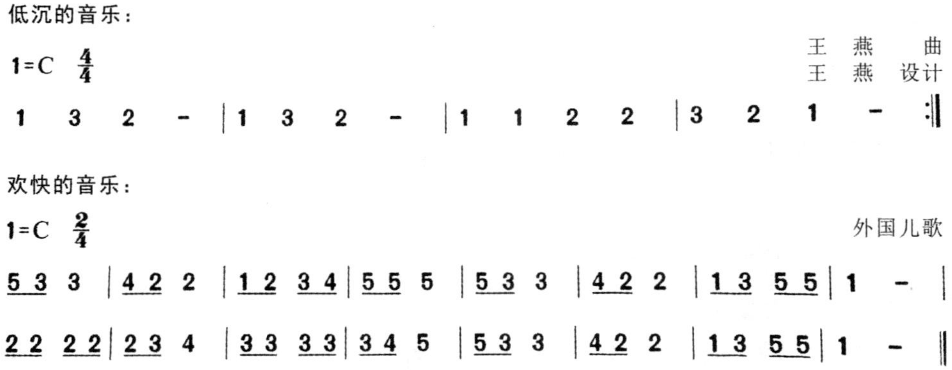

3. 教学过程

（1）导入主题。

1）（出现一幢房子）这是谁的家？我们来听一段音乐猜猜（教师弹奏低沉的音乐《小猪搬家》，幼儿猜出后随音乐演唱歌曲《小猪搬家》）

2）小猪造了一幢新房子，今天它要搬家了，小猪家有许多家具（出现各种家具）。森林里的动物朋友都来帮忙了，我们一起来听听音乐，猜猜谁来了。

（2）欣赏音乐。

1）（完整欣赏）教师：第一批朋友来了，第二批朋友也来了，来了几批朋友？（两批朋友）这两批朋友是一样的吗？（不一样）这些动物朋友中有大动物也有小动物，听听哪一批朋友是大动物。（第二次完整欣赏）

2）分段欣赏。

A.（低沉的音乐）教师："一边听音乐一边做做谁来了，大动物的音乐里都有谁？"（大象、熊、老虎……）

幼儿听音乐自由动作，做自己喜欢的重重大大的动物。

B.（欢快的音乐）小动物的音乐里又是谁来帮忙的？（兔子、小鸡、小狗……）

幼儿听音乐自由动作，做自己喜欢的灵活的小动物。

（3）帮小猪搬家。

1）幼儿选择大动物、小动物的胸卡。

2）听音乐给小猪搬家。

听到的是自己的这段音乐就出来帮忙搬家。（游戏重复）

3）在大家的帮助下，小猪的家终于搬好了（出示小猪房间的视频）。

（4）尾声。

小猪非常感谢朋友们的帮助，它想唱首歌献给大家（欣赏歌曲《欢迎来我家》，教师扮演小猪与朋友们握手、拥抱）小猪请朋友们吃糖。大家在小猪家度过了愉快的一天。

4. 教学建议

这是一个适合低龄幼儿参与的音乐听辨欣赏活动，注意紧紧围绕听觉体验，让幼儿在游戏中积累各种音乐要素的听觉经验。

三、中班幼儿欣赏游戏的设计与指导

（一）中班幼儿欣赏游戏的特征

1. 对音乐作品内容的理解

与小班幼儿相比，中班幼儿在思维、想象上有了进一步提高，理解能力在不断发展。这种理解能力通常表现在对歌曲及有标题器乐曲的理解上，他们借助于歌词及已有的生活经验、音乐经验，基本上可以理解音乐作品的内容，包括内容比较复杂的儿童歌曲所表达的艺术表演形象。但是中班幼儿对于较为复杂的、没有标题的纯器乐曲的理解还有一定的困难。

2. 倾听能力的发展

中班幼儿的倾听能力有了很大提高，能逐渐辨别声音的不同变化。他们不仅能听出音乐的音区、速度、力度、节拍等方面的变化，还能听出乐段、乐句之间的重复和变化。另外，幼儿已经能初步感受到音乐作品中的较为突出的感情色彩，尤其是对比鲜明的音乐，如进行曲的雄壮、抒情曲的悠然等等，但是对音乐作品中的力度和速度的细微变化还感受不到，也不能辨别由于音区不同和演奏不同造成的音色上的差别。

3. 对音乐作品的感受力

中班幼儿已经进入音乐学习的关键期，他们对一些旋律简单、情绪情感明显的小型乐曲可以独立欣赏并了解。此时的幼儿已经能够感受一些不同题材、风格鲜明、结构短小的歌曲、乐曲，基本上能够理解音乐所表达的情绪和情感，并由此产生一定的想象、联想，再用外部动作加以反映。

（二）中班幼儿欣赏游戏的设计

1. 音乐的选择

由于中班幼儿的认知发展水平进一步提高，对于事物的分析能力也进一步增强，中班幼儿可以通过很多形式表现他们欣赏到的音乐。在音乐的选择上，可以挑选一些比较有特色的曲目，比如不同地域的、段落对比明显的曲目，内容较为广泛。风格比较多样的音乐作品都可以作为中班幼儿音乐欣赏的内容，比如舞曲、进行曲、摇篮曲、爵士曲等。

2. 活动目标

中班幼儿的听辨能力有所提高，能逐渐分辨声音的细微变化，能通过教师的引导初步感受到乐曲的结构，听出乐段、乐句之间的重复，以及乐曲在情绪性质上的明显差异，并且能够理解音乐所表达的情感，由此产生一些联想和想象。由于乐曲的不同，乐章代表着不同的情感和风格，让幼儿自己去发现其段落的划分和风格不同也是欣赏游戏的一个目标。比如在欣赏贝多芬的《月光奏鸣曲》时，大部分幼儿都能明白地表达出他们心中第一乐章和第三乐章的不同风格，还能通过自己的感受进行分析总结。同时，中班幼儿具备一定的音乐欣赏表达能力，游戏中表达的形式可以是多样性的，如通过动作来表达，或者通过语言和编小故事表达等。

3. 活动准备

（1）教师自身的准备，如对欣赏音乐的基本信息、风格特点、文化背景的深入了解。

（2）环境准备，根据欣赏的音乐来布置环境，如教师站位、桌椅摆放、光线等。

4. 活动过程

首先教师应该进行引导，在引导的过程中，教师可以把欣赏过后要跟幼儿分享的一些问题先暗示给幼儿，让幼儿有一个心理准备。在欣赏的过程中，教师可以把欣赏游戏的活动重点更加突出一些，比如教师的目标设定中有关分段的目标，那么在重点段落结束或者开始的时候有一些眼神或动作的提示，这些提示的目的不是要告诉幼儿段落的变化，而是要提醒幼儿注意，以免幼儿注意力不集中从而达不到欣赏游戏的效果。

在欣赏过后的分析中，教师可以简单进行引导，其他都由幼儿自己来表达，如果把空间交给幼儿，他们会给你一个更大的空间。由于每个人的心情和经验决定了不可能每个人对于乐曲的感受都一样，所以在游戏结束后的评价总结中，教师应做到客观地对待幼儿对所欣赏曲目的想法和意见。

5. 教学建议

中班幼儿还停留在强烈的自我中心时期，所以幼儿对于曲目的分析往往都是结合自己的经验，他们可能非常不容易接受跟自己完全不同的意见，教师在活动过程中要注意调节幼儿之间的讨论交流，进行恰当的指导，避免因意见纠纷引起混乱。

（三）案例分析

1. 活动目标

（1）通过音乐的速度和节奏差异辨别音乐的情绪。

（2）结合生活经验，模仿不同项目的运动员的动作。

（3）在富有变化的音乐中，不断变换模仿不同的运动员，感受土耳其军乐的特色。

2. 活动准备

（1）音乐《运动会》（见谱例 4-11）。

（2）不同运动项目的图片（如骑马、跑步、跳远、跳绳）。

谱例 4-11：

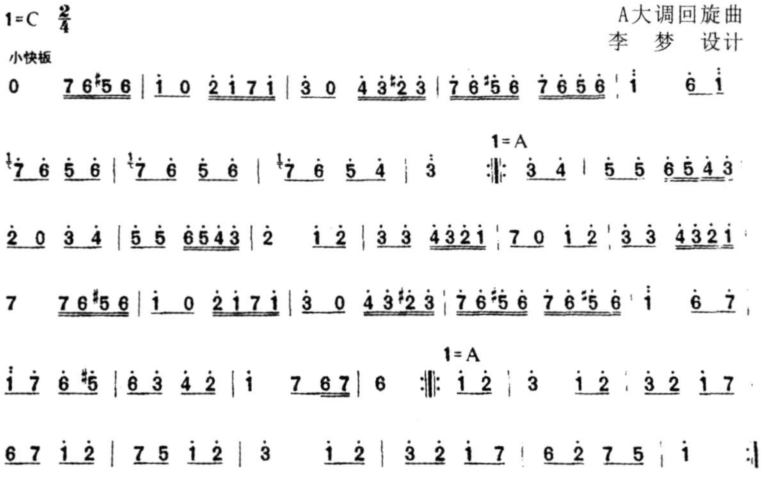

3. 活动过程

（1）创设情境，引入主题。

教师：你们知道2008年在我们中国的北京发生了一件什么非常重大的事情吗？

引导幼儿回答（奥运会）。

教师：你们都看了那年的奥运会了吗？在运动会上你们都看到一些什么项目？

幼儿回答。

教师：那你们能说一说，运动会上的国家健儿们比赛的时候都是什么样的动作吗？

幼儿回答。

（2）活动展开。

教师：每当运动员们要参加比赛进场的时候，你们都会听到什么音乐？

引导幼儿回答《进行曲》。

教师：这个音乐，让你听起来有一种什么样的感觉？

幼儿回答。

教师：今天，我们××班也要举办一次奥运会，老师也要播放一首进行曲，你们听听都有谁来参加我们的奥运会了？

教师播放音乐，幼儿首次聆听。

教师：你们听到音乐里都有什么项目的运动员来参加我们的奥运会了？

教师：那么我们班的小朋友们有没有人也想来参加我们的奥运会呢？

教师将幼儿分组，分别参加不同的比赛，如“跑步”“跳绳”“跳远”。

教师：现在老师再为你们播放一次这首《进行曲》音乐。我们也来学学我们国家的奥运健儿。小朋友做着自己要参加的比赛项目的动作，一起按顺序进场。看看哪一组小朋友最神气！

教师再次播放音乐，带领幼儿分组在不同动作的辅助下欣赏音乐。

在教师的带领下，幼儿分组做着动作有序“进场”。

教师：哪位小朋友还能开动自己的小脑筋想一想，自己的那组动作还能换成别的什么运动动作呢？

教师引导幼儿进行创编。

教师：你们每一个人表现得都像是一个真正的运动员一样，老师实在太为你们感到骄傲了。希望你们长大以后也能成为一名优秀的运动员，为国争光；或者在其他的岗位上也有像今天这么出色的表现，为国家奉献一丝力量。

4. 教学建议

（1）幼儿主动创编的动作，教师应有选择性地采用。当音乐出现高潮时，就不应该采用过于柔美的运动，这样反而不能帮助理解音乐情感。

（2）带领幼儿使用辅助动作欣赏音乐时，教师可尽量控制幼儿的情绪不要过于兴奋，以免幼儿专注于动作游戏，忽视活动主题。

四、大班幼儿欣赏游戏的设计与指导

（一）大班幼儿欣赏游戏的特征

1. 理解能力的发展

大班幼儿对音乐作品中歌词所表达内容的理解已经达到了比较成熟的水平，能够独立地理解歌词的含义和表达的情感，感知其细微之处。而他们对音乐作品的理解能力，主要表现在对音乐所引起的情感、想象、联想以及音乐所表达的思想和内容的理解。对结构较为复杂的音乐能够做出自己的解释和理解，并具有逻辑性和关联性。

2. 倾听能力的发展

大班幼儿已经能够初步把握音乐的表现手段，他们不仅能辨认音乐作品中的速度、力度及音区的变化，还能辨认乐曲的结构，如二段体或三段体的结构。大班的幼儿对部分乐器的音色有了初步的认识，已经可以对所欣赏的音乐进行演奏乐器的分类，如弦乐、管乐、打击乐……甚至于可以听辨出主要的演奏乐器，如小提琴、大提琴、钢琴、号等。但对于音色相异性较小的乐器，如小提琴与中提琴、大提琴与贝斯、长号与圆号等，分辨起来还是比较困难的。

3. 感受能力的发展

大班幼儿对音乐作品的感受能力和理解能力有了很大的进步，已经可以理解音乐的情绪差异和风格差异。随着音乐经验的不断丰富和积累，他们能够感受和辨别较为复杂的音乐作品，并能区别作品结构、情绪和风格上的细微差别，同时也能够对音乐形象鲜明的同类音乐作品进行分析和归类，并且用语言表达音乐感受的能力增强了，能在不同色彩的音乐中自由想象和表现。

（二）大班幼儿欣赏游戏的设计

1. 音乐的选择

这个阶段的幼儿对于音乐的感受和理解能力都有了更大的进步，听辨能力更强了，能从对音乐的粗略区分进入比较细致的区分，而且能感受、辨别较为复杂的器乐曲结构、音色以及情绪风格的变化，因此可以选择歌词内容复杂的曲目。针对大班幼儿的发展特点，可以为幼儿选择一些民族音乐，甚至具有丰富音乐文化的世界名曲供他们欣赏，对幼儿进行多种感官的综合培养，充分发挥他们在音乐欣赏活动中的主体作用和个体特点，从而拓宽音乐视野，增强对音乐的鉴赏力。

2. 活动目标

大班幼儿能对纯器乐作品进行清晰的分辨，并且理解音乐作品的速度、力度、音色、节奏等表现手段的变化。能够在音乐欣赏的过程中有创造性表现，这种表现不但体现在表现意识的强烈，而且还体现在创造性地表现得更丰富、多样，有身体动作、嗓音表达、语言描述、图片再现等。随着年龄的增长，幼儿的音乐鉴赏能力也直接地表现在音乐的偏好上，他们容易受到经验或者偶像崇拜的影响。因此，教师在目标设定的时候不要追求所有幼儿的统一，要尊重幼儿的见解，可以通过暗示和指引让他们自己选择音乐偏好。

3. 活动准备

（1）教师自身准备，如对欣赏音乐的基本信息、基本风格等，包括多媒体课件等辅助材料。

（2）环境准备，根据欣赏的音乐来布置环境，如教师站位、桌椅摆放、光线等。

4. 活动过程

在活动的过程中，主张多听、多感受，教师应该把所欣赏的曲目进行多次引导，并在每次引导的时候都进行提示，同时在欣赏过后分析幼儿的想法，在反复进行的过程中通过暗示等间接的指导方法实现活动目标，让幼儿自己发现所欣赏曲目的特点和风格类型。由于大班幼儿注意力集中时间较长，可以给一定的时间进行讨论和总结，总结的方式可以是多样性的，可以语言陈述，可以通过动作表现，可以几个人一组，也可以单独进行编故事，等等。

5. 教学建议

教师引导时间不要过长，主要时间放在欣赏和游戏上，在幼儿不违反基本秩序的情况下，尽量不要控制幼儿的行为。由于幼儿对音乐的认识受到幼儿本身经验知识和心理发展水平制约，所以教师应该多给幼儿独立接触音乐的机会，不要强行灌输，着重幼儿自己发现，自己感受，建议在欣赏游戏实施中多对乐器进行欣赏。

（三）案例分析

1. 活动目标

（1）欣赏音乐，了解音乐的曲式结构。

（2）感受音乐各段落的情绪情感。

（3）能跟着音乐用动作演绎故事情节。

2. 活动准备

（1）幼儿看过电影《胡桃夹子和老鼠国王》或童话《胡桃夹子》。

（2）《洋娃娃进行曲》音乐（见谱例 4-12）。

（3）老鼠头饰，小女孩和小王子的衣服、皇冠，故事情节的图片。

谱例 4-12：

洋娃娃进行曲

（《胡桃夹子》选曲）

柴可夫斯基 作曲

吉 文 佳 设计

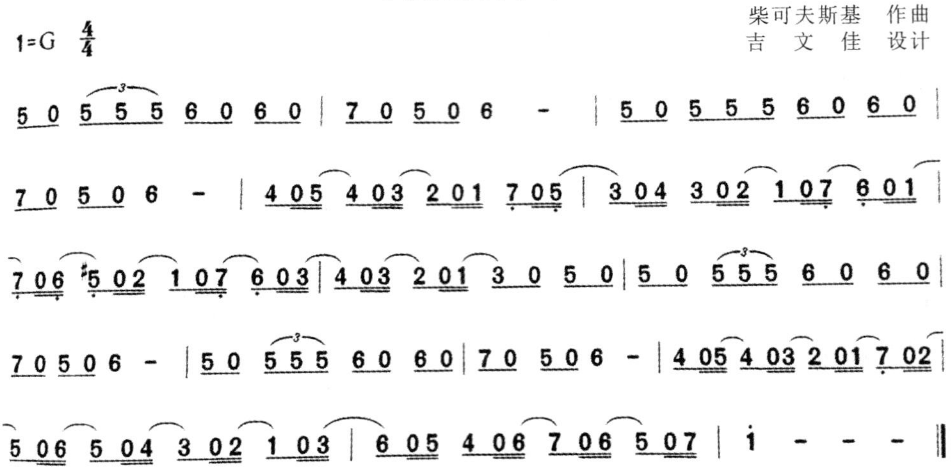

3. 活动过程

（1）导入。

1）故事导入：回忆故事或电影情节，重点回忆老鼠国王篡权和王子带兵的情节。

教师：小朋友们，我们已经看过了电影《胡桃夹子和老鼠国王》，有哪些情节是印象深刻的？（老鼠国和王子打仗）

故事情节：从前的一天，王子和他的士兵都变成了木偶，老鼠国王想篡夺王位，王子和他的士兵在小女孩的带领下，打败老鼠国，夺回了王位，变成了原来的样子。

2）音乐导入：教师：今天老师要带大家去一个童话王国玩，让我们一起来听听，童话王国里发生了什么。（幼儿在听的过程中跟着老师一起拍打节奏。）

（2）分段欣赏。

1）欣赏音乐的第一段 A。

教师：这一段旋律带给我们什么感受？（让幼儿大胆、自由地表述，如很神气的、像士兵等）

教师：像不像王子带领的木偶兵吹着小喇叭，昂首挺胸在操练？（教师示范昂首挺胸、踏步等操练动作，鼓励幼儿自由发挥表现，在黑板上贴出士兵操练时的图片）

2）欣赏音乐的第二段 B。

教师：这段音乐和前一段相比有什么变化？（变快，变急促，像在乱窜）

教师：这个故事会怎样发生？（士兵逃跑了……）

教师：这段旋律像不像老鼠王带领一群老鼠兵东瞧瞧西看看，想要篡夺王位？（老师示范老鼠东张西望、来回走动的动作，在黑板上贴出小老鼠的图片）

3）欣赏音乐的第三段A。

教师：你们有没有觉得这段音乐很熟悉啊？在前面听到过吗？（提示幼儿这段音乐和第一段相同）

教师：王子发现了老鼠，他们在准备战斗，在不停地操练。（在黑板上贴出士兵操练的图片）

4）欣赏音乐的第四段C。

教师：听了这段音乐，老师看到你们都很严肃，你们这是怎么了？（紧张）

教师：你们听，像不像木偶兵和老鼠兵遇上了，他们在打仗？小朋友们很担心的是吧？（在黑板上贴出老鼠和木偶士兵打仗的图片）

5）欣赏音乐的第五段A。

教师：老师发现了一个小秘密，这段音乐前面也出现过了，是在哪些段落中出现的？

教师：像这种重复好几次的音乐我们叫作回旋式音乐。

教师：猜猜看发生了什么事啊。（王子赢得胜利，在庆祝）

（在黑板上贴上王子胜利的图片）

（3）再次欣赏音乐，能根据情节内容，结合音乐演绎故事。

1）完整欣赏，在每个段落出示提示图片。

教师：现在我们再听一遍曲子，小朋友们边听边想想整个故事发生了什么。

幼儿边听边回忆故事的发展以及五个段落的音乐特点。

2）角色演绎。

教师：小朋友们，想不想一起进入童话世界中感受下这场战争？

让幼儿根据音乐情节的发展扮演不同的角色，用动作演绎故事。当A段出现的时候，提示幼儿自由发挥做士兵的动作。

（4）拓展。

其他故事情节可以在课后再学习、演绎，最终能形成一个完整的幼儿舞台剧。

4. 教学建议

在音乐欣赏的过程中，鼓励幼儿大胆表达自己的想法。教师对音乐的解读只是作为参考。可以把它当作一个儿童的表演节目，适当结合美术学科，让幼儿自己设计表演的服装、场景等。

第五单元　幼儿体育游戏

学习目标

1. 知识目标

了解幼儿体育游戏的特点、教育价值、分类；

掌握组织和指导幼儿体育游戏活动常用的方法；

掌握幼儿体育游戏活动组织与指导；

理解体育游戏的原则。

2. 能力目标

掌握组织与指导幼儿体育游戏活动的基本技能；

能根据幼儿身心发展特点创编体育游戏和设计教学活动；

能编写规范的体育游戏教案。

3. 情感目标

对幼儿体育游戏有正确的认识和积极的学习态度；

积极参加幼儿体育游戏教学活动实践；

具备从事幼儿体育游戏教学活动的基本素质。

第一课　幼儿体育游戏概述

一、幼儿体育游戏的含义

游戏是一种广泛存在的社会现象，体育游戏是指以各种基本动作为主要内容的有规则的游戏。有的带情节，有一定的角色；有的无情节，无角色，是由某一种运动任务构成。

体育游戏能让幼儿身体健康、智力发达，是幼儿园不可欠缺的教育内容和方法。和幼儿自发、偶然的身体活动游戏相比较，那种经过挑选、精心设计、有针对性且形式多样的幼儿体育游戏更具儿童化、故事化、形象化、情境化和趣味化的特点，更富有人生的价值和意义，唯有充满教育要素的体育游戏才能够真正地满足幼儿身体和情感的发育、智慧和社会性发展的需要，如图 5-1 所示。

图 5-1　幼儿体育游戏

二、幼儿体育游戏的特点

体育游戏不同于一般游戏，也不同于一般的体育教学与训练，它具有自身的特点。只有了解了这些特点，才能充分发挥其在幼儿体育教育中的作用。

（一）普及性特点

幼儿体育游戏综合多种活动技能，内容丰富，形式多样，便于普及。幼儿体育游戏不受场地、设备的限制，既可在运动场，又可在教室内；既可以和家长、教师共同进行，又可以安排幼儿单独游戏；游戏形式既可以是田径运动类的跑、跳、投，又可以是球类中的足球、篮球、排球，还可以是体操中的技巧与器械动作等。

（二）健身性特点

体育游戏是一种有意识的行为。它有着明确的目的，即增强体质。体育游戏可以加快幼儿的新陈代谢，调整大脑神经系统，提高运动器官及内脏器官的功能，从而起到增强体质、提高活动能力的作用。

（三）教育性特点

幼儿体育游戏有着极为丰富的教育内涵，幼儿通过参加游戏，在思想、行为、心理诸多方面都会有所受益。体育游戏也是开展集体主义、爱国主义、团结友爱、遵守纪律教育的有效途径。

（四）竞争性特点

体育游戏一般是以争夺最后的胜利而告终的。体育游戏胜负的评判是以完成任务的数量、质量、速度为基本指标的。在完成任务过程中，游戏者既有体力竞争，又有智力竞争，而最后胜利往往是体力和智力的共同结晶。因此，好的体育游戏不仅可以提高幼儿的身体活动能力，还可以培养他们的思维能力、创造能力、应变能力和进取精神。幼儿体育游戏的竞争，不同于竞技体育的竞争，它没有过度紧张，完全是在娱乐中有趣味地竞争，并在竞争中得到快乐和满足。

（五）娱乐性特点

体育游戏是一项轻松活泼的活动，由于它的娱乐趣味，吸引着幼儿的参与热情。幼儿在娱乐中有趣味地竞争，在竞争中体验着愉悦，不知不觉地接受教育，在增强体质的同时发现自我，这一切都说明了体育游戏所具有的魅力。

体育游戏的娱乐性符合幼儿的生理和心理要求。根据这一特点，我们应在幼儿游戏中适时采用体育游戏方法，将某些单调重复的讲解或学习，穿插一些幼儿体育游戏，通过活动参与，起到集中幼儿注意力和提高兴奋性的作用。

三、幼儿体育游戏的教育价值

幼儿体育课程的基本目标应体现为培养幼儿参加体育活动的兴趣，养成经常进行体育锻炼的习惯；发展幼儿的基本动作和身体的协调性、灵活性、柔韧性等体能；促进幼儿生长发育，增强体质，增强机体对疾病的抵抗力和对环境的适应力；认识自己身体结构的功能，学习在体育活动中的自我保护和安全技能；发展幼儿的智力，培养幼儿良好的心理意志品质和个性，提高社会适应能力，提升幼儿心理健康水平。

体育游戏是一项很有价值的活动，人的一生离不开体育游戏。对于幼儿而言，体育游戏的价值更加突出，它对于锻炼身体、教育与成长、改善心态、开拓思维、适应社会环境等方面都有着积极意义。

（一）锻炼身体

体育游戏是一种积极有效的身体锻炼手段，它有着良好的增强体质的效果。经常参加体育游戏活动，对改善幼儿身体状况、增强身体素质、发展基本活动能力和提高对各种自然环境的适应能力均有重要意义。

（二）教育与成长

人的成长伴随着游戏，而每一个游戏都有着教育内容。因此，教育、成长和体育游戏已构成一个整体。

体育游戏对于幼儿来说，由于它内容丰富多彩，幼儿在游戏过程中，处在自由自在的环境中，他们在愉快的游戏中个人的才能得以全面地发展，身心得到了锻炼。特别是体育游戏的形式多种多样，利用游戏的形式教育和培养幼儿的劳动习惯和生活技能，发展他们的思维能力并促进其智力的发展，对他们的成长来说，无疑具有重要意义。

幼儿认识世界往往是通过感觉器官直接感觉的，而体育游戏正是他们认识世界的有效手段。如通过打躲闪球，他们学会了躲闪和投掷；通过跳橡皮筋，他们学会了许多复杂动作，同时也掌握了皮筋的弹性；通过运球游戏，幼儿理解了球的滚动，建立了球的概念。体育游戏是幼儿园体育教学的主要内容，由于体育游戏的条件和环境经常变换，这对于幼儿的智力发展、身体发育都会起到良好的作用。特别是由于体育游戏有一定的规则，这对培养幼儿的组织性、纪律性有一定的积极作用。随着幼儿年龄的增长，当他们不满足于幼稚的游戏时，会逐渐探索和尝试新的体育游戏，以便在新的游戏中获得新的知识。幼儿在体育游戏中成长，在体育游戏中得到教育。

（三）改善心态

幼儿由于各种各样的原因，会暂时失去心理平衡，也会由于对已发生的错误理解或对未发生的事情怀有恐惧，而使心理承受能力不高或有欠缺。心理状况的不稳定和心理素质水平的低下，都可能对幼儿日后的学习、工作、生活造成潜在的威胁。体育游戏对于改善心理状况，提高心理素质水平有一定的作用和价值。

（1）提高自信心，敢于竞争。体育游戏以其丰富有趣的活动形式，使每个参与的幼儿都有可能获得胜利，都可以在生活中充分发挥自己的能力，往往起到提高幼儿自信心的效果。

（2）改善注意分配，适应复杂环境。在各行各业，有许多工作要求训练有素的注意分配能力。有些人由于不能在复杂的环境中合理调整自己的注意分配而面临困境。体育游戏中专门有一类集中注意力的项目，对训练幼儿的注意分配有一定的价值。

幼儿期，是发展注意稳定和注意分配的敏感期，有意识地安排一些含有“一心二用”要求的体育游戏，对于提高这方面的心理素质水平可达到事半功倍的效果。

（3）磨炼意志，敢于在失败中争取成功。在现实生活中，充满着各种各样的竞争，成功固然可喜，失败往往也在所难免，能做到“胜不骄，败不馁”是心理素质好、意志坚强的表现之一。体育游戏就是在竞争中频繁出现胜负的活动，有利于磨炼意志，鼓舞在失败中看见成功的希望。

（四）开拓思维

体育游戏不是单纯的活动性游戏，是以体力活动结合智力活动，全面发展身心的体育教育手段。体育游戏中，单靠身体实力并不足以取胜，往往要靠灵活的、有创造性的思维活动来辅助。大多数幼儿体育游戏具有情节化的内容，这也有利于培养幼儿的形象思维能力。

想象力是创造思维能力，没有丰富的想象力被认为是能力发展的重大缺陷。体育游戏中，就时时出现大量发挥想象力的机会，如“前后靠”追拍中如何追、如何逃，有想象力的幼儿往往通过想象判断，做出最佳的选择。体育游戏中环环紧扣的变化动作和规则重点的转换，又要求参加者从已适应向不适应过渡，从成功的判断向新的成功判断推进，这往往取决于其思维能力，特别是有无灵活变通的思维想象力。

（五）适应社会环境

适应社会取决于正确处理多种矛盾，其中不断改善人际关系至关重要。人际关系的融洽是事业成功的支撑，也是心理情绪稳定的重要条件。体育游戏提倡协调配合，提倡个人的成功在集体的成功之中，不计较个人一时功过，这些都有利于团结，是改善幼儿人际关系的有效媒介。体育游戏本身就可以使幼儿走向集体，形成和谐的群体关系。

体育游戏作为多类别多形式的自身活动和集体活动，肯定还有其他方面的价值或潜在价值，有待于我们去发现和挖掘。而锻炼身体、教育与成长、改善心态、开拓思维、适应社会环境，是体育游戏基本价值所在。

四、幼儿体育游戏的分类

体育游戏的分类方法有很多，由于分类的依据不同，所以分类的结果也不同，总的来说有以下几种分法。

（1）按人体基本活动能力分类，可把体育游戏分为行走类、奔跑类、跳跃类、支撑类（见图 5-2）和负重类等。这种分类方式能使人很清楚地了解活动过程的基本特征，以满足发展某种基本活动能力为目的进行选择。

图 5-2　支撑类游戏

（2）按发展身体素质的任务分类，可把游戏分为力量类、速度类、耐力类（见图5-3）、柔韧类等。这是以活动中对提高和发展某种身体素质能产生作用为划分依据，把活动与提高体能直接结合，可了解活动过程中动作产生的直接作用。

图 5-3 耐力类游戏

（3）按运动项目分类，可分为田径类、体操类、篮球类、足球类（见图5-4）、排球类等。现有的体育运动项目是由游戏发展而来的，它与体育游戏有着极为密切的关系。由于体育游戏的活动方式、场地、器材等与相应的运动项目有关，因此这种分类使活动形式、场地、器材等较为明确，同时也易于作为相应的项目训练的辅助练习选用。

图 5-4 足球类游戏

（4）按体育游戏课结构分类，可分为准备活动的集中注意力类、基本部分的提高兴奋类（见图5-5）、整理与放松类。这种分类是以认识事物的一般规律和人体生理机能活动能力变化规律为划分依据的，在教学和训练中选用辅助练习和各部分的内容时十分方便。

图 5-5　基本部分的提高兴奋类游戏

（5）按活动的形式分类，可分为角力类、追拍类（见图 5-6）、接力类、变异类、综合类等。体育游戏的主要活动形式一般都具有较强的特异性，这样就可以清楚某种体育游戏活动中所采用的活动形式。

图 5-6　追拍类游戏

幼儿体育游戏一般分为模仿性体育游戏、故事性体育游戏、活动性体育游戏、比赛性体育游戏。

第二课　幼儿体育游戏的组织与指导

一、幼儿体育游戏的原则

（一）经常化原则

经常化原则是指幼儿园体育游戏应融贯在幼儿的每日活动之中，应避免“三天打鱼，两天晒网”的现象。

（二）适量的运动负荷原则

适量的运动负荷原则是指在组织幼儿进行体育游戏时，教师应合理安排及注意调节幼儿身体练习时身体和心理所承受的负荷量，保证幼儿在运动后能取得超量恢复的最佳效果，提高身体的机能，达到增强体质的目的。这既是人体机能适应性规律的要求，又是人体生理机能变化规律的要求。

（三）多样化原则

多样化原则是指幼儿园体育游戏应灵活运用多种途径、多种组织形式和方法来进行。幼儿园体育游戏的各种组织形式和方法都各具特点，任何一条途径、一种组织形式或教育方法都有其他途径、组织和方法所不能替代的作用，为此，开展幼儿园体育游戏需要多条途径、多种组织形式和方法相互补充、相互配合、灵活运用，才能共同实现幼儿园体育游戏的目标。

（四）全面发展原则

全面发展的原则有两层含义。一是指幼儿园体育游戏应促进幼儿身心全面发展，即体育游戏不仅要促进幼儿身体的健康，还要促进幼儿心理的健康和发展；不仅要增强幼儿的体质，还要促进幼儿在认知、情感、社会性和个性方面的良好发展。二是指在幼儿的体育游戏中，应尽量使幼儿身体的各个部位、各器官系统的机能、各种身体素质和基本活动技能等，都能得到全面协调的发展。比如，在以投掷、平衡练习为主要内容的活动中，应结合跑、跳等活动内容来调节全身运动负荷的平衡，避免在一次活动中身体某部分的运动负荷偏大，而其他部分的运动负荷不足，达不到全面锻炼身体的目的。

幼儿园体育游戏除了应遵循上述主要的活动原则外，还应遵循和贯彻直观性原则、兴趣性原则、幼儿主体与教师主导相结合的原则、有组织的教育活动与幼儿自选自由活动相结合的原则等等。只有将幼儿体育游戏固有的原则与幼儿园教育活动的一般原则和规律有机地结合起来，灵活运用，才能更好地实现幼儿园体育游戏的目标。

二、幼儿体育游戏常用的基本方法

（一）讲解法

讲解法是指教师用语言组织幼儿的活动，指导他们理解和掌握活动的名称及练习内容，领会活动的要求、动作要领和具体做法等。

（二）示范法

示范法是指教师以个体（教师或幼儿）的动作为范例，使幼儿看到所要练习和掌握的动作或技能的具体形象、结构和完成的先后顺序等。

（三）练习法

练习法是指通过讲解示范后，在幼儿初步建立与动作有关的表象和概念的基础上，让幼儿在教师的指导下进行各种身体练习，以实现活动目标的一种方法。它是体育游戏中最基本也是最重要的方法。常用的练习法有以下几种。

1. 重复练习法

重复练习法是指在固定不变的条件下反复练习某个动作或游戏的方法。

2. 条件练习法

条件练习法是指设置一定的具体条件或在改变先前练习条件的情况下，让幼儿进行练习的方法。如在规定“目标”的条件下让幼儿练习投准，或在改变钻“山洞”的宽度、高度后练习动作等。

3. 完整练习法和分解练习法

完整练习法是把整个动作或活动过程完整地进行练习的方法；分解练习法是指将动作或活动过程合理地分成几个部分，按部分逐次进行练习，最后再组合成完整动作或活动过程进行练习的方法。如练习跳跃动作，可让幼儿先原地练习摆臂动作，然后再结合下肢动作，完整练习整个动作。

完整练习可使幼儿完整地形成动作的概念和掌握整个活动的结构和过程，一般用于较易掌握的动作练习、简单的游戏或复习活动中，但其练习过程往往不能突出重点和难点。分解练习能使复杂的动作练习和活动内容在练习时有序化和简单化，并能突出练习的重点和难点，一般用于较难的动作练习和较复杂的活动内容，或用于改进较薄弱的环节和强调重点环节。但若使用不当，往往会破坏动作或整个活动过程的完整性。因此，在实际活动中，应根据活动内容的具体特点，将两种方法结合使用，取长补短。

4. 循环练习法

循环练习法是指依次做几个不同类型和性质的动作，或依次进行几项活动的锻炼方法。

在使用练习法时，应注意以下几点：

第一，练习的目的要明确，要求要具体，不同的练习内容或练习性质要有不同的要求。

第二，不同的练习阶段，要求要有变化并注意逐步提高。每次练习要分清主次，突出重点和难点。

第三，练习时，教师要及时纠正幼儿的错误，要认真分析错误发生的原因。可用语言提示和具体帮助的方法有针对性地加以纠正，必要时可用领做法或中断练习重新讲解、示范，以帮助幼儿掌握正确的动作概念。

第四，练习过程中要注意贯彻循序渐进的原则，耐心细致，不要操之过急。对不同幼儿的练习，既要有一般的要求，又要注意区别对待和因人施教。

第五，把练习过程与思维活动有机结合起来，逐步培养幼儿在活动中积极思考的习惯。及时了解幼儿在练习中的情绪、品德等诸方面的情况，并有针对性地引导，促使幼儿在练习中得到全面发展。

（四）语言提示法和具体帮助法

语言提示法是指在幼儿进行游戏时，教师用简短明确的语言，提示或指导幼儿正确完成动作或进行活动的方法，比如在幼儿排队走步时，教师提醒幼儿“抬头、挺胸、迈大步”等；具体帮助法是指教师直接而具体地帮助幼儿改正错误、掌握正确的练习要求和方法。这些方法往往结合使用，多用于重复练习时，教师帮助幼儿防止和纠正错误，也是实施个别指导的有效方法。

（五）游戏法

游戏法是指以游戏的形式组织幼儿进行身体锻炼的方法。这种方法能将幼儿难以理解或枯燥的动作和身体素质等练习，变成有趣的模仿活动或具体的游戏情节，提高他们练习的兴趣，使幼儿在轻松、愉快的条件下开展活动并达到锻炼和增强体质的目的。采用游戏法可以给幼儿自由活动的时间，鼓励幼儿在自由活动中创造新的玩法。自由活动时间往往能使幼儿感到轻松而没有约束，也使幼儿更敢于大胆、主动地探索和创造自己的玩法。自由活动结束后，让幼儿相互交流自己的玩法，有利于提高幼儿对活动的持续兴趣，有利于提高幼儿进一步参与活动的主动性和积极性。

（六）其他方法

除前面所讲的方法外，在幼儿园体育游戏活动中，还经常采用以下方法。

1. 比赛法

比赛法是指在比赛条件下进行身体练习的方法。比赛中幼儿争取胜利的强烈愿望有利于激发幼儿愉快的情绪和提高参与身体锻炼的积极性，增加运动强度。小组比赛中，幼儿团结、合作的精神是发展幼儿社会性和良好品德的有利契机。但在比赛中要注意保证幼儿动作姿势的准确性及活动过程的有组织性。一般在幼儿还未形成准确的动作姿势和没有完全掌握活动的全过程时，不宜采用比赛法。另外，小班一般不采用此法。教师对比赛结果的评判应公正合理，并以鼓励为主。

2. 领做法

领做法是指教师边示范、边讲解、边组织幼儿按教师要求进行练习的方法，如图 5-7 所示。这种方法能较好地调动幼儿视、听、运动觉等多种感官和两个信号系统的共同活动来建立有关动作的概念和整个活动过程的条件反射，提高活动和学习的效率。

图 5-7　领做法

3. 信号法

信号法是指用口令、哨音、音乐、鼓声等声响来帮助和引导幼儿进行身体锻炼的方法。口令是身体锻炼活动中常用的信号，在组织幼儿排队和变换队形及做操时经常使用，使用时应做到声音洪亮、清晰，有节奏、有感情，并正确分清动令和预令。其他信号有利于发展幼儿动作的节奏感，活跃活动的气氛，培养幼儿分辨信号的能力。但在使用时，应注意根据动作的特点和活动情节的变化，改变信号的节奏和速度。

总之，幼儿园体育游戏的方法是多种多样的，在开展具体活动时，应注意综合运用多种方法，并根据幼儿的情况、活动的不同内容和组织形式、幼儿不同的活动方式及环境、器材等条件的具体情况灵活运用。

三、幼儿体育游戏的组织和指导

（一）幼儿自主体育游戏的指导

教师在幼儿自主游戏时的指导作用非常重要，应注意以下方法和策略。

1. 提供丰富安全的游戏玩具

滑梯、转椅、摇马、跷跷板、联合器械等是幼儿喜欢的大型玩具，教师要经常检查这些玩具的安全性，避免伤害事故的发生。除此之外，教师还应根据幼儿现有的运动能力选择一些中小型玩具，让幼儿既活动成功又受到挑战；还可以在运动器材的趣味性上做文章，充分吸引幼儿；还可以让幼儿参与共同制作一些简单又安全的手头玩具，如纸棒、假面具等，以增强游戏的趣味性，同时锻炼幼儿的想象力和动手能力。

2. 帮助幼儿建立规则意识

规则是游戏顺利进行的保证，自主游戏也需要有规则。教师不应对幼儿的自主游戏做过多的限制，但要帮助幼儿建立规则意识，并在游戏中自觉遵守规则。

3. 观察幼儿游戏，适时介入

观察游戏的目的是了解幼儿的运动能力以及幼儿在游戏中遇到的问题。在观察的基础上，在体现幼儿主体性的前提下，提供适时的帮助和指导。教师介入指导的时机一般在幼儿没找到玩伴或没有玩到自己喜欢的玩具而四处观望、不专注且频繁变换游戏或在游戏过程中遇到解决不了的困难时，进行指导，如图 5-8 所示。

图 5-8　教师介入指导游戏

（二）教学性体育游戏的组织和指导

教学性体育游戏的组织和指导工作包括选择游戏、游戏教学活动设计、游戏前的准备、游戏的组织教学与指导四个环节。

1. 选择游戏

（1）要根据幼儿的年龄、实际水平，选择体育游戏的内容、动作、玩法、规则，确定游戏的时间、运动量。

（2）新授内容和复习内容交替进行，前、后游戏之间要相互联系，循序渐进，由浅入深，由易到难，由简到繁。

（3）应重视幼儿身体的全面发展。人体是一个有机统一的整体，任何局部器官功能的落后、改善与提高，必然影响到其他部位器官功能的发展。要选择不同内容、不同动作、不同效果的游戏，尽量避免身体锻炼的片面性和不平衡性。

2. 游戏教学活动设计

游戏教学活动设计的具体方法和要求如下：

（1）应分清体育游戏教学活动的类型。幼儿体育游戏教学活动一般有三种类型。第一种是新授活动，即学习新教材，并把新教材作为身体锻炼活动的主要内容而展开的教学活动。第二种是以复习为主的活动，即以幼儿已经学习过的教材作为身体锻炼活动的主要内容而展开的教学活动（活动的要求和锻炼的方式等可适当改变）。第三种是综合教学活动，它是幼儿园最基本、最普遍采用的体育游戏教学活动的类型。它包含两层含义，一是指活动的内容既有新的，又有已经学习过的，即新、旧内容的综合；二是指活动中多种类型的活动内容综合，既包括基本体操（含队列队形），又包括模仿性活动、游戏（基本动作游戏、身体素质练习游戏等）、运动技能练习等。

（2）明确体育游戏教学活动的结构。根据人体生理机能变化规律和动作技能形成规律，在设计幼儿体育游戏教学活动的过程中，各部分的任务、内容和时间安排如下：

1）开始部分。

任务：组织幼儿，集中幼儿的注意力；使幼儿明确活动的内容和要求，激发他们参与身体锻炼活动的兴趣；通过身体活动，克服各器官、组织的惰性，提高其活动能力，发展主要肌群，根据基本部分的内容，做一些有针对性的准备活动，为下面的活动奠定基础。

内容：排队和队列队形练习，向幼儿说明活动的要求和主要内容，做一些基本体操或模仿活动，开展一些运动负荷小、有利于发展幼儿体能的游戏，也可进行一些简单的舞蹈和律动等。

时间：一般占总时间的10％～20％。

2）基本部分。

任务：学习新的或较难的活动内容，巩固和提高已学过的各类练习和游戏等，并从中通过幼儿自身的身体练习，提高幼儿的身体素质，发展幼儿的能力，培养幼儿良好的心理品质等。

内容：发展基本动作和体能的游戏等。一般以《幼儿园教育纲要》中规定的内容为主。一次活动一般安排1～2项活动内容，并注意新旧搭配，急缓结合，全面锻炼幼儿的身体。

时间：一般占总时间的70％～80％。

3）结束部分。

任务：降低幼儿大脑的兴奋性；使幼儿的身体由运动时的紧张状态逐渐恢复到相对安静状态，放松肢体；合理地小结评价，有组织地结束活动；收拾和整理器材。

内容：轻松自然地走步，模仿性动作、徒手放松肢体，简单、轻松的体操或律动、舞蹈，活动量较小较安静的游戏等。

时间：一般占总时间的10％～20％。

（3）能准确地表述设计方案。幼儿园体育游戏教学活动设计方案的表述，一般包括以下几个部分：①活动名称、班级；②活动目标（认知、技能、情感态度）；③活动准备（场地、器材、知识准备等）；④活动过程（开始部分、基本部分、结束部分）；⑤延伸活动（不一定每个都有）；⑥活动评价或建议。这几部分既可以采用文字叙述式，又可以采用表格式。

3. 游戏前的准备

（1）教师要在了解全班幼儿的体质、能力、性格、品德等情况的基础上熟悉游戏的内容，领会游戏的教育作用，掌握游戏动作，明确游戏规则、组织方式、教法、注意事项与要求等。

（2）教师应安排幼儿学习并掌握与游戏有关的儿歌。

（3）教师还要准备好所需的场地、教具、器械、玩具、头饰等，并检查器械是否清洁、牢固，数量是否充足，以及场地是否平整、干净，幼儿是否佩戴好相关的头饰、标志等。

（4）教师要观察一下幼儿的服装是否合乎进行体育游戏的要求、穿戴是否安全等。

（5）教师还要重视游戏前的准备活动，使幼儿的身体由平静的状态逐渐过渡到活动状态。

4. 游戏的组织教学与指导

（1）集合、排队。常用的集合排队方法有以下几种：①用铃鼓、响铃、哨声或其他信号来集合幼儿。一般需要事先对幼儿进行训练，让他们知道集合信号的意思。②用儿歌来集合幼儿。③用过渡性游戏来集合幼儿。

（2）讲解和示范。①新设游戏的讲解主要是教师向幼儿介绍游戏的名称、方法、动作要求、交替信号和规则等，目的是为了引起幼儿对游戏的兴趣，帮助幼儿建立起初步的游戏概念，了解游戏的方法。讲解一般要结合示范动作进行，使幼儿一边听，一边看，复杂的动作可在游戏前让幼儿进行一定的练习。讲解和示范时还要注意突出游戏的规则，使幼儿对规则有深刻的印象。②复习游戏时，教师只需用简短的语言提示游戏的重点与要求，补充或说明游戏的规则和方法。

（3）分队（组）、分角色。①做分队（组）竞赛游戏时，各队的人数应合理，力量搭配要均匀。由于幼儿运动能力的性别差异不大，分队时可不作考虑。②玩新游戏时一般多用指定法，由教师担任主角或有目的地进行分配角色。③复习游戏时，教师可灵活采用民主法、随机法、猜拳法和轮流法来确定游戏角色。不论用什么方法选择角色，教师都应注意不要只让少数能力强的幼儿担任主要角色或游戏中的组织者。

（4）游戏中的指导。体育游戏要取得良好的效果，关键就在于教师的指导。具体要求如下：

1）把握适当的活动量。活动量是指在体育活动中，人体所承受的生理负荷量。活动量太小，对健康作用不大，难以达到锻炼身体的目的，活动量太大，超过了幼儿身体所能承受的能力，对健康不利，甚至有害。幼儿的疲劳现象在一定程度上是正常的，没有一定的疲劳就不可能增强体质，但也不能造成过度的疲劳。教师严格根据幼儿的具体情况及时观察，调节活动量。

调节游戏活动量的方法：一是增加或减少游戏的组数和参加活动的人数，二是扩大或缩小游戏的场地范围，三是延长或缩短游戏的时间和休息时间。

2）提醒幼儿遵守游戏规则。遵守规则是幼儿顺利开展各种游戏活动的必备保证，也是对幼儿意志品质的养成进行的教育。教师在介绍游戏玩法时，应强调游戏的规则，并将之作为评定胜负的重要条件。在游戏进行中，要注意观察幼儿执行规则的表现并分析原因，及时提醒、暂停游戏，修改或重申规则，明确要求。

3）注意幼儿身体姿势和动作的正确性。身体姿势正确与否直接影响骨骼的生长发育，影响良好端正的体态的形成。同时，正确的姿势能够提高动作的质量，达到锻炼的目的。然而，在游戏过程中，幼儿往往被情节所吸引，而忽略了身体动作的正确性，尤其是在进行竞赛性游戏时更易如此。这时，教师应用语言提示或中止练习，并及时予以纠正，使幼儿加深正确动作的印象。对小班幼儿，可用亲切的口吻说明姿势正确的意义，引起幼儿的注意。在竞赛性游戏评定胜负时，也可对幼儿在游戏中身体姿势的正确与否进行评价。

4）注意安全。教师要随时检查场地器材是否安全，察看幼儿使用器械是否正确。活动场地要有一定的范围和路线，组织工作要严密，做到既生动活泼又有秩序。同时，教师要在游戏中给幼儿必要的保护与帮助，尤其对体弱、胆小和动作迟缓的幼儿，更要加强保护和帮助。

（5）结束游戏。结束游戏时，教师应及时讲评，公布游戏结果，肯定优点，指出存在问题和改进意见，提出希望。对于由于能力差、一时不理解游戏内容而做错的幼儿，不应批评指责，而应表扬他们正确的一面，增强其自信心，然后再对他们加强个别指导。

结束游戏的最佳时机：幼儿虽未感到充分满足，但已有适度疲劳，或虽未产生适度疲劳，但幼儿已感到满足。

第三课　幼儿体育游戏案例分析

一、小班游戏

（一）特点

3岁幼儿正处在身体生长发育的初期阶段，体力还较弱，其对行走、奔跑、跳跃、投掷和平衡等基本动作还在初学阶段，许多生活需要的动作并没有正确掌握。在游戏过程中，幼儿的活动还不够自如，动作缺乏协调性和准确性；集体观念、组织纪律意识以及相互配合、协调一致的能力还很差；喜欢模仿，但注意力不易集中；对游戏中的动作、角色、情节感兴趣，而对游戏的结果则不太注意。

（二）指导

小班幼儿的体育游戏，其动作内容和情节都要简单，角色要少，便于模仿，规则要容易遵守。在每个体育游戏中，最好只包含一种基本动作，主要角色一般由教师担任。

（三）案例指导与分析

1. 玩气球

（1）游戏生成。幼儿们很喜欢气球，联欢会后，装饰的气球成了幼儿的宠儿。他们吹气球、拍气球，玩得不亦乐乎，如图 5-9 所示。气球有多种玩法，那么如何让幼儿在玩的同时，也能逐渐体会到游戏的规则并得到身体和心理上的锻炼呢？为此，教师便设计了这个游戏。

图 5-9　玩气球

（2）游戏目的。

1）初步掌握气球的球性，感知气球的空间性和灵活性。

2）锻炼幼儿的跑、跳能力和协作能力。

（3）游戏准备。

1）不同颜色的气球。

2）游戏场地：操场，其他无风的环境。

（4）游戏玩法。

1）拍气球游戏：幼儿分两组，一组五人。在地上画一条横线，两组幼儿以横线为界，用手互将气球拍向对方一组。气球在同组幼儿这边时，大家可以互相拍打传送，但气球不能落地，直至拍到对方界内。

2）气球接龙：整个赛道为一条直线（起点—终点）。幼儿站在同一起跑线，手拿气球（每人一种颜色）。听到教师口哨声后，抛起手中的气球，用手在空中拍打着向前。如果气球落地，可用脚踢着向前，到达终点，交给队友，队友拿到气球后踩爆。注意：在运送气球期间，气球不能爆。

（5）观察记录。

1）贝贝很认真地按教师规定完成比赛，在气球接龙环节，把气球交给队友后还为队友加油。

2）磊磊在比赛前有点儿心不在焉，东张西望，教师吹响了哨子也没反应。在教师的催促下才慢慢开始，但玩起游戏来很投入。

3）沫沫在比赛中很紧张，赶气球，气球飞走，急得直哭，也不寻求同伴的帮助。

4）涵涵在比赛前很积极，游戏过半却被其他事情吸引了注意力，便玩起其他的玩具。

（6）游戏分析。

1）贝贝平时热爱运动，做事情很专注，很有耐心和毅力，善于和同伴合作，平时也是如此，大多事情她都会不受外力所扰，坚持完成。

2）磊磊是个活泼好动的幼儿，但行为有些散漫，注意力往往不能集中，做事情投入得比较慢，需要加强自身的注意力，这也需要教师的积极引导。

3）沫沫是一个比较胆小的幼儿，做事情谨小慎微，甚至畏首畏尾，缺乏信心。平时与伙伴们相处经常受一些淘气的小朋友欺负，性格内向的他从不反抗，对于其他小朋友争抢自己喜爱的玩具也是拱手相让。

4）涵涵平时做事情投入很快，可是往往坚持不下来，有些三心二意，和小朋友们在一起也是如此，一会儿和贝贝玩球，一会儿和红红搭积木，可积木刚搭不一会儿就又跑去别处玩其他玩具。

（7）指导策略。

体育活动是促进幼儿身体和心理发展的有效途径，重视幼儿体育活动，对幼儿身心发展具有极为重要的意义。让幼儿在体育活动中发现乐趣，得到锻炼甚为重要。

1）游戏前。幼儿们各自玩气球，花样百出，教师在旁边默默观察，总结出一些共同的地方，再加以创新，从而想出新的游戏。教师在给气球充完气后，让幼儿帮忙拿短绳尝试捆扎，让幼儿参与到游戏的准备中去。

2）游戏中。教师仔细观察幼儿的言谈举止，幼儿阶段是个体主动性发展的最好时期。在安排幼儿进行体育游戏时，要注重引导幼儿自主地进行探索和思考，才会培养出他们的积极性和自信心。例如涵涵，平时比较多动，像这一类的幼儿，平时注意力不集中，自控能力较差，与小伙伴关系不好，对此，教师必须对他格外关注，对他们多做一些集中注意力的训练，如在规定的时间内引导他完成某一事情。而对于沫沫这一类胆小的幼儿，教师要给予他们充分的安全感和信任感，发现他们的闪光点，适时给予鼓励，积极引导，让他们有更多的机会表现自己，增进和别的幼儿之间的交流。

3）让幼儿在游戏中获得安全和快乐的体验，有利于幼儿人际交往能力的形成与发展，有助于幼儿活泼开朗性格的形成，学会探索和创新，得到身体和心理的锻炼。

（8）游戏总结。

小班的幼儿，在情感和认知上还处于萌芽阶段，各方面都需要锻炼，但这一时期也是幼儿发展的黄金时期，他们对未知世界充满好奇和探索的欲望。因此，教师的启蒙和引导至为重要。体育游戏是促进幼儿身体和心理发展的有效途径，具有极为重要的意义。幼儿们都是不一样的，各有各的特点，在他们各自的发展中又会出现各自的问题。作为教师，必须对他们倾注自己的关爱，针对不同个体采用不同的指导方法，因人而异、因事而异，不是阻止幼儿在成长中犯错误，而是教会幼儿如何在错误中成长。

2. 好玩儿的影子

（1）游戏生成。“踩影子”是幼儿们百玩不腻的经典游戏。每天带幼儿去户外活动时，太阳下影子的变化这一现象令幼儿们非常感兴趣，他们注意到：阳光下都会有影子，随着人体的移动，影子也在移动，如图 5-10 所示。虽然游戏本身很吸引人，可以为幼儿提供一个追逐、奔跑的机会，能令幼儿长时间保持浓厚的兴趣和愉快的情绪，但小班幼儿缺乏一定的生活经验，创造力有限，玩法单一。因此，针对小班幼儿的特点，设计了“好玩儿的影子”这一游戏，在大自然情境的创设中，体验和影子做游戏的快乐，提高幼儿对体育游戏的兴趣，锻炼幼儿动作的协调性，发展他们灵活应变的能力。

图 5-10 好玩儿的影子

（2）游戏目的。

1）初步培养幼儿在一定范围内散跑及灵活躲闪的能力，提高动作的灵活性。

2）在探索其他影子游戏的过程中激发幼儿运动的兴趣，学习与同伴合作。

3）进一步了解光和影子的关系，体会游戏的乐趣。

（3）游戏准备。

1）户外场地选择在阳光灿烂的天气。

2）教师事先用粉笔在场地上画好一个大圆圈。

（4）游戏玩法。

本游戏主要引导幼儿在圆圈内奔跑，并注意灵活躲开捉影人，如捉影人踩住谁的影子谁就算输，被罚出圆圈外。教师在活动中启发幼儿动脑筋：怎样才能不被捉？我们还能怎样玩？

1）踩影子游戏。

A. 两人游戏：一个幼儿当踩影子的人，另一个在场地上四处跑着躲避，不让对方踩到自己的影子，踩到后交换角色。

B. 小组游戏：可由三四个小朋友进行，有跑的、有追的，追者一旦踩到跑者的影子，就算胜利。（跑前要根据影子的长短适当拉开追跑两者之间的距离）随后交换角色，尽量多地给幼儿当捉影人的机会。

C. 集体游戏：蒙眼踩影子。由一名幼儿蒙眼，用头巾遮住双眼。其他幼儿悄悄地在“蒙眼人”附近找个地方站好。“蒙眼人”要求在 3 次之内踩到随便哪个小朋友的影子，否则就要罚表演一个节目。

2）猜影子游戏。

选一人为猜影者，背对着其他幼儿站好，以看到身后幼儿的影子为宜。游戏时，请幼儿陆续在猜影者后面通过，可手舞足蹈，或走或跑或跳，做各种动作，借阳光将身影映射在猜影者前面的操场上。猜影者要仔细观察辨别，能准确地判断某个影子是谁的。被猜中的人与猜影人互换角色，游戏继续进行。

3）跳影子游戏。

引导幼儿们去发现自己和小朋友的影子，然后请幼儿站成规定的队形（圆圈、排成纵队、横队或 S 形队等），并用粉笔将地上的影子勾画出来。然后进行跳影子游戏，每一次都要跳到画好的影子中，鼓励幼儿一口气把每个幼儿的影子都跳一遍。

（5）观察记录。

1）在玩踩影子游戏的过程中，明明和小福、豆豆自愿成为一组，他们三人非常积极地投入。小福平时很热爱户外活动，他的身高、体能较两位幼儿都很占优势。游戏中，小福处于“领导”位置，一直充当着裁判和指挥的任务，并“发号施令”，带领队员反复游戏，队员们在他的带领下配合得非常好。

2）游戏开始，小雨兴致勃勃地跑着、笑着追丽丽，要踩她的影子。丽丽跑得很快，小雨跑了一分钟，怎么也追不上丽丽。于是她渐渐地越跑越慢，最后垂头丧气地不再追了。

3）阔阔是班上年龄最大的男孩。在玩踩影子的游戏时，眼看圆圆就要踩到他的影子了，于是他马上蹲下来。圆圆看到影子小了，还是走上去要踩，没想到阔阔一下子就躺在操场上了，这使他的影子几乎变没了，阔阔这种随机应变的能力可以说很灵活，他的做法给其他年龄较小的幼儿起到了示范作用。

（6）游戏分析。

1）家庭是幼儿最重要的学校。小福的体育能力、领导力和自信很大程度来源于家庭的影响。小福还有个弟弟，他每天都做好哥哥的角色，带领弟弟玩耍。小福的父母很热爱运动，平日里经常带小福和弟弟一起户外运动，并鼓励他积极参与各种活动。这些事让小福迅速成长起来，是培养小福体能、领导力和自信的重要途径。

2）小雨的积极性只建立在游戏成功的基础上，她起初接触新鲜的踩影子游戏时，积极性很高，能全身心地投入，并按规则努力去踩同伴的影子。而到后来，她发现所追求的成功不容易实现，就自动放弃了。小雨的表现说明她缺乏坚强意志，经受不了挫折，以后需要加大锻炼。

3）从阔阔玩踩影子的情况来看，他是一个非常善于动脑和学以致用的幼儿，这与他的年龄大有一定关系。他不仅发现了影子可以随时变化的特征，还能在游戏中通过自身“站—蹲—躺”形态的改变，来改变影子的形态，使自己在游戏中保持胜利，同时也给其他年龄较小的幼儿起到了示范作用。

（7）指导策略。

1）融入自然，让体育活动更生动、更有趣。影子是幼儿生活中司空见惯的自然现象，但却又是最易让幼儿忽视的。因为幼儿的观察是无意识的，我们应该将幼儿无意识的观察与教师有意识的引导结合起来，走出教室，融入自然，关注幼儿生活，才能引起幼儿的兴趣。好玩的游戏内容，让幼儿非常投入和兴奋，对影子充满了好奇感，整个游戏的过程中，幼儿的注意力非常集中。

2）情感教育，让幼儿发展更健康、更全面。由于长期在家长的百般呵护下，幼儿自己不需要思考，幼儿自身所需要养成的独立性、适应性、自主性以及动手能力正在慢慢地消失殆尽，当真正遇到困难和挫折时，幼儿所表现出来的是丧失信心，失去勇气，连尝试去解决困难和挫折的想法都没有。在幼儿阶段开展挫折教育，让幼儿在亲身体验过程中增强战胜挫折的信心，培养坚强的意志品质，为幼儿们未来的学习和发展奠定一个良好的基础。

3）“动”“思”相随，让体育活动更科学、更有效。教师要善于营造“动”“思”相随的环境，身体练习结合思维活动一起参与，引导幼儿围绕“问题”进行尝试、体验、交流和探究。如游戏中，教师要引导幼儿动脑筋，怎样才能不被捉？怎样才能让影子变小？鼓励幼儿发现并尝试，影子要被踩到的时候，赶紧蹲下，使自己的影子变小，或者躲在房子、大树的阴影里，藏起自己的影子。只有让幼儿在思考中练习，在练习中积极思考，才能培养积极动脑的习惯，促进幼儿身心和谐发展。

（8）游戏总结。

自然界是一个神奇的课堂，它有着最生动的课程资源，而关键就在于教师怎么去发掘和利用。游戏中教师针对幼儿“踩影子”玩法单一、幼儿体能不均衡的特点，鼓励幼儿探索影子的多种玩法，丰富了影子游戏的趣味性，又请幼儿自愿以多种形式结组，进一步发展身体动作的协调性和灵活性，培养幼儿合作和协同的能力。除此之外，教师还应该在一日生活中适时地引导，给幼儿时间、机会，不断努力去创新游戏、挖掘玩法、发现自然的规律。

二、中班游戏

（一）特点

4～5 岁的幼儿体力有所增强，动作有了明显的进步，活动也较协调，活泼好动，平衡能力提高，而且有信心完成一定难度的动作。他们的智力已有进一步的发展，空间能力和独立活动能力也有了明显提高，能辨别方向，注意力易集中，能控制自己，能比较自觉地遵守游戏规则。随着活动能力的提高，幼儿对周围生活以及对自然环境的认识领域逐步扩大，使得他们比较喜欢有情节、有角色、有追逐性的游戏。

（二）指导

游戏的动作可多样化，可进行攀登、投掷和跳跃动作的游戏，并可增加游戏的竞赛性、规则和角色。

（三）案例指导与分析

1.“彩虹伞”游戏

（1）游戏生成。著名教育家陈鹤琴说：“儿童以游戏为生命，我们应创造适当的环境，使其天真烂漫、活泼好动的特点得到充分的发展，应多采用游戏式的教学法，以提高教学效果。”一次体育游戏时，波波教师带来了一顶硕大的彩虹伞，孩子们被这顶颜色鲜艳、硕大无比的伞吸引了，群体蜂拥而至，在彩虹伞上摸一摸、爬一爬，为此教师想到何不利用这彩虹伞实现幼儿的游戏欲望，满足不同层次幼儿的需要和发展，从而激发幼儿自主参与，积极体验体育游戏带来的快乐，于是“彩虹伞”游戏应运而生，如图 5-11 所示。

图 5-11　彩虹伞游戏

（2）游戏目的。练习在彩虹伞的指定地方爬行、跳跃、翻滚等动作，感受与彩虹伞游戏的乐趣，体验和同伴一起游戏的快乐，与他人共享空间。

（3）游戏准备。塑胶地板、彩虹伞。

（4）游戏玩法。由于幼儿第一次运用这么大型的体育器械进行游戏，而且活动的目的是让幼儿在彩虹伞的指定地方进行爬行、跳跃、翻滚等动作方面的尝试，所以活动量相当大，教师要考虑到幼儿的年龄、体能，做到游戏中因人而异，动静交替。

小孩小孩真爱玩：幼儿听到指令后，摸到伞面相应颜色，比如“小该小孩真爱玩，摸摸这儿，摸摸那儿，摸到红（或黄、蓝、绿等）颜色跑（或走、爬、跳）回来”。当口令说到某个颜色的时候，幼儿要摸一下相应的颜色。

橡皮玩具跳跳跳：全体幼儿拉住伞边缘，教师在彩虹伞中间放无数橡皮玩具，请幼儿让橡皮玩具在彩虹伞上跳舞。

（5）观察记录。

游戏前：幼儿从未接触过彩虹伞，第一次尝试用彩虹伞做游戏，幼儿很兴奋。

1）有的幼儿忍不住站在彩虹伞上做各种动作。

2）有的幼儿强忍激动的心情迫不及待地等待教师发出游戏口令。

3）那些一向听从指挥的幼儿始终面不改色，耐心等待。

（6）游戏过程。

1）玩“小孩小孩真爱玩”游戏时，轩轩第一个挑战发布指令，当其他幼儿还没有准备好时他就开始发布指令，导致场面很混乱。有幼儿指责他，他不服气地昂着头说：“谁让你反应慢。”不少幼儿要求换发布指令的人，面对这种情况，教师及时介入说：“我们再给轩轩一次机会好不好？”众多幼儿表示没意见，但是露露指着轩轩说：“再给你一次机会，你乱发指令就不跟你玩了。”轩轩朝大家做了个鬼脸，然后认真开始发布指令。

2）玩“橡皮玩具跳跳跳”时，全体幼儿拉住伞边缘，教师在彩虹伞中间放无数橡皮玩具，请幼儿让橡皮玩具在彩虹伞上跳跃。在游戏中教师抛出问题：“怎样让跳起的橡皮玩具都抖落到地上呢？”经过多次尝试，幼儿们总结出：因为大家用力不均匀，使得橡皮玩具抖动的高度不够，以至于没有几个玩具掉出来。根据这一情况，教师引导幼儿想办法，幼儿们试了几次之后，一致认为大家要同时抖动彩虹伞，而且要用力抖动，并一起喊口令，等“3”喊出后，大家一起用力，橡皮玩具被抖掉很多。

（7）游戏分析。

对于自我控制力差的幼儿，只有他感兴趣的内容才会投入完成，但也仅仅是在短时间内有效。所以教师要对这一部分幼儿投入相当大的精力和采取有效的措施，才能让这一部分幼儿投入游戏之中；对于动作协调性好的幼儿，坚持性强，游戏中遇到问题积极主动思考、尝试解决。所以幼儿游戏水平有差异，教师在调整策略时需根据幼儿不同发展水平进行调整，不应该对所有幼儿提出一致要求。

（8）指导策略。

1）利用新鲜事物，发散幼儿思维。幼儿们都很喜欢彩虹伞，尤其是第一次接触，教师有效利用幼儿的兴趣点设计体育游戏，幼儿积极性相当高，但是在游戏开始之前，一定要先引导幼儿对这些陌生的事物展开想象，借此发挥幼儿的想象力。比如有的幼儿说："可以把它当陀螺，大家一起将伞拿起顺时针转。"有的幼儿说："可以当帐篷，一部分小朋友拉起彩虹伞，一部分小朋友钻进帐篷。"有的幼儿说："所有小朋友当毛毛虫，在彩虹伞上爬来爬去晒太阳。"有的幼儿说："看谁先找到正确的颜色。"一个简单的器械在幼儿们的眼中闪烁着光芒，充分展现了幼儿的创造力和想象力是非常丰富的。教师则要成为幼儿思考的支撑者、引导者，鼓励幼儿大胆地表达，大胆地尝试，大胆地思考，充分体现幼儿是活动的主体，激发幼儿参与游戏的积极性。

2）指导策略灵活多变，体现幼儿主体地位。在游戏中进行指导时，教师应注意对游戏过程的观察。在指导的过程中，多用启发式语言，给幼儿们自己思考、自己解决问题的机会，如在指导幼儿如何将伞面上的橡皮玩具抖落到地上时，因为每个幼儿用力不均匀，使得橡皮玩具抖动的高度不够，以至于没有几个玩具掉出来，根据这一情况，引导幼儿想办法，幼儿会通过使用多种方式来找出适合自己的最佳途径，从而体验成功的喜悦。

（9）游戏总结。

彩虹伞游戏备受幼儿喜欢，但游戏的活动量相当大，如何解决幼儿活动激情与活动量的矛盾关系？教师在游戏中设置情境，用情境来有效地控制幼儿的活动量。如当幼儿达到了一定的活动量时，教师用"小动物晒太阳"或"天黑了，小动物回家"等吸引幼儿到彩虹伞上或伞下进行自主的休息；在激发幼儿的情趣上，教师来扮演狮子王等不同的角色与幼儿一同参与游戏，或设置一定的游戏情境调动幼儿参与游戏的积极性，总之，教师要不断变化游戏花样，用来保持幼儿参与游戏的热情。

2. 玩口袋，乐淘淘

（1）游戏生成。

在鼓励幼儿们发现生活中的体育玩具时，有的幼儿在自己床的被褥下发现了家长们制作的、用来装被褥的布口袋，这些口袋马上成为幼儿们喜爱的玩具之一，如图 5-12 所示。在晨间活动、游戏活动等户外活动中，教师发现中班幼儿由于缺乏一定的生活经验，创造力有限，玩法单一，兴趣不持久。因此，针对中班幼儿的特点，设计了"玩口袋，乐淘淘"这一游戏，旨在情境的创设中，体验运用口袋游戏的快乐，提高幼儿对体育游戏的兴趣，增强身体的灵活性，发展动作的协调性。

（2）游戏目的。

1）运用袋子的变化，使幼儿进一步掌握跳跃动作技能，发展幼儿跳跃能力，提高动作的灵活性、协调性。

2）通过玩口袋的游戏，培养幼儿合作意识和动作的协调性。

3）对玩口袋运动感兴趣，能爱惜大口袋，有初步的安全意识。

图 5-12　玩口袋游戏

（3）游戏准备。

口袋若干、皮球若干。

（4）游戏玩法。

本次游戏主要引导幼儿掌握跳跃动作的技能，即双脚并拢并屈膝轻轻地起跳，落地时脚尖先着地，跳跃过程中两臂自然摆动。

1）横放袋子开展游戏，练习往返跳跃和连续跳跃。重点引导幼儿两脚并拢起跳、落地轻巧、动作协调。

2）纵放袋子开展游戏，先练习原地左右两侧跳跃；然后请每组幼儿的袋子连成一线纵放，练习行进间左右两侧连续跳跃。重点指导幼儿两脚并拢起跳、落地轻巧、动作协调、灵活。

3）袋鼠跳游戏：幼儿站在口袋中，尝试体会在袋子中跳跃的方法。

（5）观察记录。

1）在玩口袋的过程中，小伟非常积极地投入。在游戏中，幼儿自愿结组将口袋拉平竖放，练习双脚跳过有一定高度的袋子时，他不断催促着两个小组员快快拉好袋子，好让他快点跳过去，不仅要快，还要跳得高。有的时候两个组员把袋子放得很高，小伟宁愿自己摔一跤，也不愿意让小组员放低。

2）游戏开始，佳佳拿着自己装被子的袋子，兴致勃勃地跳跃着。游戏一段时间后进行分组活动，这时佳佳没玩几分钟就不管了，自顾自地跑到角落捡拾地上的树叶玩。

3）文文是班中最小的幼儿，尽管她动作发展相对于班里其他幼儿有些弱，但今天很卖劲，这同她平时只会站在一旁静静看别人玩形成了鲜明的对比。教师好奇地问她为什么喜欢玩袋子游戏，她说在家跟爸爸玩过跳跃游戏，所以就喜欢。教师抓住这一时机鼓励她挑战难度较大一点的，她玩得更起劲了，尽管不断失败，但她还是一次一次地练习着。

（6）游戏分析。

1）小伟的各项体育运动能力都很强，他成功的主要原因在于不怕困难的意志品质，以及动作的协调性和坚持性。

2）佳佳的积极性与活动内容有着密切的关系。她起初接触新鲜的玩口袋游戏时，积极性很高，能全身心地投入，并能不断提升自己的跳跃能力。而到后来，她的积极性消退，被其他的事物吸引。主要原因，一方面是因为她和组内成员沟通困难；另一方面是她觉得游戏内容简单，加上她自身容易转移注意力的个性，导致她分心去做了别的事情。

3）从文文玩口袋游戏的情况来看，爸爸对她的影响很大。文文妈妈经常出差，所以文文爸爸照顾她的时间较多。由于父亲引导幼儿参与的游戏往往偏向运动性、技术性和智能性，他的热情、宽厚、敢于冒险、勇于坚持等特征，使文文在不知不觉中模仿和学习，成长很快。

（7）指导策略。

从经验看，在体育游戏中“教师教、幼儿练”的痕迹很重，回归生活可以帮助我们找到解决问题的方向。

1）材料选择生活化。体育游戏的开展离不开活动材料的支撑，生活中废旧的、常见的、新奇的材料都可以作为选择的对象。如开学初，为方便幼儿每周拿被褥，家长们制作了大布袋，没想到幼儿们对这些装被子的布袋非常感兴趣。在这次游戏中，幼儿的经验有很大的作用，幼儿的学习和他们的日常生活紧密地联系在一起。在游戏过程中，教师不断根据游戏情景的发展和活动的进程，启发幼儿创造性地使用材料进行跳跃，而不是要求幼儿如何去做，给予幼儿自由探索跳跃方法的想象空间。游戏中，幼儿自主选择大小不同、材质不同的袋子，自己确定跳跃难易程度。为了达到目标，每个幼儿都向自己挑战，体验到了战胜自我的自豪感和成功感。

2）让幼儿参与设计游戏情境。在体育游戏“玩口袋，乐淘淘”中，教师始终以袋鼠朋友的身份参与到幼儿的游戏活动中，并根据幼儿实际需要，灵活而有针对性地安排过程。师幼一起设计出完整的故事情境：和袋鼠们郊游→发现信和地图→树林里嬉戏比赛→跳过水洼→运过袋鼠宝宝→在草地上休息，整个情境的设计全程有幼儿参与，幼儿在整个游戏中保持高涨的热情，使幼儿实现他们的游戏愿望。

3）游戏中给予幼儿支持。幼儿通过创造性的布袋游戏以及结组式布袋游戏，较好地锻炼了协调、跳跃的能力，同时进一步培养了幼儿的合作、坚强勇敢等品质。同时，在幼儿想出两人一组将袋子拧成绳子，横着拉起做“跳栏”时，教师及时地给予支持和满足，幼儿获得了挑战自我的好机会。

（8）游戏总结。

中班幼儿活泼好动，跑、跳是他们相互嬉戏的最爱。跳能使幼儿多种感官参与活动，各种器官都能够得到协调灵活的发展，也是幼儿体育活动中的六大动作之一。此次游戏活动重点是双脚跳的练习及发展身体和动作的协调性。由于中班幼儿对于“跳”的动作技能有一定的基础，在活动中教师针对幼儿对跳的玩法单一、兴趣不持久的特点，鼓励幼儿探索口袋的一物多“跳”，丰富了跳的趣味性，又加深了双脚跳的难度，进一步发展身体及动作的协调性和灵活性，培养幼儿合作和协同动作的能力。然而在游戏中，幼儿的合作能力有强有弱，教师应引导幼儿如何去交流、分工和配合。有的幼儿由于语言交际能力低，在这个阶段需要教师进行指导，教师应融入幼儿中间，作为其中的一名成员蹲下来边引导边参与幼儿们的游戏，循序渐进地培养幼儿学会合理有效地交流、分工和配合。

三、大班游戏

（一）特点

5～6 岁的幼儿比中班幼儿身体更壮实，体力更充沛，能较熟练地掌握各动作的基本要领，而且动作显得很有力量，灵活自如。大班幼儿对周围生活已有了进一步的了解，知识范围扩大了，观察分析和理解能力有了明显提高，开始具有组织和控制注意的能力，增强了责任感，并且喜欢游戏有胜负结果。

（二）指导

在这个年龄阶段，竞赛性的追捉游戏可增多，游戏的动作可有更多变化，难度也可增大，游戏中的情节和角色之间的关系可更复杂些。游戏时，幼儿可接受语言讲解，并在讲解时伴随示范。另外，如：“踢包算术”（踢动沙包，将上一个数字与下一个数字相加，报出得数，亦可变成减、乘、除法计算）、“脚不沾地”（是一种儿童追拍游戏，可以通过猜拳或参加游戏的先后顺序，确定一人为追拍者，其余被拍，被拍到后游戏再开始）等体力发展和智力发展密切结合的游戏，大班幼儿较为喜欢。

（三）案例指导与分析

1. 人体门

（1）游戏生成。

教育家陈鹤琴曾说过，孩子是生来好动的，是以游戏为生命的。的确，在游戏中幼儿可以不受限制地使愿望得以满足，兴趣得以提高，身心舒适而愉快，个性得以充分发展。教师在早晨接待幼儿来园时，早来的几个幼儿手拉手玩“火车钻山洞”游戏，随着来园幼儿的增多，火车和山洞越来越长，游戏更加有趣。在这个游戏的基础上，以幼儿的人体动作搭门、过门进行游戏，不需要器械，简单易行，随时可玩，有趣又实用。不仅满足幼儿游戏的兴趣和需要，而且不受室内外活动场地条件的限制，避免了一般体育游戏中单调的动作练习给幼儿带来的枯燥乏味。

（2）游戏目的。

1）积极参加合作搭建人体门，发展幼儿的创造力。

2）幼儿练习基本动作，提高肌肉的耐力和集体的协调性。

3）在游戏中体验成功、合作的乐趣。

（3）游戏准备。

1）宽敞的活动场地，室内外均可。

2）爬行垫若干。

（4）游戏玩法。

1）幼儿自行合作尝试用不同的方式搭建人体门，例如：两幼儿合作站立双手高举搭门，两幼儿合作坐下来手撑地双脚高抬对搭门，两幼儿合作将手搭在对方的肩上搭门……

2）幼儿搭建多人体门，钻进钻出做游戏（搭门人与钻门人可互换游戏）。

（5）观察记录。

幼儿们自由结伴形成自己的人体门小组，两人一组，而且多是好朋友，这样更有默契。小组成员们开始边商量边用身体尝试着搭建人体门，发现问题及时商量解决。

1）轩轩小朋友想法多且动作快，很快与合作的小朋友达成共识搭建了一个人体门，只见他与伙伴单腿和，双手着地，一条腿向后翘起并在一起，首个双人人体门搭建成功。

2）有想法的涵涵小朋友受启发后，很快有了灵感，与同伴窃窃私语了几句便行动起来，不一会儿，同伴二人坐地，双手背后撑地，对方双脚翘起并拢，人体门即成。

3）尧尧等小朋友则处于观望状态，同伴说如何做就如何做，完全同意同伴意见。

4）玉玉小朋友则一言不发，安静地站着，她似乎对任何游戏都不感兴趣。

（6）游戏分析。

此游戏幼儿们特别喜欢，自始至终乐此不疲。不同性格的幼儿对游戏产生不同的态度，之后产生不同的效果。

1）以轩轩为代表的小朋友聪明好学，善于动脑，从平时的表现中就能看出他是乐于探索的幼儿，因此，这种游戏对于他来说很具有挑战性，所以他自始至终都处于积极的状态。

2）以涵涵为代表的小朋友平时就是教师眼中的乖乖女，她会极力表现得最好，思维相对活跃，有想法，但缺乏勇于创新的精神。

3）尧尧是很少发表个人看法的小朋友，同伴的意见代表一切。

4）玉玉小朋友因平时事不关己的态度，所以此游戏同样不能够引起她的兴趣，更不要提合作了。

（7）指导策略。

1）关注幼儿每个细小的游戏，发现隐藏其中的教育活动。作为教师，首先应该支持、引导幼儿自发开展一些生成游戏，然后适时地加以指导，最大限度地发挥幼儿在游戏中主动的认知表现。在平时的教学实践中，教师要努力捕捉幼儿在游戏中生成的有价值的教育活动，使游戏课程与其他课程有机结合，把游戏活动延伸为进一步的教育活动。

2）培养幼儿对体育游戏的兴趣是幼儿园体育活动的重要目标。根据幼儿的特点组织生动有趣、形式多样的体育活动，吸引幼儿主动参加。对于此游戏而言，教师可以有针对性地向幼儿提出启发式的问题："刚才我们搭了许多有趣的单人人体门和双人人体门，那么除了单、双人可以搭门外，三个人、四个人……许多人在一起能不能搭出更有趣的人体门呢?"幼儿尝试搭多人门，教师观察并加以指导。组织幼儿讨论单人、双人搭人体门的方法，并选取锻炼价值、安全性较高的方法进行集体练习。

3）关注个体差异，教师的指导要具有针对性。在游戏中进行指导时，要十分注意对幼儿游戏过程的观察，在指导幼儿的过程中，要多用启发式的语言，给幼儿一个自己思考、解决问题的机会，用有效策略解决运动中的难点，及时给予幼儿帮助。在搭人体门的过程中启发幼儿积极思考，发展幼儿的创造能力，让幼儿的动作和思维共同参与，培养幼儿的合作意识及合作能力。因为人体门是幼儿们自己搭建的，幼儿要想办法通过自己搭建的人体门，所以幼儿们都想尽办法搭出有创意的门、有难度的门，同时增加了游戏的挑战性，幼儿们在挑战中认识了自我，增强了信心。

教师引导、鼓励幼儿"比比看谁搭的人体门最有创意"，于是幼儿思考并探索身体各部位搭人体门的不同方法，不断地尝试与同伴探索人体门的搭法。在教师的引导下有的两人合作，有的三人合作，有的则四人合作，协商尝试搭建自己小组的人体门，经过启发、引导之后的幼儿们想出了多种人体门的搭法，展现了幼儿的创造力，也给了幼儿更多的自主性。如此多样的玩法进一步激发了幼儿们的活动兴趣，从而使活动既锻炼身体、发展动作，又促进幼儿的创造性思维与合作能力的发展。长此以往，今后即使教师未教，幼儿们也会自己玩、自己锻炼身体，真正培养起对体育游戏的兴趣。

（8）游戏总结。

从整个活动来看，游戏目标很明确，游戏过程为每个幼儿提供了平等参与的机会，也能根据活动方式创设适当的问题情境，从用身体合作两人搭门，再到合作多人搭门，层层递进，循序渐进。训练了幼儿的想象力，给幼儿足够的自主性。

活动中幼儿始终处于探索练习中，所以教师的观察、反馈显得尤为重要，既要调整好幼儿的活动量、活动密度、难度，又要注意个体差异，使不同发展水平的幼儿都能通过自己适度的努力，在游戏中得到满足。

2. "绳"乐无穷

（1）游戏生成。

大班幼儿最喜欢的体育游戏——跳绳，幼儿每周会固定进行跳绳比赛，跳绳的水平较高，但大部分幼儿将跳绳作为"教师的任务"来看待，并对自己已经会跳绳感到满足，缺乏继续探索和挑战的精神，更有小部分幼儿觉得跳绳太难，久学不会，进而对跳绳产生抵触心理。而已有的跳绳活动过于拘谨，过于简单，不受幼儿的喜爱和欢迎。原因很简单——没趣！没有乐趣，不能让幼儿体验快乐，不能激发幼儿挑战勇气的游戏，肯定无法让幼儿投入其中，更加无法发挥幼儿的想象力。本游戏由一根绳入手，注入新元素，将快乐铺展开，打造属于幼儿们的“绳”乐无穷。

（2）游戏目的。

1）探索跳绳的多种跳法。

2）尝试花式跳绳以及合作跳绳。

3）积极主动地参与跳绳活动，敢于挑战困难，不怕失败，感受运动带来的快乐。

（3）游戏准备。

音乐、跳绳、铃鼓。

（4）游戏玩法。

1）幼儿自由探索花式跳绳方法。

2）幼儿合作探索花式跳绳方法。

3）跳绳运动会，鼓励幼儿单人花样、双人或多人合作跳绳比赛。

（5）观察记录。

1）跳绳游戏开始后，一些幼儿选择了简单的常规跳法，有些选择了反跳，还有的尝试双飞。对自己随意进行跳绳很有兴趣。一开始幼儿都在专注地练习自己会的各种跳绳方法，过了一会儿，源源开始烦躁起来，她不善于跳绳，对跳绳有抵触心理。她走向教师说：“老师，我不想跳了。”教师想了想说：“好可惜，老师本来打算要找你一起跳呢。”源源一听，先是皱起了眉头，教师趁机说：“我想跳给你看，你帮我数数好吗？”“好吧。”源源终于同意。就这样，教师跳绳，源源数数，数得很认真，当教师跳到九个的时候，故意在第十个没有跳过去。源源觉得很可惜，对教师说：“老师，你差一个就跳十个了。”“那怎么才能跳过十个呢？”源源若有所思，然后轻轻说：“我来试一试。”说着她拿起跳绳，但总是跳不过，教师在一边鼓励她，从只能跳过一个到跳过两个、三个，虽然没能够跳过十个，但很明显源源的积极性被激发起来了。

2）源源的好朋友琪琪看到源源跳绳，叫了一声：“源源，你会跳绳了。对呀，并不难嘛。”源源脸上扬起了笑容。后来在好朋友琪琪的帮助下，源源越跳越多，然后开始挑战其他样式的跳绳，经过尝试，源源学会了不少新的玩法，非常开心。

（6）游戏分析。

源源小朋友性格内向，做事情缺乏耐心和自信，畏难情绪较重，对于一件事情的专注度低，总是不能持久地保持，遇到困难时会习惯放弃。所以当她在完成一件事情的时候，教师应耐心指导并给予鼓励，坚持要她自己完成，体验成功的喜悦。并在游戏中锻炼幼儿的合作意识，使其学会互相帮助。

（7）指导策略。

1）在循序渐进中让幼儿体验成功感。幼儿间的发展水平存在差异性，在设计游戏结构时就由简到难，层层推进，环环相扣。由幼儿自由跳绳到合作跳绳，循序渐进地增加难度。游戏有层次性，不给幼儿在接受命令的感觉，幼儿从头至尾都感受到是自己在主导游戏。与此同时每个游戏阶段和环节，不同发展水平的幼儿都能体验到成功，并在此基础上尝试继续挑战。

2）给幼儿提供促进游戏热情的支持。在基本骨架构建完成之后，教师要“想方设法”让游戏乐趣“动”起来，最好让幼儿“疯”起来！需要加入的元素要丰富，首先，教师要全身心投入地去释放自己，把热烈的情绪带入游戏中，极力感染幼儿；其次，游戏的首、中、尾环节添加的音乐要有鲜明的节奏，符合幼儿的审美，能调动幼儿游戏和挑战的热情。此外，跳绳道具的美观也能在一定程度上提升幼儿的游戏兴趣。

3）利用同伴效应促进游戏有效开展。游戏中的大部分环节都有同伴讨论、交流、合作的部分，幼儿在游戏中利用同伴间社会交往相互积累花式跳绳的经验，并在与同伴的交往中加强参与游戏的兴趣。幼儿在与同伴共同讨论探索之后的合作跳绳，既能帮助幼儿体会成功感，又能进一步增强幼儿游戏的热情。游戏过程中的观察记录也体现了同伴间的相互作用能促进幼儿参与游戏、提高游戏水平，可见同伴效应对幼儿游戏的有效开展具有重要意义。

此次游戏中，幼儿热情地表现自己、挑战自己、全情投入，既锻炼了跳绳的技巧，提升了已有经验，又培养了大班幼儿同伴合作的能力、不断挑战和不怕困难的精神品质。游戏中教师还应提供更加丰富的花式跳绳方法给部分技能掌握较好的幼儿持续挑战，并对个别暂时无法掌握技巧的幼儿提供更多有效的个别指导和支持鼓励，有利于降低幼儿的最近发展区差距。

第六单元　幼儿语言游戏

学习目标

1. 知识目标

了解幼儿园语言游戏的特点和教育作用；

掌握幼儿园语言游戏的目标、内容和类型；

掌握幼儿园语言游戏设计的原则及步骤。

2. 能力目标

能设计语言游戏并完成规范的语言教学游戏教案；

能掌握组织与指导幼儿语言游戏的基本技能；

能根据幼儿身心发展特点创编语言游戏。

3. 情感目标

对幼儿园语言游戏有正确的认识和积极的学习态度；

积极参加幼儿园语言游戏的教学实践活动；

具备从事幼儿园语言游戏教学活动的基本素质。

第一课　幼儿语言游戏概述

语言是表达与交流的工具，也是幼儿从懵懂走向智慧的阶梯。幼儿语言游戏是指幼儿语言教学的游戏，也称为幼儿听说游戏，是用游戏的方式组织的语言教育活动，它能为幼儿创设一个丰富多元的语言环境，融合听、说、读、写于快乐的游戏活动中，是一种半活动半游戏的教育活动形式，为幼儿进一步学习语言打下良好的基础。幼儿语言游戏一般不是幼儿自发组织的，而是由教师根据幼儿的语言发展特点专门设计的、吸引幼儿来参加的、带有明确任务的教学游戏。

在幼儿语言游戏中，游戏的形式与发展语言能力的任务有效结合，构成了“教学游戏化、游戏教学化”的特点，大大激发了幼儿学习语言的兴趣。

一、幼儿语言游戏的特点

（一）发展幼儿语言的关键不是让幼儿强记大量的词汇

每一个语言游戏都包含着对幼儿语言学习的具体要求。教师根据幼儿学习语言的既定目标和本阶段幼儿的语言发展水平，选择具体、明确的语言发展目标并设计相应的教学游戏，组织指导幼儿进行充分练习，以达到理解、掌握、运用的效果。发展幼儿语言的关键不是让幼儿强记大量的词汇，而是要引导幼儿乐意与人交流，注意倾听对方的话，能说清楚自己想说的事，喜欢听故事和看图书，能听懂和会说普通话。

（二）需要将语言学习目标转化为游戏规则

游戏的规则是对游戏中允许的和禁止的某些特定活动的规定。语言游戏中都有游戏规则，是为实现语言的教学任务而定的。教师将每一次活动中语言学习的重点转化为游戏规则，提高了游戏的趣味性，在不知不觉中，使幼儿在游戏中主动付出一定的努力，达到发展语言听、说等技能的目的。

（三）让语言教育从教学中走出去

幼儿的语言学习不只是通过语言教学活动来实现的，幼儿的日常生活都包含着语言教育，教师应该让语言教育从教学中走出去，走向幼儿的生活，走向幼儿的交往。

生活离不开语言，幼儿园、家庭和社区为幼儿提供了真实而丰富的语言学习环境，而家长和教师则是幼儿语言学习的重要引领人。因此，教育者在与幼儿语言交往的过程中，要加强自身的语言修养，为幼儿进行语言刺激和正确的示范，生动而形象地进行语言教育。家长则应做到利用一切机会和孩子亲密交流。

总而言之，语言游戏的组织形式一般从活动入手，最后以游戏的方式结束，游戏的成分逐渐扩大。理想的语言游戏的结果是既提高了语言水平，又充分发挥了游戏的价值，不断激发幼儿继续游戏的积极性。

二、幼儿语言游戏的目标和内容

幼儿语言游戏的目标和内容主要是发展幼儿积极倾听的水平、语言能力、语言表现力，培养幼儿在语言交往中的机智性和灵活性。

（一）发展幼儿积极倾听的水平

良好的倾听能力是发展幼儿口语的基本条件，因为幼儿学习语音、词汇、语法规则，都是通过听来感知的。教师在语言游戏中应从两方面培养幼儿积极倾听的能力：一是能听出所有细微区别的信息，提高倾听的准确程度；二是能听懂教师讲解的游戏规则及指令。

（二）发展幼儿的语言能力

教师按照语言的规范制定游戏规则，帮助幼儿在执行游戏规则的活动中掌握规范的口语表达能力，主要包括练习发音、扩展练习词汇、尝试使用各种句型。

（三）发展幼儿的语言表现力

个人的语言表现力除了语言本身的水平，还包括语言表情和语言交往修养，即在声音变化的同时，还辅之以面部表情、眼神、手势及态度。这些都需要在一定的语言交往中，调动情感的参与并不断发展。语言游戏为幼儿提供了与教师或伙伴进行交往的机会，幼儿根据要表达内容的需要控制、调整自己声音的大小与速度，同时丰富表情、眼神、手势、态度等，并且在教师的指导下向着自然、大方、积极、文明的方向发展。

（四）培养幼儿在语言交往中的机智性和灵活性

语言游戏为幼儿提供了一种特殊的语言交往场合，幼儿在“玩”的刺激下对游戏保持积极愉快的状态。为了保证对游戏的融合度，幼儿需要在遵守规则中与伙伴进行语言交往，这使得幼儿机智灵活使用语言的能力得到较好的锻炼。

三、幼儿语言游戏的类型

幼儿语言游戏是以培养幼儿倾听和表达能力为主要目标的教育活动，根据游戏中语言发展的不同侧重点，可以将语言游戏分为五种类型。

（一）语音游戏

《幼儿园教育指导纲要（试行）》中语言教育目标第五条明确指出：幼儿应达到“能听懂和会讲普通话”的目标。语言是以语音为主要表现形式的，语音学习对幼儿的口头语言发展至关重要，良好的语音意识和语音辨别能力对幼儿的语言具有积极的促进作用。

语音游戏主要是以练习正确的发音和提高辨音能力为目的的。在语音游戏中，每次练习的语音不要过多，以使幼儿在没有太大压力的游戏中学会辨音和发音。语音游戏又可以分为听音、辨音游戏和练习发音的游戏。

1. 听音、辨音游戏

听得准才能说得准，准确地区别语音的微小差别，尤其是区分相似、相近的语音，发展幼儿的言语听觉，是幼儿正确发音的前提。语音游戏可以为幼儿准确感知语音打好基础，帮助幼儿听懂普通话，准确辨音、辨调和理解指令要求。练习听力的游戏，主要是发展幼儿能分辨各种大小、强弱等不同性质的声音，发展听觉注意力。

2. 练习发音的游戏

清楚、正确地发音是语音学习的基本要求。针对幼儿“难”发音的表现和特点，教师应筛选出近期幼儿发音中的语音难点，选择合适的语音游戏承载这些练习要素，指导幼儿在规则中积极主动地练习巩固，同时可以发挥家庭的同步教育，指导家长开展亲子游戏，弱化幼儿发音错误的“强势”环境，让幼儿辨别并练习正确的发音。练习发音的游戏主要包括五个方面。

（1）难发音和易发错音的练习。因为不善于协调使用发音器官，幼儿常会出现难发音和易发错音的现象，教师应善于利用游戏帮助幼儿解决发音难题。

（2）纠正方言的练习。教师要研究本地方言与普通话的差别，结合幼儿的发音特点确定游戏目标，帮助幼儿发准受到方言干扰的语音。

（3）儿化音的练习。普通话中的儿化音具有确定词性、区别词义的作用，且蕴含小、喜爱、亲切等感情色彩的意义，因此很有必要让幼儿练习儿化音的正确发音。

（4）声调的练习。不同的声调和不同的声母或韵母一样，能代表不同的意思。语言游戏应蕴含声调因素，让幼儿在听辨中练习，在练习中提高听辨能力。

（5）发声用气的练习。幼儿由于不能很好地掌握发音器官的功能及协调合作，经常出现语句不连贯、结巴的感觉。教师应有针对性地进行呼吸训练、舌部训练、鼻音训练、拟声训练等不同侧重点的游戏，使幼儿在反复的练习中掌握发声用气的正确方法。

（二）词汇游戏

词汇是语言中最小的意义单位，正确理解词的含义是理解他人语言的前提。词汇游戏是以丰富词汇和正确理解、运用词汇为目的的游戏，重点引导幼儿掌握词汇运用的经验，使消极词汇向积极词汇转换。幼儿园丰富并练习词汇的游戏主要有以下几种。

1. 名词游戏

如小班语言游戏“神奇口袋宝贝多”，在一个大口袋中放入各种水果（实物或玩具），让幼儿通过触摸判断并说出它们的名称，还可以说出水果的简单特征。

2. 动词游戏

如大班语言游戏“搬家”，幼儿通过尝试对不同物品的搬运，学习词汇抱、扛、提、推、拉、背、抬等，并尝试使用这些动词说完整的话。

3. 形容词游戏

如大班语言游戏“幼儿园来了马戏团”，通过对猴子、狗熊等动物的观察了解，学习使用不同的形容词：顽皮的猴子、可爱的猴子、淘气的猴子等。

4. 礼貌用语词汇游戏

如小班语言游戏“欢迎来做客”，学习正确使用“您好”“请”“谢谢”“再见”等文明用语。

5. 代词游戏

如小班语言游戏“这是谁丢的东西”，学习正确使用你、我、他等代词。

6. 量词游戏

如中班游戏“照相馆”，幼儿尝试用项链、帽子、头巾等物品打扮自己并准确使用量词表述。

7. 连词、方位词、副词、介词游戏

如小班游戏“好朋友”，通过音乐游戏“找朋友”变换玩伴，并学习正确使用“和”进行表述：我和××是好朋友、××和××是好朋友。

8. 同义词、反义词游戏

如中班游戏“变变变”，魔法师说出一个词，幼儿说出反义词，否则将被魔法师变成石头人。

9. 纯语言游戏

纯语言游戏包括词语接龙游戏，如水果——果皮——皮球——球门等；双音词尾游戏，如笑哈哈——喜洋洋——脏兮兮等；四字格的词，如整整齐齐——端端正正——马马虎虎；飞来飞去——跑来跑去——跳来跳去等。

在丰富词汇的游戏中，对不同年龄段的幼儿应有侧重。如 3 岁前应以丰富名词、动词为主，小班应重视动词的丰富和运用，中、大班在丰富各种词汇的同时，应注重提高词汇的运用能力。

（三）句子游戏

句子游戏是以训练按语法规则正确组词成句，并运用各种句式、句型为目的的游戏。幼儿阶段学习句子的特点是从简单句向合成句过渡，教师在选择句子游戏时，应了解幼儿的句子发展水平是处于双词句、简单句还是复杂句阶段，以提供一定的场合，提出适宜的目标，让幼儿在体验到成功和快乐的游戏中，充分练习，迅速掌握句式的特点规律，并在尝试运用过程中提高熟练使用的水平。

（四）描述性游戏

描述性游戏是指在语音、词汇、句子训练的基础上，以训练幼儿用比较连贯的语言，具体形象地描述事物，提高口语表达能力为目的的语言游戏。它要求幼儿语言完整、连贯，且有一定的描述能力，是一种较综合的、较高级的语言训练游戏，适宜在中、大班进行。比如，中班游戏“民警叔叔帮我找朋友”就是训练幼儿准确清晰地运用名词和形容词来描述人物形象。

（五）故事表演游戏

故事表演游戏是指由教师组织的，以能帮助幼儿通过对话、动作、表情再现文学作品，理解、体验作品的内容，发展幼儿在众人面前自然、大方说话为主要目的的游戏。它不同于创造性游戏中的表演游戏，因为它不是幼儿自发的、自娱的，而是由教师创编的，有着明确教育意图的活动。在活动中，教师要注意引导，让幼儿大胆模仿和创新。

由于幼儿年龄上的差异，语言教育的要求会有所不同，所以各年龄阶段的语言游戏也有其不同的侧重点。3 岁以前和小班幼儿的语言游戏应以发音游戏和词汇游戏为主，中、大班的语言游戏应以词汇游戏、句子游戏、描述性游戏和故事表演游戏为主。

四、幼儿语言游戏的教育作用

（一）激发幼儿学习语言的兴趣

兴趣是人们学习的动力。组织语言游戏首先应由教师进行演示，向幼儿展示听说氛围，激发幼儿参与活动的兴趣。例如，在听说游戏“拉大锯”活动中，教师与一幼儿事先学会游戏玩法，然后合作，边念儿歌边表演，“拉大锯，拉大锯，姥姥家门前看大戏，你也去，我也去，大家一起去看戏”。简短有趣的儿歌配上形象的动作表演，一下子就吸引了幼儿，当教师再次表演时，许多幼儿就情不自禁地模仿起来了。幼儿两两合作，一边念儿歌，一边表演动作，玩得开心极了。在课间或是饭后，小朋友们会两两相对地自己玩起来。语言游戏就是以其生动、有趣的游戏氛围，引起幼儿主动参与的兴趣，也使幼儿在毫无压力的情况下自然而然地学习念儿歌、练习发准某个字音等，促进幼儿语言的发展。

（二）培养幼儿良好的倾听习惯

倾听是幼儿感知、理解语言的行为表现。就幼儿语言学习和发展而言，倾听是不可缺少的一种能力，只有懂得倾听、乐于倾听、善于倾听的人，才能真正理解语言的内容，掌握与人进行语言交流的技巧。

语言游戏具有学习和游戏的双重性质。每个游戏都有游戏规则，在游戏中又有学习的重点。在活动中，教师将语言重点转化为一定的游戏规则，当幼儿参与活动时，他们必须遵守一定的游戏规则，所以幼儿就需要先听懂游戏指令。在听说游戏活动中，很快掌握游戏玩法的一定是那些有良好的倾听行为的幼儿；倾听行为差的幼儿则需在教师、同伴的多次示范下才能渐渐掌握。由此看来，培养幼儿的倾听行为是十分重要的。听说游戏能促进幼儿主动地、积极地去倾听，是培养幼儿倾听能力的有效途径之一。因为听说游戏所创设的游戏氛围使幼儿置身于游戏情景之中，他们对游戏产生浓厚的兴趣，所以他们会主动、认真地听教师讲解游戏规则和指令。这样，幼儿就逐渐养成了良好的倾听习惯。

（三）有助于幼儿智力和积极情感的发展

语言游戏属于智力游戏的一种，是发展幼儿智力的重要手段。语言是思维的工具，幼儿早期的语言能力是他们智力发展的重要标志。

在语言游戏中，教师为幼儿创设了自由宽松的游戏环境，寓语言训练的任务于游戏之中。幼儿在活动中不断取得成功并获得肯定，获得自豪、快乐的情感体验，增强自信心和自尊心，从而不断激发学习语言的兴趣，增强学习的主动性和积极性。

（四）促进幼儿语言能力的提高

《幼儿园教育指导纲要（试行）》中指出："语言能力是在运用的过程中发展起来的，发展幼儿语言的关键是创设一个能使他们想说、敢说、喜欢说、有机会说并能得到积极应答的环境。"语言游戏正是为幼儿提供了一个无压力的、轻松愉快的而又充满语言实践机会的环境，使幼儿在不同类型的语言游戏环境中，与游戏伙伴相互交流、表白，使语言能力得到全方位的提高。

第二课　幼儿语言游戏的组织与指导

语言游戏的设计与指导是实现语言教育目标的有效途径，是组织和传递语言教育内容的实施环节，也是落实语言教育任务的关键因素。作为语言教育活动的一种形式，除有其自身的特殊规律外，还有着和其他教育活动相同的规律。所以必须遵循一般教育活动的设计与组织原则及规律，才能最大限度地发挥其对幼儿语言发展的促进作用。

一、幼儿语言游戏的设计原则

要想使语言游戏取得实效，掌握语言游戏设计的原则是至关重要的，它是教师设计与组织语言游戏必须遵循的基本准则和基本要求。语言游戏设计的原则主要有以下几点。

（一）经验连续性原则

所谓经验连续性是指在设计与实施语言游戏时，既要了解幼儿已有的语言经验，又要考虑在此基础上提供新的语言经验，对幼儿形成一定的挑战，使幼儿经过自己的努力可以达到，由此获得语言能力的进一步发展。如教师根据生活经验或文学作品的理解提问大班幼儿"为什么……"时，幼儿经常可以根据自己的经验和理解罗列出若干原因，却不能运用标准的句型作简单清晰的回答，针对幼儿这样的语言经验，把"运用'因为……所以……'的句式说完整的合成句"作为设计语言游戏的目标，可以使幼儿利用原有经验参加新的游戏，通过游戏将新的语言目标吸收转化为已经获得的经验。

（二）主客体交互作用的原则

主体和客体交互作用在语言游戏中具体的体现：主体（幼儿）具有参与游戏活动的积极主动性，客体（语言游戏）从客观上能引起幼儿的兴趣，激发幼儿的情感，起到促使幼儿主动参与活动的作用。通过主体和客体不断地连续发生交互作用，促使幼儿语言获得有效的进步。

0～6岁是语言发展的敏感期，幼儿对周围环境中的语言刺激特别敏感，并有主动学习和运用语言进行表述的愿望和需要，是语言游戏组织的十分有利的先决条件。另外，语言游戏的内容和方式，也必须达到能激发幼儿的听说兴趣和帮助幼儿学习正确表述的目的。

（三）相互渗透性原则

语言游戏虽然以语言教育为主要目的，但也必须依靠音乐、美术、动作等不同符号系统共同参加，这种有机地整合就是相互渗透。这种相互渗透的活动，更有利于幼儿主动积极地学习和掌握新的语言信息，增强对语言内容的理解和获得，从而促进幼儿语言能力的发展。在游戏活动中贯彻相互渗透性原则的同时需要注意：游戏的目标、内容和形式都应从语言发展的角度出发，其他领域的因素只能作为辅助成分，切忌喧宾夺主，将游戏搞成无重心的“大杂烩”。

二、幼儿语言游戏的设计步骤

语言游戏的设计是非常具体的工作，一般应遵循以下设计步骤。

（一）确定游戏目标

游戏目标是游戏活动的灵魂，决定着游戏活动的设计方向、范围和程度，因此确定游戏目标是游戏活动设计中最重要的一环。游戏目标应根据幼儿的语言发展水平和年龄段的语言发展阶段目标来选择确定，在表述上应包括认知目标、情感态度目标和能力目标三层。

（二）选择游戏内容

游戏内容是实现游戏目标的具体手段，是游戏设计和实施的主要依据。要使游戏内容真正体现游戏目标，促进幼儿的语言发展，教师要根据游戏目标、幼儿的年龄特点及已有经验选择游戏内容。

（三）设计游戏流程及指导要点

语言游戏可以作为教育活动中的一个环节，也可以作为一个完整的教育活动，又可以作为区域活动或自由活动里的内容供幼儿自主游戏。当我们把它作为一个新授的、完整的教育活动来组织时，它的游戏流程实际上就是游戏内容、教师的指导活动和幼儿的学习活动如何展开的过程。其过程一般包括四个环节。

1. 创设游戏情境

创设游戏情境的主要目的是使幼儿感受到宽松愉快的游戏氛围，从而调动参与语言游戏的积极性，以便产生良好的语言教育效果。创设游戏情境的方法有很多，归纳起来主要有以下四种。

（1）利用相关实物创设游戏情境。在导入语言游戏时，用一些与游戏内容相关的、形象直观的玩具、日用品等实物创设游戏的环境，会迅速地将幼儿带入游戏的气氛之中。如“我们来交换”游戏开始时，教师将幼儿带进用各种玩具布置好的玩具超市，很容易激起幼儿的好奇心，甚至不必使用组织语言就可以使幼儿急切地进入游戏活动过程。

（2）利用形象的动作创设游戏情境。形象的动作表演也是导入语言游戏的一种方式，幼儿根据动作表演进行同步想象，产生游戏的气氛，自然地进入游戏的情境之中。如“谁来了”游戏开始时，教师可以学做小兔跳或小鸟飞的动作让幼儿猜猜谁来了，然后再进入游戏的主题。

（3）利用生动的语言创设游戏情境。生动、有趣、直观的语言描述也是教师经常运用的一种创设游戏情境的方法，如“小动物做客”的游戏导入：“第一个小客人是谁呢？它长着白肚皮，身穿绿裤褂，唱歌呱呱呱，捉虫保庄稼。猜猜看是谁?”富有感染力的语言互动，营造了游戏的气氛，引导幼儿进入角色。

（4）利用示范表演创设游戏情境。教师或幼儿完整示范游戏的玩法也是语言游戏导入的一种方法。游戏的趣味性可以激发幼儿的游戏热情，引领幼儿很快进入游戏过程。

在组织游戏活动中，教师往往将以上四种游戏的导入方法综合起来加以使用，这样，形象的实物、逼真的动作，再配以生动的语言，幼儿的游戏积极性便会被充分调动起来，为游戏的顺利进行打下良好的基础。

2. 介绍游戏玩法和规则

在创设游戏情境之后，教师要通过语言讲解与动作示范相结合的方式向幼儿讲解游戏的基本规则、步骤和要求。这一步至关重要，只有掌握了游戏的玩法和规则，游戏才能顺利进行，游戏的教育目的才能实现。

教师在交代游戏规则时需要注意以下三点。

（1）语言简单明了。简单明了的语言讲解便于幼儿在最短的时间内集中注意力，理解并掌握游戏的规则要领。切忌使用冗长的解释让幼儿在消极状态中失去参加游戏的积极性。

（2）讲清游戏规则要点及开展顺序。教师要向幼儿讲清语言游戏的规则要点，一般就是游戏中幼儿要按照规范说出的话，即说什么、怎么说。要帮助幼儿清楚地理解游戏的开展顺序，即先做什么、再做什么、不同角色如何做等，这样才会提高游戏的质量。

（3）讲解和示范的速度要放慢。讲解和示范是学习语言游戏的主要途径。放慢速度的讲解和示范能让幼儿感觉到这部分信息的重要性，从而更好地帮助幼儿理解游戏的规则，避免游戏中可能产生的问题。

3. 引导幼儿游戏

教师带领幼儿开展游戏，是以教师为主角指导幼儿游戏的过程。了解和执行规则是语言游戏的核心，所以我们应针对不同年龄段的幼儿进行不同的指导。

在小班组织游戏时，教师以主要角色的身份直接参加游戏，主宰游戏的进程，可请能力强的幼儿和教师一起游戏，对其他幼儿起到示范作用，进一步熟悉游戏的玩法和规则，然后逐步过渡到全体幼儿参加游戏。

在中、大班，教师讲清玩法和规则后，可请部分能力强的幼儿试做游戏，既可以起示范作用，又可以检查幼儿是否明确了游戏的玩法和规则。全体幼儿都明确玩法和规则后，就可以正式开始幼儿自主游戏。

4. 幼儿自主游戏

经过前面的三个环节，幼儿已经做好了独立开展游戏的准备，于是进入自主游戏这个重要环节。在这个环节中，教师要退出游戏领导者的身份，但并不能游离于游戏之外，而是要以幼儿游戏的观察者的身份间接指导游戏。这个环节的实践一定要充分，要让全体幼儿都能积极地参与游戏，这样才能基本实现游戏的教育目的。所以，教师间接指导的质量一定要有保证，要做到在观察游戏的基础上有的放矢地指导幼儿游戏。具体包括以下三点。

（1）观察游戏进程，适时适度提供帮助和指导。自主游戏阶段，教师的角色是游戏的观察者，观察的目的有两个：一是了解幼儿对游戏玩法、规则的掌握和游戏目标的完成情况，督促幼儿遵守游戏的规则。如游戏中幼儿可能因为角色分配不当等原因发生矛盾和纠纷，如果不及时解决可能影响游戏的进程。二是及时发现问题，提供适时适度的帮助和教育。教师要在观察的基础上，把握好介入的时机，否则就会破坏幼儿的游戏，导致游戏的解体。当必须介入游戏时，要在平行介入、交叉介入、垂直干预三种指导游戏方式中选择适当的指导方式，切忌过多地限制和束缚幼儿。要相信幼儿，让幼儿在与伙伴的游戏互动中产生成功和失败的体验，从而更加主动地吸收、加工语言信息，更加准确地运用语言。

（2）关注个别差异，有针对性地及时指导。教师在游戏的现场本身对幼儿有一定的激励作用，可以使幼儿意识到游戏的价值。但在游戏中，幼儿的游戏状态和游戏水平还是会有个体差异，教师在观察中要对幼儿的游戏行为和语言运用情况及时分析，因人施教，使每一个幼儿都能通过游戏，在原有水平上得到尽可能的发展。如对胆小、内向的幼儿，教师要以点头、微笑等方式鼓励他们，提高他们的自信心；对情绪浮躁、注意力易分散的幼儿，可以眼神提示等方式引导他们专心游戏，遵守规则；对交往能力较弱的幼儿，可引导小伙伴带着他玩，激发他对游戏活动的兴趣。

（3）及时总结评价，提升游戏水平。对语言游戏进行及时的评议和总结，一方面能及时将幼儿在游戏中的闪光点和成功经验加以反馈，使幼儿获得肯定和鼓励，提高幼儿的分辨能力，提升游戏水平；另一方面可以使游戏更好地发挥教育作用，促进幼儿语言能力的发展。

游戏评价要注意三点：一是游戏的评价要灵活。评价一般由教师主持，教师和幼儿共同参加，既可以集体进行，又可以分组进行，还可以个别进行；既可以对游戏的角色身份进行讲评，又可以用探讨的形式让幼儿进行自我评价、伙伴互评。二是游戏的评价要及时，既可以在游戏的中间纠正出现的问题，化解游戏的阻碍，强化游戏的正确玩法，帮助幼儿发展并延伸游戏，又可以在游戏的结束环节为幼儿提一些合理的建议，为更好地开展自主游戏奠定基础。三是游戏的评价工作虽是游戏指导的重要环节，但不是每次游戏的必需环节。评价不必面面俱到，要做到有目的、有重点。

（四）拟订活动方案

为了实现语言教育的目标，使语言游戏更具目的性和计划性，教师在确定游戏目标、选择游戏内容和设计游戏流程的基础上，还需要认真拟订一份合理的语言游戏的活动方案。

游戏方案的基本内容包括游戏名称（注明年龄段和游戏类型，如小班语言游戏“山上有个木头人”）、游戏目标（包括认知目标、情感态度目标和能力目标三方面）、游戏准备（包括知识准备、语言准备、物质准备三方面）、游戏过程、延伸活动（不是每个活动都有）和活动评价。

第三课　幼儿语言游戏案例分析

一、小班游戏

（一）特点与指导

小班幼儿的语言游戏比较简单，游戏的任务比较容易理解，游戏的玩法比较具体，游戏规则一般很少，而且在开始时对全体幼儿几乎是同一个规则要求，难度不高。

小班幼儿正处于积累有意义词的时期，开始不断掌握新的词语。良好的听觉是清晰发音的前提，学习新的词语的基础是能听得清、听得准。因此，教师应重视开展发展听觉能力的语言游戏，训练幼儿的听觉灵敏性，提高其辨音能力。比如，“模仿声音”的游戏，游戏形式比较简单，适合小班幼儿，幼儿可以通过模仿交通工具、自然界各种动物的声音，无拘束地学习各种发音。再如，“是什么在响”的游戏，教师请一名幼儿面对大家闭上眼睛，然后敲响各种乐器，请幼儿仔细分辨是哪个乐器发出的声音。还可以运用练习正音的语言游戏，帮助幼儿分辨易混发音并进行愉快的练习。比如，简单的绕口令“四和十”，就可以在幼儿游戏中反复穿插，使幼儿能分清“si”与“shi”的正确发音。

小班幼儿的词汇量猛增，句子中的修饰语显著增加，并具有一定的语法规则，不过仍以简单句为主，有时结构不太严密，句子意思不明确。在小班阶段，教师应有意识地组织一些学习句子的游戏，让幼儿学会正确用词，说完整句子。比如，“击鼓传卡片”的游戏，当教师击鼓停止时，接到布袋的幼儿要摸出一张卡片，说出卡片上有什么，要求表达完整而清晰。又如，“传句”的游戏，当音乐声停止，拿到水果篮的幼儿要从篮子里选出自己喜欢吃的水果，再用“我喜欢吃……”的句型造句。

语义的发展与幼儿认知水平的发展紧密相连，比语音和语法都晚一些。3～4 岁时，幼儿过度扩张词义的现象就不太明显了，但对紧密相关的词还容易混淆。随着词语的丰富，幼儿运用简单象声词的情况不断减少，运用代词和副词的比例明显增加。教师可以利用语言游戏丰富幼儿的词汇。

表达的发展是幼儿使用语言实际能力的表现。幼儿讲述图画中故事内容的量随着年龄的增长而递增，且有发展规律，即表达从外显动作向内隐心理发展，从孤立事件向事物间联系发展，从行为结果向行为过程发展，从画面直观内容向画外想象内容发展。教师应在小班组织较简单的看图说话游戏，比如，“说话接龙”的游戏，在出示图画后请组内的幼儿各说一句话，要求能说出画面的基本内容。

（二）案例指导与分析

1. 小火车出发了

（1）游戏生成。

最近幼儿经常在与同伴及教师交流中，出现语言表达不完整、不清楚、不准确的现象，当幼儿出现这种情况时会拘谨、害羞、惶恐，有的幼儿甚至打消了主动与人交流的意向，还有的幼儿出现了轻微的语言表达障碍——口吃。针对幼儿的语言发展需求，语言游戏“小火车出发了”应运而生。

（2）游戏目的。

1）提高幼儿运用语言交往的积极性，发展幼儿的语言能力。

2）能清楚地说出自己的想法。

3）愿意倾听并能理解别人的讲话。

（3）游戏准备。

1）火车头、车厢图片若干张。

2）人物图片一组：爸爸、妈妈、哥哥、姐姐、弟弟、妹妹、叔叔、阿姨等人物。

3）场景图片一组：家、公园、商场、动物园、餐厅、加油站、商店、游乐园、幼儿园、学校、水果店等场景图片。

4）星期图片一组：星期一、星期二、星期三、星期四、星期五等星期图片。

5）时间图片一组：早上、中午、下午、晚上等时间图片。

6）鞋盒两个。

（4）游戏玩法。

1）三名幼儿一组，每组一套图片，图片分类摆放。其中两名幼儿进行比赛，另外一名幼儿做裁判。

2）进行比赛的两名幼儿每人一个火车头图片和一个鞋盒，做裁判的幼儿拥有车厢图片若干。

3）进行比赛的两名幼儿分别从图片分类盒里选取人物、场景、星期、时间的图片，在鞋盒里面摆放并依据挑选的图片大胆、准确地讲述一句话或一个小故事，裁判根据讲述的情况，给表达准确的幼儿发放车厢图片，最先得到5节车厢的幼儿获胜，获胜幼儿的火车可以出发。

（5）观察记录。

鹏鹏、坤坤和妞妞三位幼儿自发结成组，妞妞主动说："我来当裁判。"鹏鹏挑选人物图片时不断地更换图片，一开始选择了妈妈，后来又放回妈妈，选择了奶奶，最后确定了四张图片，分别是"奶奶""菜市场""星期天""早上"，鹏鹏看着自己选择的图片想了想说："奶奶到菜市场去买菜。"说完后露出了满意的表情。

"还有吗?"裁判妞妞问。

鹏鹏摇摇头："没有了。"

轮到坤坤，他非常果断地挑选出"妈妈""星期一""晚上""家"四张图片，也想了想，然后说："星期一的晚上，妈妈在家陪我讲故事。"

妞妞听完了以后，发给坤坤一节车厢。

"你为什么不给我?"鹏鹏问。

"因为你说得不好。"

多次游戏后，坤坤很快得到了五节车厢，小火车可以出发了，坤坤非常开心地玩起了开火车游戏。

鹏鹏非常不开心，妞妞赶紧说："你要说得好一点，才能得到车厢呢。"

"鹏鹏加油!"教师走过来为鹏鹏加油。

在以后的比赛中，鹏鹏就有意识地表达清楚，但是因为缺乏表达经验，出现多次讲述不完整的情况，然后他急了，教师蹲下来，看着他选的图片问：

“你为什么选择奶奶?”

“因为我喜欢奶奶。”

“你为什么喜欢奶奶?”

“因为奶奶送我礼物。

“什么时候送你的?”

“晚上。”

“在什么地方?”

“在家。”

说到这儿，教师装作恍然大悟的样子说：“你想说晚上奶奶在家里送你礼物，对吗?”

“对，晚上奶奶在家送我礼物了。”鹏鹏顺着说。

这时，教师看向妞妞说：“妞妞，你看鹏鹏说得多好，该发给他车厢了吧?”鹏鹏突然得到一个车厢，开心极了，甚至蹦了几下，然后信心大增，对妞妞说：“我还会说呢。”

在接下来的游戏中，鹏鹏表达时虽然依然不够清晰，但是逐渐也找到了规律，不会再因为表达不清楚着急了。尤其当他通过努力得到 5 节车厢后，开心地邀请小伙伴一起玩开火车游戏，幸福的表情洋溢在可爱的小脸上。

（6）游戏分析。

坤坤的妈妈是一名教师，特别注意对孩子的培养，孩子生活在一个宽松、自信的环境中，积累了很丰富的语言表达经验，在游戏中能用清晰的语言表达自己的想法，语言能力发展水平较高。

鹏鹏的语言发展水平较低，讲话不完整，语言表达处于不完整的阶段。在平时，他也很少说话，教师有意找他说话，他大多时候都沉默，说出的话也表达不清楚意思，对于这类幼儿，教师需要重点引导，不要操之过急，也可以利用同伴的引导，帮助鹏鹏发展语言表达能力。

妞妞在游戏中表现出了很好的倾听习惯，能认真地倾听同伴讲话，也能对同伴的讲话内容及时做出回应。妞妞极好的协调沟通能力促使游戏顺利开展，伙伴们在一起体验了语言交流的乐趣。

（7）指导策略。

1）为幼儿创设符合年龄特点的游戏情节，吸引幼儿参与。“小火车出发了”的游戏为幼儿提供了丰富的图片，创设了富有情境性的游戏情景，以此来吸引幼儿的参与。幼儿利用图片结合生活实际，充分发挥想象力，创编短语、小故事，体验交流的乐趣，感受成功的喜悦。幼儿参与游戏的积极性非常高，当获胜幼儿的小火车出发时，幼儿的兴致达到高潮。

2）教师要适时介入指导。游戏中幼儿可以自由结伴进行游戏，教师也可以根据幼儿语言发展情况有目的地安排幼儿进行游戏。游戏中教师充分尊重幼儿，以游戏伙伴的身份参与游戏，对表达不清楚的幼儿慢慢引导，让鹏鹏初次体验成功的感受，并帮助他逐渐找到规律，增强了鹏鹏的自信心，从而让他重新提起游戏兴趣，直到获得成功。假如当鹏鹏因为表达不清楚而发脾气离开时，教师没有介入，可能会导致他再也不喜欢这个游戏，更严重的会导致鹏鹏更加不爱说话，甚至一直带有深深的挫败感，因此，有时候教师的及时介入是必不可少的。

(8) 游戏总结。

3～6岁是幼儿语言发展的关键期，教师应该为幼儿创设宽松、自由的语言交往环境，鼓励幼儿积极体验语言交流的乐趣。本次游戏结合幼儿语言发展情况而创设，游戏通过丰富的操作材料、有趣的游戏情节、自由的游戏时间吸引幼儿参与其中。幼儿在游戏中通过自由选择图片确定讲述的主题，凭借想象力丰富讲述的内容，借助同伴互助、教师参与提高讲述能力。游戏的开展使幼儿在与同伴的玩耍、交谈中，不知不觉地发展了语言能力，建立了与同伴交往的自信心，提高了交往能力。

2. 开心对对碰

(1) 游戏生成。

养殖角里多了几只小动物，小兔子、小鸡、小鸭子，幼儿们对这几只小动物很感兴趣，有空就去看，去喂它们，还会时不时和小动物说说悄悄话，把自己喜欢的零食分给它们，幼儿在和动物的相处中，了解到动物们的特征，比如它们最喜欢吃的食物等。关注幼儿的兴趣，满足幼儿的游戏欲望，为了在游戏中更好地锻炼幼儿的语言，提高幼儿语言表达的能力，教师便设计了游戏“快乐对对碰”，用来丰富幼儿的想象。

(2) 游戏目的。

1) 游戏中尝试运用相关语句表述（如我是小猫喵喵喵，小猫最爱吃小鱼；我是小狗汪汪汪，小狗最爱吃骨头）。

2) 体验语言游戏的快乐，提高语言表达能力。

(3) 游戏准备。

动物头饰、动物食物胸饰、铃鼓一面。

(4) 游戏玩法。

1) 幼儿站成相对的两排，一排头戴动物头饰，一排戴动物食物胸饰。幼儿介绍自己的角色，听到教师摇铃鼓，扮演小动物的队慢跑，边跑边说自己的角色，鼓声停止后，小动物组去找自己相对的食物，找到后用一句话表达出来，如小猫找到鱼后就说，小猫最爱吃小鱼。

2) 变换游戏玩法：扮演动物组和食物组的幼儿围成圈面向圈外站好，听到音乐后，开始围着圆心跑，音乐停止，最先找到食物的小动物说出“我……最爱吃……”。胜出的小动物可以牵着手回“家”休息。

（5）观察记录。

1）第一次游戏时，听到击鼓声，扮演动物的幼儿楠楠随着音乐开始慢跑，但不知道随音乐边跑边说所扮角色。音乐停止后，他找到了与自己对应的“食物”，但是不知道该怎么去表达。第二次游戏开始之前，他主动找教师询问了一遍玩法，直到第三次游戏中，楠楠渐渐熟悉了游戏玩法，听到鼓声后能边跑边说“我是小猫喵喵喵……”，随着音乐开始慢跑，音乐停止后，找到自己的“食物”伙伴，互相碰在一起，说：“小猫最爱吃小鱼。”

2）变换游戏玩法后，听到音乐，动物组和食物组的幼儿围着圆走圈，只是音乐还没停止，小猫组的琳琳和小兔组的凯凯就已经找到了食物，熊猫组的南南说：“你们不可以这样，音乐停了才能去找食物相碰。”彤彤和延延听到也跟着说：“对，要重新开始。”音乐再次开始，凯凯和琳琳随着音乐走得很好，这一次音乐停止，他们快速去找自己的“食物”，最后琳琳快一步找到食物并表达出来，获得了胜利。

3）游戏进行了几次，笑笑有了自己的想法，随着音乐学小猫悄悄地向着自己的“食物”走去，走到小鱼跟前，音乐一停，她快速与小鱼相碰。琳琳不服气地说：“你没走圆圈。”

“这样找伙伴最快，我喜欢这样的方法。”笑笑说。

“如果大家都这样，会撞到一起的。”

“谁说的？”

“那就试一试。”

这一次大家都用笑笑的方法，果真出现撞到一起的现象，大家议论纷纷，最后决定变回原来的玩法。

（6）游戏分析。

1）楠楠在游戏中忘记表达，这与他有意注意的时间有关，楠楠集中注意时间短，游戏中总是东张西望，随音乐走圈时，还在看别人的胸饰，这让他忘记了自己的角色，只顾看别人，忽视了自己的角色和要表达的语言。适宜的提醒和同伴的榜样作用有利于他行为的改进。

2）琳琳和凯凯在音乐停止前就去找自己的“食物伙伴”，这是小班幼儿的年龄特点所致，小班的幼儿不懂得倾听，不能很好地约束自己的行为，从而影响了他人游戏。

3）笑笑在游戏中自己变换了玩法，将走圆圈变成了自由走，她与众不同的玩法是敢于创新的表现。虽然她的想法在大家试玩中发生碰撞现象，但是她的创新能力应得到应有的肯定。

（7）指导策略。

1）给幼儿自由的机会，让幼儿自由地表现。游戏中，给幼儿自由表现、自由表达的机会，为幼儿创设快乐自由的氛围，这样幼儿才会有话想说、有话敢说，幼儿得到了真正的自由，才能自由地参与、自由地创想，即使不爱说的幼儿，也会受到影响。教师做好支持工作，不要打扰幼儿的游戏。

2）兼顾全体的同时，还要兼顾个体。游戏中，幼儿的游戏状态不同，个体表现也不尽相同，要让游戏顺利进行，保证每个幼儿在游戏中都有不同程度的发展，就要兼顾全体的同时，也要兼顾个体。当幼儿游戏中出现问题时，可适当提醒，或者引导其他幼儿提醒游戏中犯错的幼儿，这样的话，犯错的幼儿更容易接受批评和指责，利用好同伴关系，可起到事半功倍的效果。

3）给幼儿尝试的机会。游戏中，幼儿的兴趣是一时的，不会持久，这与小班幼儿的年龄特点有关，游戏中变化玩法，鼓励幼儿的自我创新，给幼儿尝试验证创想的机会，幼儿的游戏兴趣才会更持久。游戏中，笑笑将走圆圈变成了自由走，这是她创想的萌芽，笑笑与众不同的表现，虽然在验证后没有被采取，但也地告诉幼儿们，游戏中可以有自己的想法，游戏不是一成不变的。

（8）游戏总结。

“开心对对碰”这个游戏，让幼儿的想象力在游戏中得到了充分发挥，游戏前的充分准备，也为幼儿顺利地参与以及积极地表达提供了支持和保障，让他们在互动中开心游戏。

二、中班游戏

（一）特点与指导

中班幼儿已能掌握全部的基本语音，因此，可以开展发展幼儿听力的游戏。比如，“根据声音找东西”这个游戏，幼儿在找已藏好的东西时，大家用最熟悉的儿歌提示他，当走近所藏东西时，声音就大而亮；走远时，声音就轻而小。教师也可组织进行学习句子的游戏，让幼儿学会正确用词，说完整句子。比如，拿到水果篮的幼儿要从篮子里选出自己喜欢吃的水果并要求他们说出喜欢吃的原因。

在这一时期，教师应在游戏中加入词语辨析的成分。比如，在组词造句游戏“拍、打、吹、爬”中，教师可请幼儿看动作，听词说句子。先让幼儿联想“拍什么”，得到“拍皮球、拍照、拍手……”然后进一步联想“谁在拍”。最后，可以找出相似动作的图片，让幼儿分辨并看图造句。

中班幼儿的游戏任务要比小班幼儿复杂得多，玩法也逐渐多样化。游戏规则具有更多的约束和控制性。在游戏中，不仅要运用具体实物和教具，而且开始加入一些竞赛的元素。

（二）案例指导与分析

1. 猜猜我是谁

（1）游戏生成。

近日，幼儿们在教室里或户外活动经常玩一些捉迷藏的游戏，有的藏于桌子下或卫生间，让其他幼儿找。一次，幼儿们在活动室里玩捉迷藏，浩浩很久都没有找到其他幼儿。突然，露露从浩浩背后捂住浩浩的眼睛说："猜猜我是谁，猜对了就换我找你。"浩浩认真猜起来："你是依依。""不对，我在这里。"藏在桌子底下的依依喊道。这下子藏起来的幼儿们都出来了，都说浩浩没有猜对，看起来很开心的样子。基于此，教师顺着幼儿们的兴奋劲儿，设计了这次"猜猜我是谁"游戏，既满足了幼儿的好奇心，又有利于激发幼儿参与游戏的兴趣。

（2）游戏目的。

通过倾听声音和观察动作等方法去猜对方身份。

（3）游戏准备。

手电筒、纸张、橡皮泥、积木等。

（4）游戏玩法。

1）请一名幼儿背对全班幼儿坐好，另一名幼儿走到该幼儿背后，让这名幼儿猜对方是谁，游戏可反复进行，也可互换角色。

2）幼儿选择材料装饰自己，让对方猜。

（5）观察记录。

1）游戏开始，苗苗小朋友背对全班幼儿坐好，欢欢第一个站出来，她轻轻地走到苗苗背后说了句"猜猜我是谁"，然后迅速回到原来位置。苗苗转过身，看了看其他幼儿，指着捂着嘴笑的欢欢说："是欢欢。"浩浩站起来对欢欢说："你不要笑，你一笑她就能猜出来了。"

2）轮到换星星背对全班幼儿坐好，这一次洋洋站出来，走到星星背后捏着嗓子说："我是你的好朋友，请你猜猜我是谁。"然后马上回到原位，让星星来猜。星星转过身，审视了一遍大家，想了想，好一会儿都没有指认到底是谁。

"快找啊。"心急的幼儿开始催促星星。

"可是根本没有这个人。"星星说。

"如果没有，刚才他怎么说话了呢?"教师引导他，"你的好朋友都有谁啊?"

"是宇宇。"星星看向宇宇说。

"不对不对。"幼儿们一起说。

最后星星没有猜出来，幼儿们洋洋得意地哈哈大笑。

3）周周和天天一起背对全体幼儿坐好，贝贝和宽宽分别站在他俩身后，然后把声音变粗了说："我们正在玩游戏，请你猜猜我是谁。"之后马上回到原位。周周和天天猜了好几次都没有猜到，最后只能表演了一个节目，幼儿们的兴致更高了。

（6）游戏分析。

幼儿们玩游戏玩得都很开心，参与也很积极。"猜猜我是谁"游戏由简单到复杂，简单时，大部分的幼儿都能猜中，轮到星星去猜时，洋洋给他增加了难度，捏着嗓子说话，导致星星没有猜出来，这跟星星小朋友平时不怎么来园有一定关系，他和宇宇相对熟悉一点，与其他小朋友不怎么熟悉，又加上他的性格比较内向，人际交往不太好。接下来游戏逐步增加难度，从一个幼儿猜发展到两个幼儿猜，这就对需要去猜的幼儿提高了要求，但是正因为让幼儿有了挑战，更加激发了幼儿们的激情和主动性。

（7）指导策略。

1）创设宽松和谐的游戏氛围。为了更好地促进幼儿语言能力的发展，应为幼儿创设宽松和谐的语言环境。“猜猜我是谁”游戏中，语言由简单到复杂，以至于后面的幼儿用材料表演节目让大家来猜，这不仅锻炼了幼儿们的语言能力，还锻炼了幼儿们的表演能力，所以成人应尊重幼儿的心理特点，选择适宜的谈话内容、方式和场合，选择他们感兴趣的内容引发话题，鼓励幼儿的每一次表达。游戏的形式尽可能多样性，有助于培养幼儿的多种能力和活泼开朗的性格。

2）幼儿为主体，教师适当介入。游戏是幼儿的拿手好戏，在游戏中渗透语言，能有效提高幼儿的语言表达能力。通过组织幼儿的游戏活动，为幼儿提供材料，让幼儿自己选择材料，产生想说的欲望。教师在游戏中不要以说教的方式限制幼儿，应把主动权还给幼儿，不要压抑幼儿想玩游戏的兴趣。当然，游戏中教师的指导也很重要，当幼儿游戏停滞不前时，教师适当地引导，能保证游戏的顺利进行，也能起到再次激发幼儿游戏兴趣的作用。

（8）游戏总结。

整个游戏过程循序渐进，幼儿的参与率和积极性都比较高。中班幼儿对生活中语言的探索与积累已经有了一些基础，会情不自禁地运用到游戏中，进行经验迁移。给幼儿一个轻松、和谐的游戏氛围，幼儿可以在游戏中自由选择，甚至创造自己喜欢的材料去装饰自己让大家猜，这不仅锻炼了他们的语言能力、表演能力，还发展了他们的想象能力，让他们体验到了游戏带给他们的快乐。

2. 传话游戏

（1）游戏生成。

一次午休时，教师看到恩恩和露露在说悄悄话，而且越说越起劲，于是有了灵感，便借助幼儿们爱说悄悄话的行为，设计了“传话游戏”，既贴近幼儿的生活，又有助于拓展幼儿的经验与视野。

（2）游戏目的。

1）能听懂别人说话的内容并正确地转达给别人。

2）体验集体游戏的快乐。

（3）游戏准备。

小耳朵标志，奖品。

（4）游戏玩法。

将幼儿分成四组，每组六人，每组由开头幼儿说一句话，依次传话下去，直到最后一名说出所传的话，正确为胜。

（5）观察记录。

1）幼儿们排好队，由第一名幼儿说出一句话，依次往下传。第一组的露露先说了一句："小兔子爱吃白菜。"前三个幼儿传得都对，到了排在第四名的奥奥，奥奥传给第五名幼儿的话成了"小兔子爱吃胡萝卜"，导致第五名、第六名幼儿都说"小兔子爱吃胡萝卜"，所以最后结果错了。排头的露露问他，"你怎么听成吃胡萝卜了？"奥奥回答："小兔子最爱吃胡萝卜，是你说错了。"

2）第二组进行得很顺利，尽管个别幼儿表达得不是很清楚，但是没有私自改内容的现象。

3）第三组不是很顺利，审审动作慢、话语也慢，很久传不过去，后面的幼儿等急了就开始催，这一催导致审审紧张，把传话的内容给忘了，游戏只能重新开始。

4）第四组有个小调皮跳跳，当轮到他传话时，他故意问前面的幼儿："你刚才说什么，再说一遍。"可是当前面幼儿再说一遍的时候，他还故意大声问，导致游戏无法进行，引起同组幼儿的不满。皮皮说："跳跳，你再这样就不让你玩了。"跳跳做了个鬼脸，皮皮很生气地告诉教师："老师，我们不想跟跳跳玩。"这下跳跳急了，向皮皮保证道："我认真些。"但因为前面耽误了时间，导致他们获得了第三名。

5）游戏进行了一会儿，增加了难度，这一次教师参与到游戏中，负责说第一句话，但是这一次最后一名听到后要去做话里的内容。教师传出的第一句话是"请把玩具放回到原处"，幼儿们依次传下去，准确传到了最后一名的涵涵那里，涵涵听后赶紧去把玩具小车放回车架上。大家沉浸在游戏中，教师想了想，又说了一句"请给娃娃穿上漂亮的衣服"，站在末尾的亮亮听到这句话后不乐意地说："我不想给娃娃穿衣服。"

"为什么呢？"教师问。

"就是不喜欢。"亮亮回答。

"老师，我帮他吧！"同组的莉莉提出帮忙。

（6）游戏分析。

幼儿们对本游戏十分感兴趣，但是游戏中也表现出了幼儿游戏水平各异的现象。就像语言表达能力相对弱的审审，平时说话慢悠悠的，在这次具有竞赛性质的传话游戏中，就表现出了一定的劣势，别人越催他，他就越紧张，紧张到忘了传话内容，这需要教师引导与他同组的幼儿耐心等他，不要催，不然只会更耽误时间，并且这种类型的幼儿尤其需要教师和同伴的鼓励。而对于调皮的跳跳，在游戏的最开始可以邀请幼儿参与游戏规则的制定，让幼儿自己制订的规则约束自己，另外，也表现出了跳跳集体意识比较薄弱。当增加游戏难度时，队伍最好重新调整，可以把动手能力强的幼儿排在最后，这样幼儿才会愿意去动手执行传话的内容。

（7）指导策略。

1）抓住游戏，帮助幼儿养成良好习惯。游戏是培养幼儿习惯的一把钥匙，反复游戏是锻炼幼儿养成良好习惯的有效途径。教师要引导幼儿玩和听，抓住游戏的特点，把“玩”与“听”结合起来，具体而形象地再现游戏的意义，培养和提高幼儿们的倾听能力和表达能力，从而养成良好的倾听习惯。

2）做好幼儿游戏的支持者。教师在幼儿游戏时要注意观察能力较弱的幼儿，加强个别指导，并在日常生活中多给这些幼儿提供表现自己的机会，比如让这类幼儿向其他幼儿传达教师的指令，或者请这类幼儿帮忙向其他班级教师借东西等，利用生活教育培养幼儿语言表达能力。幼儿正处于学习语言的最佳期，在语言交际过程中需要游戏来发挥他的主动性与积极性，“传话游戏”属于听说游戏，重在提高语言表达能力，教师应该给幼儿创设一个想说、敢说的游戏环境，做幼儿游戏的支持者、合作者、引导者，让幼儿体验语言的魅力。

（8）游戏总结。

语言是人类表达思想、交流情感的重要手段和途径，而在语言表达能力形成与提高的过程中，特别是对于中班年龄段的幼儿来说，他们正处于从以自我为中心到开始关注他人和周围生活的阶段，对身边的人和事充满好奇和探究欲望。因此，教师必须要创设轻松、支持性的环境，让幼儿在游戏中畅所欲言。教师可以及时鼓励、表扬那些语言和行为有礼貌的幼儿，让那些幼儿起到榜样示范作用。

三、大班游戏

（一）特点与指导

大班幼儿能够完善一些较复杂的语音。“根据声音找东西”这一游戏在各年龄班都适用，但应根据大班幼儿的实际情况有所改动。比如，游戏内容应逐步增加，可以是“小小侦察兵”，事前准备“地雷”“电台”“军营”等小卡片分别藏在各个角落，引导幼儿用不同声音的轻重来表示，如：用“轰轰”表示走近地雷、“嘀嘀”表示走近电台等。到大班时，幼儿表述的句子结构日趋复杂和完整，对于长句的表达有很大发展。因此，在“击鼓传卡片”的游戏中，教师可以让幼儿自由发挥，不限制内容，以此培养幼儿语言的流畅性和逻辑性。在大量的语言实践中反复应用词语，使幼儿在特定语言环境中了解新词的意思或已学词的新意思。

5～6岁幼儿在经常使用主动句的过程中，已经形成了把句子中“名词—动词—名词”的词序当作“施动者—动作—受动者”的理解策略，从而造成他们常常错误理解被动句。因此，大班幼儿需要练习更复杂的句式辨析。可以从简单的句子转换游戏开始，训练幼儿的逆向语序，使幼儿逐步理解被动句和主动句的转换规律。大班的“说话接龙”游戏除了要求图片出示的丰富多样外，对幼儿的要求也相应提高。比如，引导幼儿根据图片内容合理想象，把四幅连环画组成一个完整的故事讲述出来。

大班幼儿的游戏任务和内容的信息量都相应增加，要求幼儿进行较多的语言表达，过程较复杂并相互联系。游戏规则的要求也相应提高，幼儿不仅要严格控制自己去遵守游戏规则，而且要迅速、准确地进行语言表达，完成游戏任务。

幼儿语言发展的连续性、顺序性、阶段性特点，要求教师在激发幼儿兴趣的前提下，提供一些适合幼儿各年龄段的语言游戏。实践经验表明，语言游戏可激发幼儿学习的兴趣，使每个幼儿都能在愉快的环境中得到发展。但在设计游戏时，教师一定要从本班幼儿的实际水平出发，难度适中。如果太难，幼儿会显得吃力，觉得无聊，失去了游戏的兴趣；如果太简单，幼儿兴趣不浓，也无法达到语言练习的目的。一般来说，教师要仔细观察、分析，找到大部分幼儿语言发展的最近发展区，让游戏略高于幼儿的现有水平，使幼儿“跳一跳”就可以完成游戏。

（二）案例指导与分析

1. 颠倒歌

（1）游戏生成。

作为幼儿喜闻乐见的童谣，它通俗易懂，活泼有趣，韵律感强。幼儿们已经接触过多种体裁的文学作品，对儿歌倍加喜爱，且好奇心强，善于发现和探索，有一定的生活经验。根据幼儿的这些特点，选择这首具有民间特色的童谣《颠倒歌》，生成了此游戏。它把事物的本来面目颠倒过来叙述，既具有幽默诙谐的意味，又蕴含着一定的哲理，弘扬了民间艺术，激发幼儿对民间文化的热爱和对美好生活的憧憬。

（2）游戏目的。

1）能认真倾听儿歌，感受滑稽、可笑的意蕴。

2）会改正儿歌中的错误语句，提高思维能力和表述能力。

3）自由朗读儿歌，体验儿歌的韵律美。

（3）游戏准备。

头饰、《颠倒歌》音乐及配套图画等。

（4）游戏玩法。

播放《颠倒歌》，幼儿注意倾听，根据儿歌贴贴画，找出儿歌中的错误，表演儿歌中的内容，再尝试编写《颠倒歌》。

（5）观察记录。

1）明明在听教师读歌词时注意力不集中，低头玩东西，玩到开心时还要拉上旁边的朋友。一向有耐心的申申，被明明的说话声弄烦了，他过去推了一下明明说：“不要再讲话了！”玩得正尽兴的明明被吓了一跳，委屈地看了看教师，然后到一边玩去了。

2）聪聪在小组活动找儿歌中的错误时，显得很拘谨，声音特别小，找出了两处就不愿找了。

3）玲玲在游戏中表现得很兴奋，被儿歌中的错误逗得哈哈大笑，当听到“公鸡孵出蛋宝宝”时，忍不住笑着说：“真好笑，公鸡怎么能孵出蛋宝宝呢。”“就是。”她的好朋友在一边附和。在和同伴一起找错误时，玲玲表现得特别积极，她把错误一个一个找出来，当同伴找得不对时，她会指出说：“你找得不对，应该是这个。”在她的带领下，他们这组很快就找出了所有错误，并且主动尝试更正找出的错误。完成后，这组幼儿很兴奋地对教师说：“老师，快看，应该这个样子。”

（6）游戏分析。

1）明明在听教师读儿歌时注意力不集中，是因为性格比较内向，喜欢一个人玩，对教师的要求没有认真听，只顾自己玩。但是这次游戏中，他主动邀请别的小朋友加入他的游戏，甚至越玩越兴奋，与同伴大声议论起来，但是他的大声说话干扰了别人认真倾听，这也是被申申推的原因。对于明明在游戏中的表现，相对以前，他也算有进步的，至少主动邀请小伙伴加入他的游戏，但同时也说明了他不能够集中注意力去倾听，教师要在肯定他的进步的同时也要注意引导他养成倾听的好习惯，可以从他感兴趣的事物入手，吸引他的注意。

2）聪聪能参与到小组活动中，但不敢大胆发言，显得很拘谨，可能这个游戏还没有吸引她的注意，所以找出了两处错误就不找了。对于胆小拘谨的幼儿，教师要鼓励他们大胆说出自己的想法，给他们创造更多的机会加以练习。如果是游戏没有吸引幼儿，则需要教师改变游戏玩法，设法让幼儿投入其中。

3）玲玲被这一游戏深深吸引住了，所以她显得十分兴奋，参与的意愿十分强烈，在整个游戏过程中起到了带头作用，用很短的时间找出所有错误，然后主动尝试更正找出的错误，帮助同组幼儿最快完成游戏，在体验游戏快乐的同时，又收获了成功感。

（7）指导策略。

1）创设宽松的游戏环境，让幼儿想说。首先要营造宽松、自由的环境，让幼儿大胆说。有不少幼儿由于对周围的人和事都感到陌生，情绪不稳定、缺乏安全感等因素，不愿或不敢与其他伙伴交流，而变得“沉默寡言”或一个人自言自语，这时教师应善于发现，为幼儿创设一个宽松的环境，让幼儿可以大胆地说出自己想说的话。

2）提供丰富、有趣的材料，让幼儿有话说。在“颠倒歌”游戏活动中，提供的素材是比较丰富的，通过听一听、想一想、说一说、编一编等形式，吸引幼儿的注意，充分调动他们的积极性，不仅让幼儿们有话可说，而且还训练了他们的思维能力。教师要根据幼儿的兴趣、需要及幼儿的年龄特点，给幼儿提供丰富多彩、趣味盎然的材料。游戏中所出现的太阳、松鼠、金鱼、蝴蝶，这些形象来源于生活，幼儿对它们的特征、生活习性等都有一定的了解和掌握，能找出“颠倒歌”中的错误，并乐意去更正，进而创编歌谣。另外，幼儿语言表达能力的提高需要在日常生活中通过多次积累和反复练习，因此，平时要注意引导幼儿关注身边事物，让他们从生活中的事儿说起，然后在游戏中才能更有话可说。

（8）游戏总结。

《颠倒歌》幽默诙谐，意味深长，它能促进幼儿认知能力、思维能力和语言能力的发展，因此在培养幼儿语言能力的过程中，要善于利用好类似于“颠倒歌”这一古老的艺术形式，不仅弘扬了传统文化，还促进了幼儿语言表达能力的发展。本次游戏中，教师以“旁观者”的身份，不干涉幼儿找错误，也不指责没有找出错误的幼儿，让幼儿在宽松的游戏氛围中，自主选择，快乐游戏，通过生活经验的迁移，推动游戏的顺利开展。

2. 词语接龙

（1）游戏生成。

随着生活经验的积累，大班幼儿的词汇量逐渐丰富，对语言的理解力逐步增强，开始对文字产生一定的兴趣，应及时抓住幼儿的这个兴趣，以词语接龙游戏为切入点，创设生动活泼的语言环境，培养幼儿的组词能力，帮助他们积累词汇量，发展幼儿的想象力，增强幼儿参与语言游戏活动的快乐感。故教师决定开展此类“词语接龙”游戏。

（2）游戏目的。

1）能根据简单的词语进行接龙游戏，丰富幼儿的词汇。

2）认真倾听同伴的回答再进行接龙，培养良好的倾听习惯。

3）练习用词说话，发展幼儿想象力，增强组词能力，让幼儿体验参与语言游戏活动的快乐感。

（3）游戏准备。

1）准备词语卡片、图画卡片、空白卡片、彩笔等。

2）把幼儿分成若干组。

（4）游戏玩法。

给每个小组提供词语卡片或图画卡片（供不认识字的幼儿看），然后让幼儿进行词语接龙。

（5）观察记录。

1）欢欢小组在词语接龙时，组员们随便拿放事先提供的词语卡片或图面卡片，很兴奋，但是整组都很乱，当有幼儿要往下接时，此卡被换了，接词语的幼儿不知道该接哪个。

2）晨晨小组的成员能在小组长晨晨的组织下，根据词语接龙的玩法，寻找下一个接龙的词语，并按照顺序把接龙的词语卡片或图画卡片依次排列，稳而不乱。

3）在按照抢答的方式进行词语接龙游戏时，纤纤显得很拘谨，抢答的声音很小，显得不够自信，有时候知道该怎么接，却因为不自信而错过了机会。而与之相反的悦悦在抢答游戏时总是显得很着急，明明不知道该怎么接，还要站起来抢答，但正确率不高。于是纤纤和悦悦组成一组，纤纤告诉悦悦答案，由悦悦说出来。

（6）游戏分析。

1）欢欢组的成员相对好动，在词语接龙游戏时，在没有弄清楚游戏玩法的情况下，按照自己的想法随意拿放词语卡片，他们不是在进行词语接龙游戏，他们在寻找自己认识的词语卡片或挑选漂亮的图案卡片。

2）晨晨小组的成员相对比较乖巧，根据前一个词语，依次寻找下一个接龙的词语卡片或者图画卡片，如果没有找到合适的词语（图画）卡片，他们会在空白的卡片上写出或画出词语图片，然后把接龙的词语（图画）卡片整齐地摆放在桌子上。

3）纤纤平时在课堂上发言不够积极，词汇量也不大，导致在词语接龙抢答游戏中，既紧张又跟不上抢答的节奏，表现较为拘谨，不够自信，偶尔抢答时声音也很小。悦悦却很活跃，语言很丰富，乐于表现自己，每次抢答时表现得很积极，但也因过于表现自己，没有经过思考，就去抢答，正确率不高。中和两人的性格特点，后面二人组合成一组，是不错的方式。

（7）指导策略。

1）为幼儿创设生动活泼的语言发展环境。蒙特梭利认为，语言发展的敏感期在2～6岁之间。因此，我们根据幼儿生理、心理发展特点创设了精彩的词语接龙游戏，旨在通过具体的、可操作的语言训练方法，培养幼儿听、说、读、画以及理解语言的能力与习惯。在训练过程中为幼儿创设生动活泼的语言环境，让幼儿之间多交流，促进幼儿语言能力的发展。

2）培养幼儿良好的倾听习惯。《幼儿园教育指导纲要（试行）》指出："培养幼儿注意倾听的习惯，有利于发展语言理解能力。"

倾听是幼儿最早掌握的语言活动，良好的倾听能力是幼儿获得知识的前提，它对于发展幼儿语言、思维十分有益。在词语接龙游戏中，幼儿们往往只注意游戏的过程，而忽视倾听游戏的要求，使得词语接龙抢答游戏的正确率不高。会倾听不仅是技巧，还是一种美德。从小养成良好的倾听习惯，对幼儿的健康成长尤为重要。

3）激发幼儿对接龙游戏的兴趣。幼儿说话往往离不开具体事物。在词语接龙游戏中，当幼儿们遇到不会表达的词语时，教师除了让他们用绘画的方式表达外，还可以用具体的实物学具或动作表演等方式来描述、表达。教师要为幼儿提供丰富的学具和操作材料，让词语接龙游戏具有具体形象性和操作性，给幼儿更多的选择和自主，从而激发幼儿对接龙游戏的兴趣，逐步提高幼儿们的口语表达能力。

（8）游戏总结。

大班幼儿随着生活经验的积累，他们的词汇、语句逐渐丰富，对语言的理解力逐步增强，开展词语接龙游戏，尤其是词语接龙抢答游戏，对幼儿们有很大的吸引力。这不仅让幼儿们掌握了词语接龙游戏的玩法，还丰富了幼儿们的词汇，培养了幼儿们良好的倾听习惯。同时，这次快乐的词语接龙游戏之旅，还发展了幼儿们的想象力，让幼儿们体验到参与词语接龙游戏活动的快乐感。

第七单元　幼儿建构游戏

学习目标

1. 知识目标

了解建构游戏的含义、特点、材料以及教育价值；

了解幼儿建构游戏能力的发展；

掌握建构游戏的基本环节与指导方法。

2. 能力目标

理解各年龄段幼儿建构游戏的特征。

3. 情感目标

能够对幼儿建构游戏进行有效的组织与指导，引导幼儿积极参与各种建构游戏。

第一课　幼儿建构游戏概述

建构游戏材料多样、玩法简单、形式变化层次多、开放性强，是幼儿喜爱的一种游戏，在幼儿园的运用也较为广泛。

一、建构游戏的含义和特点

建构游戏，一般也称结构游戏，是指幼儿利用各种建构材料或玩具构造物体形象、反映现实生活的一种游戏活动。

建构游戏具有以下特点。

（一）操作性

各种建构材料和玩具都是由一组没有独立意义的建构元件组成的，幼儿必须通过操作将元件组合在一起，形成一定的物体形象。在建构游戏中，幼儿通过四肢大小肌肉群的活动与建构材料发生互动。他们运用手脚协调地移动建构材料，运用手指、手掌、手腕协调合作连接、组合材料元件，建造、创作出具有一定意义的物体形象。幼儿在动手动脑操作建构材料的过程中得到快乐的游戏体验，获得各种有益的经验。

（二）象征性

建构游戏是幼儿利用各种不同的建构材料元件及与建构游戏有关的各种动作来反映周围生活的一种游戏，作为一种象征性活动，可以为幼儿提供创造、使用表征符号的大量机会。幼儿建构的形象虽然简单，但反映了他们对现实生活的认识，代表了真实的物体，是真实的物体的模拟和象征。随着情景的变化，同样的建构形象可能代表不同的物体。例如，幼儿可以将一块长积木搭建在两块短积木上使它成为一座“桥”，而在另外的场景中也许就变成了一个“门”或是一个“板凳”。另外，各种建构的模拟物体形象结合辅助材料，可以使幼儿按照自己的意愿模拟各种场景，体验各种社会角色，也是他们对生活的创造性的反映。

（三）多样性

建构游戏的多样性，一方面体现在建构材料的多样性，另一方面还体现在建构结果的变化多样。幼儿可以使用的建构材料多种多样，常用的有积木、积塑、金属材料等专门的建构玩具，也有沙、土、水、雪等自然材料，还可以使用纸盒、纸筒、报纸等废旧材料，凡是幼儿可以用来进行建造和构造的、具有安全性的材料都可以使用。幼儿建构的结果也是多种多样的，可以是各种形式的建筑物、道路、桥梁，也可以是生活中使用的各种物品器具，还可以是各种动物、植物、人物的形象，甚至是怪物、外星人等现实中并不存在的形象，幼儿可以根据自己的想象创造出多种多样的建构作品。

二、建构游戏的材料

建构游戏的材料多种多样，幼儿园常用的构造材料有积木、积塑、金属材料、废旧材料、泥、沙、土、雪等，在幼儿的建构游戏中也常常会运用些辅助材料。

（一）积木

积木通常是指木制的建构材料，一般由较硬的木材制成。积木的式样很多，有大、中、小型积木，有空心或实心型积木，有动物拼图积木等。积木虽然花费较高，但经久耐用，是幼儿园较为普遍使用的一种建构材料，如图 7-1 所示。

图 7-1 积木

（二）积塑

用塑料制作的各种形状的片、块、粒、棒等部件，通过接插、镶嵌组成各种物体或建筑物模型。积塑品种花样繁多，轻便耐用，便于清洁，在幼儿园运用日渐广泛。

（三）金属构造材料

以各种形状带孔眼的金属片为主要的构造材料，用螺丝结合，可以建造成各种车辆、生活用品及建筑物的模型。金属构造材料操作难度较大，对幼儿手部小肌肉群灵活性要求较高，较适合大班幼儿。

（四）沙、土、雪等自然材料

沙、土是不定型的结构材料，幼儿可以随意操作，幼儿也可利用冰雪玩堆雪人等游戏。玩沙、土、雪都是一种简便易行的建构游戏，在城市、农村都可以广泛开展。

（五）纸制或易拉罐替代的积木

收集鞋盒、衬衣盒、肥皂盒、牙膏盒等类型的包装纸盒和易拉罐，进行简单的加工，增强安全性，可以代替各种形状的积木，配合其他材料积木使用，既经济又轻便安全。收集使用时需尽量注意大小比例配合，以期发挥更大的教育价值。

（六）建构游戏的辅助材料

通过投放一定的辅助材料可以激发幼儿利用建构材料进行建构的兴趣，丰富想象的空间，也可以进一步激发幼儿进行象征性游戏。幼儿园可以投放的辅助材料有以下几类。

（1）人物模型：家庭成员及代表各行各业的人物角色模型。

（2）动物模型：各种宠物、农场及动物园里的动物，新奇有趣的动物（恐龙、海底动物、卡通动物）等。

（3）各种交通工具模型：各类汽车、飞机、火车、轮船等。

（4）幼儿熟悉的社会环境标志：如交通标志（岗楼、分道线、禁止通行标志、信号灯、人行横道线）等。

（5）花草树木模型：盆花、花坛、草地、树木等。

（6）自然材料和废旧材料：如秸秆、玉米皮、贝壳、鹅卵石、碎布、羽毛、包装纸、包装盒、易拉罐等。

（7）纸张、蜡笔等美工用具。

（8）有关建筑、马路、桥梁等的图片。

三、建构游戏的教育价值

建构游戏在幼儿园的游戏中，始终扮演着相当重要的角色，它能满足幼儿多方面的兴趣，提供给幼儿整合性经验，充分体现“从游戏中学习”的教育理念，具有多方面的教育价值。

（一）可以丰富幼儿的认知经验

幼儿从建构活动中可学到有关重量、平衡、对称、配对、大小、长短等数与量的概念；幼儿在运用各种形状的积木中，可认识不同的几何形体及分合的变化；幼儿在使用各种建构元件进行建构和拆解的过程中认识整体和部分的关系，理解守恒的概念；幼儿在积木建构活动中可以直接地、具体地感知空间关系（比如在上面、在下面、在里面、在外面、远与近、前与后等等）；当他们收拾整理建构材料依其大小、形状或材质分类时，无形中增强了计数和分类能力；幼儿在操作建构材料时，直接感知材料的性质和事物之间的相互关系；在搭建过程中幼儿探索和发现使搭建物保持平衡和稳定的方法，有助于认识和体验力的相互作用（如幼儿逐渐会将建筑物的底座加宽以使建筑物更加稳定，也经常会在建构物的另一侧对应的位置放上相同或相似的积木以保持平衡）；而在参观之后幼儿将所见到的事物表现于建构游戏的造型时，他们对事物的认识和感受也可得到进一步增强。

（二）可以促进幼儿大小肌肉群的发展

建构游戏具有操作性的特点，幼儿在游戏中不停地做出各种动作，可以促进幼儿各种基本动作特别是手部动作的发展。幼儿在搬运、取放、堆叠、搭建和平衡各种形状积木的过程中，可以增强大肌肉群和小肌肉群的运动技能和手眼协调能力；幼儿排插雪花片、胶粒等积塑材料、使用螺丝连接金属构造材料时，可以发展手指、手掌、手腕的小肌肉群的灵活性，进一步提高手眼协调能力。

（三）可以激发幼儿的创造力

建构活动是以丰富的想象和创造性思维为基础的。幼儿将看到的事物进行搭建造型，或为自己搭建的物体命名时，都可以促进幼儿视觉记忆的发展，启发幼儿的想象力、创造力。在建构游戏中，幼儿运用想象力和记忆力，依据头脑中的表象利用建构材料进行再生产和再创造，表达自己对世界的体验和想象，创造着“自己的世界”。

（四）可以促进幼儿的社会性发展

幼儿对自己搭建的作品感到骄傲，产生成就感和自信心，可以促进幼儿自我意识的发展。幼儿不仅利用建构材料表达其对周围世界的认识，而且用建造出的物体，尝试扮演着各种角色，扩展丰富角色活动的情节内容，在这个他们创造的“世界”中整合他们对社会生活的理解和体验。这些活动有助于深化他们对周围社会环境和生活的认识；幼儿在共同使用建构材料搭建过程中，必须学习理解他人的观点，控制自己的行为，这些都有利于幼儿理解社会性规则的意义，可以促进幼儿分享、合作、协商、谦让、轮流等社会性交往技能的提高。

四、幼儿建构游戏能力的发展

幼儿运用建构材料进行建构的能力是随着年龄的增长逐步发展起来的，受其思维发展水平、小肌肉群发展水平以及建构经验的影响。以积木游戏为例，大致可以表现为以下几个阶段。

第一阶段：摆弄。两岁以下或初接触建构材料的幼儿经常带着积木走来走去，把积木放进盒子里再倒出来，或是只是用手拿着材料摆弄，不搭也不排列。这个阶段幼儿是在尝试熟悉材料的特性，如积木有多重、摸起来有什么感觉、一次可以拿几块等。

第二阶段：重复叠高和排列。逐渐地，幼儿出现早期的建构活动。这个阶段的幼儿喜欢反复把积木一块一块叠高，或排列成竖条、横条，或是平铺在地上，直到用完手边的所有积木。幼儿往往不注意叠放和排列的整齐，只是一味地重复叠高和排列的动作，从中继续了解有关积木的特性，即把不同积木组合连接起来会是什么样子，如叠高看起来像塔、高楼，排列看起来像马路、火车，平铺在地上像地板等。

第三阶段：简单搭建。幼儿在熟悉积木的特性后，逐渐会发展起一些简单的搭建形式，搭建出一定的形象。

（1）围堵式：幼儿把积木首尾相连排在一起，并利用转折连接，围成一个个封闭的空间。利用这种搭建形式，幼儿可以搭建成动物园、停车场等。

（2）搭桥：放两块积木，中间留下一些空间，用一块积木架上去连接下面的两块积木。利用这种搭建形式，幼儿可以搭建成大楼、桥梁等，结合重复叠高还可以搭建出有门窗的楼房等。

在这个阶段，幼儿使用新方法玩积木，实际上是一个发现问题、解决问题的过程，幼儿从中可以获得很多方面的概念与技能，如获得利用增减积木数量和积木间隔的距离围成不同面积、运用不同形状的积木搭建的位置等经验，获得小心架高积木的动作技能。

第四阶段：模式。四岁左右的幼儿摆放或搭建的物体中开始运用对称和其他图案形式。例如，幼儿在大门的左边运用了一个半圆积木搭在小长方形积木上作为装饰，也一定会在大门的右边用相同的材料做一个相同的装饰；或者在一块长方形积木后接着放两块三角形积木，然后重复这种排列组合，就构成了积木建构的模式。在这个阶段，幼儿逐渐理解相同与不同，学习运用、理解对称、平衡等物体空间位置的关系。

第五阶段：创造性搭建。年龄较大的幼儿可以搭建出较为精细的作品，并给作品取名字或赋予其象征性意义。在这个阶段，幼儿利用建构活动表达他们对周围世界的认识，在建构游戏中充分发挥创造力与想象力，再现生活中的各种物体。幼儿搭建的目的性和计划性也进一步提高，往往在搭建之前就有了搭建某种事物的设想或计划。搭建后可以对作品进行描述产生联想，或利用作品进行角色游戏。这个阶段幼儿可以和多人共同合作，搭建复杂的形象。

第二课　幼儿建构游戏的组织与指导

一、组织建构游戏活动的基本环节

（一）创设建构游戏环境

幼儿的游戏开展很大程度上依赖于环境和材料，教师首先要按照游戏区域的布置要点安排布置建构游戏区域，为幼儿创设自由建构的空间和环境。

建构材料多种多样，差别较大，不能统一放置在一个区域中，还需要根据建构特点分别放置。如，大型积木需要较大的空间进行建构，可以单独放置在走廊、户外等宽敞的地方；建构区可以放置单元积木等中型积木、中型积塑和辅助材料等；小型的积木、积塑和金属建构材料通常需要在桌面上进行建构，所以可以放置在益智游戏区；沙水等材料应该放置在专门的沙水区——户外沙水池或可以放置在室内的沙盘、水盆。

除遵循一般的布置原则外，教师也要根据幼儿的年龄特点和需求投放建构材料。小班幼儿适合投放的建构材料：小型积木、大型轻质积木、雪花片等，辅助材料可以投放小动物玩具、交通工具模型等；中班在小班的材料基础上，可以增加各种材料的种类和数量，增加各种积塑材料，适当增加一些易拉罐、纸盒、瓶盖等形状较为规则的废旧材料；大班则需要增加一些不规则形状的积木、金属建构材料和各种废旧材料等。

（二）引导幼儿进入建构游戏区

游戏区域创设好之后，教师要组织幼儿参观建构游戏区，向幼儿介绍建构区的材料、使用方法和规则，引导幼儿进入建构区游戏。

在最初向幼儿介绍建构区时，教师要注意引导幼儿学习材料的整理，并要让幼儿进行反复练习，慢慢形成使用材料后收拾整理的习惯。

介绍游戏区域之后，教师应当允许幼儿按照自己的意愿选择游戏活动区，在遵守规则的前提下，按照自己的想法使用建构材料。

刚开始使用建构材料的幼儿往往只是摆弄材料或带着材料走来走去，继而表现为独自或平行建构，一般持续时间不会太久；幼儿逐渐会因为搭建材料数量和构建空间的需求而意识到他人的存在。最初，因为幼儿缺少社交技能会产生较多的纠纷，教师要关注和指导幼儿学会尊重他人和与他人合作。

（三）建立必要的活动规则

为保证游戏安全顺利地进行，教师必须在幼儿进入游戏区之初就帮助幼儿建立适当的规则。建构游戏区一般有下述规则。

1. 限制同一时间进入区域的人数

教师可以采用告示板的形式，标明有多少个幼儿可以同时在这个区域活动。

告示板可以用厚纸板来制作，在上面贴上图画或照片来表示游戏区域的功能。然后在告示板上贴上限制人数对应数量的钩子或小袋子，比如，同一时间只能允许 6 个幼儿活动就贴 6 个钩子或袋子。每个幼儿有一张自己的卡片，可以贴上自己的照片或画上自己喜欢的画。幼儿在进入游戏区活动时，要先看一下告示板的挂钩上（袋子里）有没有挂满卡片，如果有空位，就可以把自己的卡片挂好（或插好）再进入区域游戏。

2. 建构时的规则

幼儿在建构时要遵守的规则如下：在教师指定的范围内搭建（教师可以用画线或铺设地毯等方式帮助幼儿明确限制范围）；使用建构材料时，用什么拿什么，用完后要收拾好材料放回原位；在玩具架上拿玩具和材料，不拿别人跟前的积木；小心行走，注意不撞到别人的建构物；不能丢掷材料或用材料打人；不能遵守规则的话，就需要暂停玩建构游戏等。

游戏的规则可由教师直接交代，也可与中大班幼儿讨论制订，但我们不能期望幼儿一下子掌握所有的规则，一次交代规则不宜过多，要循序渐进地帮助幼儿逐步掌握和遵守规则。

（四）观察幼儿建构游戏情况

幼儿游戏时，教师很重要的工作就是观察幼儿的游戏情况。通过观察，教师可以深入了解幼儿的认知发展情况、情绪情感的发展状况、个性特点、人际关系和社交能力等，也可以清晰地了解幼儿的建构水平和学习需要，使教师的教育指导更具针对性。

1. 观察方法

观察的基本方法如下：

（1）目光跟随一个幼儿一段时间，注意他所参加的每一项活动的行为表现。

（2）将注意力集中于一个活动区域，观察那里的幼儿都在做什么。

连续观察 5～10 分钟。观察前要想好观察的目的，知道要观察的是什么才能够使观察更有效。

2. 观察内容

建构游戏时教师重点观察的内容如下：

（1）建构游戏区使用的频率——是否符合兴趣？需要调整吗？

（2）幼儿使用某种建构材料的方式——建构材料的数量和难易程度如何？

（3）幼儿是否会经常发生冲突——建构空间是否狭小？规则合理吗？是否需要调整？

（4）幼儿经常选择哪些游戏材料——幼儿的兴趣点在哪里？

（5）幼儿怎样进入游戏区，变换区域和材料的频率——幼儿的注意力水平如何？是否找到了自己感兴趣的材料？是否需要教师的建议与引导？

（6）幼儿怎样使用材料——对材料的熟悉程度？认知发展水平如何？建构发展水平如何？是否需要进一步指导？

（7）幼儿与他人合作的状态和规则遵守的状况——幼儿社会性发展的水平和社交技巧如何？

（五）适时指导幼儿

在幼儿进行建构游戏的过程中，教师要采用适当的方式适时地对幼儿进行引导。

1. 需要介入指导的情形

当幼儿出现以下情形时，教师可以介入幼儿的游戏。

（1）幼儿不投入游戏活动。

（2）幼儿有严重违反规则情况。

（3）幼儿出现相处、交往困难情况。

（4）幼儿在搭建过程中出现困难，向教师发出求助信号或出现沮丧情绪。

（5）幼儿一再重复原来的情节和动作，长期没有变化。

教师可以采用的指导组织形式：个别指导、小组指导、集体指导。个别指导是教师在指导幼儿建构游戏时最常使用的方法，教师可以根据观察到的幼儿建构情况及时地有针对性地对幼儿进行指导。小组指导和集体指导可以用于帮助幼儿认识材料、学习一些必要的建构技能、讨论规则、进行主题建构讨论等，可以解决幼儿游戏中存在的共性问题，增加幼儿之间的互动和交流。

2. 采用的方法

教师可以采用的方法如下：

（1）平行式介入法。成人可以通过模仿幼儿游戏或平行游戏的方式来介入幼儿的游戏，目的在于引导幼儿模仿。如教师可以在幼儿旁边使用相同的材料进行构建，向幼儿推荐新的构建技巧。也可以在幼儿旁边使用不同的材料，引起幼儿对新材料的兴趣。教师在这里起到的是暗示指导的作用。

（2）直接介入法。在幼儿遇到困难求助或发生纠纷时，教师可以直接介入幼儿的游戏，对幼儿的游戏进行直接的干预。如对一个气馁的幼儿说："这个东西好难做呀！看看我们能不能一起想办法把它做出来呢！"鼓励幼儿继续探索。再如，当幼儿互相投掷积木时，教师可直接制止幼儿的行为。但这种方法要使用得当，注意引导，而不能简单粗暴。

（3）角色扮演法。教师可以扮演一个适宜的角色加入幼儿的游戏，进一步了解幼儿的想法，帮助他们解决问题或扩展情节。如在幼儿搭建道路时，教师扮演一个司机，对幼儿说："我的车没有油了，你知道在哪里可以加油吗？"从而启发幼儿继续搭建加油站，增加了加油站的情节。

（六）收拾整理，结束活动

幼儿需要一定的时间来完成从专注游戏到结束游戏的心理上的转换，所以教师应在结束游戏的时候给幼儿一定的时间来完成这种过渡。在游戏结束前 5 分钟，教师可以到每个游戏区提醒幼儿：时间快到了，让幼儿做好心理准备，同时可以播放固定的音乐，让幼儿熟悉结束活动的信号，慢慢形成听到信号开始收拾整理材料的习惯。对于专心进行搭建的幼儿，教师可以个别提醒。

为了帮助幼儿做好收拾整理活动，教师要做好每份材料的标示。幼儿可以按标示收拾整理材料。

要让收拾和整理工作也成为幼儿的游戏。对于小班幼儿，可以采取"送积木宝宝回家"的拟人化情节鼓励幼儿收拾和整理材料；对于中、大班幼儿，教师可以采用提供工具让幼儿变化搬运建构材料的方式、分组合作等形式引起幼儿收拾和整理的兴趣。

（七）谨慎对待幼儿的建构作品

对每个幼儿而言，他所搭建的作品都是独一无二的，也会希望老师能够欣赏和尊重他的作品，所以教师要谨慎对待幼儿的建构作品。教师可以使用以下方法表现对幼儿搭建作品的尊重。

1. 和幼儿讨论他们的作品

教师可以用描述性评价的方式来表达对幼儿作品的兴趣和关注。可以描述用什么东西做了什么，主要包含以下信息：数量、颜色、形状、高矮、大小、里面外面、上面下面、物体的排列状态、与其他人的不同等。通过这样的讨论，幼儿可以感觉到教师对自己的活动的关注，而且可以将幼儿的注意力集中在自己的活动或作品上，而不是教师的评价上。另外，利用描述性评价可以使幼儿更加清楚自己的经验，学习使用新的词汇。同时，教师的态度也鼓励幼儿与教师讨论自己的作品。

2. 采用恰当的方式保留幼儿作品

由于空间和材料的限制，幼儿的建构作品通常不能作长久的保留，教师可以用照片、画图等形式存留幼儿的作品，现在数码相机的普及为存留幼儿的作品提供了极大的方便。通过给幼儿的作品拍照，幼儿体会到更多的成就感。将幼儿作品的照片在建构区展出，可以吸引其他幼儿到建构区游戏。通过一段时间连续拍摄一个幼儿的作品，教师可以分析他的建构技能水平的发展状况。

二、建构游戏的指导方法

教师指导幼儿进行建构游戏的方法主要有激发兴趣、丰富经验、教会技能、引导创造，另外，必须依据幼儿不同的年龄特点具体进行指导。

（一）采用多种方法，激发幼儿建构兴趣

“兴趣是最好的老师”，幼儿参加任何活动都是由对此项活动感兴趣开始的，教师要采用多种多样的方法激发幼儿进行建构游戏的兴趣。

教师可以事先构造出各种各样的建构造型展示给幼儿，充分调动幼儿的感官去感受欣赏这些作品，去了解结构材料和结构技能的丰富多样性，体验艺术美；教师也可以将其他幼儿的建构作品照片布置在建构区的展示墙上，吸引幼儿的兴趣；教师还可以带领小班幼儿参观中、大班幼儿的建构作品，激发他们的建构愿望和兴趣。

当幼儿想动手做的时候，可为幼儿提供尝试操作建构材料的机会。幼儿在自由自在的摆弄和搭建中，不断加深对材料的认识和体会，体验着成功和惊喜；无意之中搭建的东西好像一座小房子，叠高成了一座高塔，排列成了宽宽的马路。快乐之余，建构的兴趣愈加浓厚。

（二）引导幼儿观察生活，丰富幼儿的感性经验

建构游戏是幼儿用建构材料来反映生活中现实物体的活动，如果幼儿对生活中的物体没有印象，是无法完成建构活动的。只有让幼儿对生活中经常接触到的物体进行细致的观察、深入的了解，并形成丰富深刻的印象，这样幼儿才会有建构物体的愿望、有建构的能力。教师在日常活动中要引导幼儿观察物体和各种建筑物的形状、结构、色彩与组合特点。如楼房是高高的，分出层次，房顶有尖的、平的，也有圆的；小桌子是由平平的桌面和四个一样高矮的桌腿组成的等，由近及远，由局部到整体，积极培养幼儿仔细观察周围事物的习惯。教师可以先引导幼儿观察日常生活中经常接触的、熟悉的物品，如幼儿的座

椅、吃饭的桌子、睡觉的小床，以及活动场地上的跷跷板、滑梯、独木桥等，教会幼儿观察的方法，培养幼儿细心观察的品质；接着可以引导幼儿观察生活中常见的物品（体），如电风扇、各类家具、小动物、汽车、楼房、立交桥等；再进一步可以让幼儿通过图片观察生活中不常见的物体，如飞机、轮船、著名建筑等，逐渐让幼儿养成对生活中碰到的事物都仔细观察的习惯，为建构活动打下坚实的感性经验基础。

（三）引导幼儿学习一定的建构技能

当幼儿逐渐熟悉建构材料的性质以后，他们就不满足于简单随便地拼搭，而力图表现自己身边的事物。他们运用加宽或插接等技能，使建构的造型更加完美。这时，教师要做的是帮助幼儿掌握必要的建构技能。

1. 要循序渐进地培养幼儿的操作技能

建构游戏的操作技能根据材料的不同而不同。

（1）积木等块状建构材料的基本建构技能有排列、延长、铺平、围合、盖顶、加长、加宽、加高、砌墙、搭台阶等。

（2）积塑的形状多种多样，需要插接（一字插、十字插、整对插、正方形插等）、镶嵌、整体连接、交叉连接、端点连接、围合连接等技能。

（3）金属制的螺丝系列则需要连接、旋转等技能。

2. 注重培养幼儿设计构思的能力

幼儿在进行建构之前整体构思构造计划，使幼儿能有目的、有计划、有步骤地进行构造活动，在构造实践中也能根据需要修改、补充，以取得建构成功。教师要引导中、大班的幼儿学习设计和构思。比如，幼儿想用积塑插一座房子，教师可以引导幼儿先想好如何来建构：想搭的房子是什么样子的，由哪几部分组成，需要哪些积塑材料，选用什么颜色，怎样组合等，然后才开始建构。幼儿有了设计构思的能力，无意摆弄就会变成有意识的创造，教师再适时传授一些技巧和经验，相信幼儿的聪明才智、创造能力都会得到充分的发挥。

（四）引导幼儿进行创造性的建构

教师要在幼儿熟悉基本材料和掌握基本技能的基础上，引导幼儿根据需要选择合适的材料，创造性地表现自己对事物的认识。

提供更加丰富、形状多变的建构材料，可以激发幼儿的发散性思维，启发想象创造和尝试探究，使造型更加多样化、更富表现力。研究表明，一些不规则形状积木的投放会大大激发幼儿的创造欲望。如“Y”形驾道积木的投放就激发了幼儿的一系列探索，有的幼儿使用它建造了相交的公路，有的把它竖起来用雪花片装饰成了一棵树，还有的将它当作一个高塔……

教师需要引导幼儿学习简单的创造方法，如局部改变创造法、希望点列举创造法等。对于幼儿来说，改变物体的局部就是创造。如幼儿学会搭建房子后，改变屋顶的造型，就能变成一个不一样的建筑物。教师可以先引导幼儿列举自己希望改变的局部，如各部分的造型、颜色、使用材料、位置等，再进一步设想如何改变，就能引发幼儿多种想象变化。有了创造的思路和方法，幼儿才会慢慢学会根据自己的需要进行想象和创造。

（五）针对幼儿不同的年龄特点，具体地指导

小班幼儿常常用积木来游戏：他们或者将积木当作小汽车推来推去，或者拿着积木敲敲打打，也有的幼儿把不同的建构材料堆起叠高，然后推倒，或排列延长。他们不断重复，只是摆弄建构材料，从中得到快乐和满足。这些都表明他们的建构活动没有明确的目的，只是对建构的动作感兴趣，加上他们的注意力水平低，常常会中断建构。小班幼儿建构技能简单，主要以平铺、延长、叠高为主。因此，指导小班幼儿应侧重于引导幼儿认识和熟悉建构材料，在游戏中初步学习铺平、延长、围合等简单的建构技能，学习给自己的建构作品命名，增强幼儿建构的目的性，初步建立建构游戏的规则，学会整理和保管玩具材料的最简单方法，养成爱护玩具材料的好习惯。

中班幼儿建构的目的比较明确，他们不但对动作过程感兴趣，同时也关心建构的成果；他们已经能够独立建构一些较为复杂的物体，能根据建构物的特点选择建构材料，注意美化和装饰建构物。中班幼儿多使用“搭桥架空”的搭建技能；集中一段时间进行搭建活动，能围绕建构物开展游戏。因此，应进一步引导中班幼儿掌握看平面图正确地建构物体的建构技能，丰富幼儿的生活经验，加强幼儿对物体结构方面的了解，鼓励和引导同伴共同建构，并相互评议建构成果。

大班幼儿已有了较强的建构技能，能够根据建构需要选取丰富多样的材料，搭建出更丰富和紧凑的建构作品；他们目的明确、计划性较强，能围绕一个主题进行长时间的建构活动，合作意识增强。因此，大班应侧重引导幼儿开展参加人数多、持续时间长的大型主题建构游戏，引导幼儿进一步学习表现物体的细节特征，美化自己的建构物，在欣赏自己和同伴作品的过程中，逐步发展自我评价和评价他人的能力。

第三课　幼儿建构游戏案例分析

一、小班游戏

（一）拼树叶

1. 游戏生成

一次教师带着幼儿们到树林里拾落叶，幼儿们看到落叶都很兴奋，有捡树叶的，有抛树叶的，还有的幼儿专门收集树叶，把树叶堆在一堆玩。看到幼儿们兴致如此高，教师心

想："这么多的落叶，小朋友们又这么喜欢，何不设计一个关于落叶的游戏?"于是拿起一片树叶问小朋友们："孩子们，你们觉得这些落叶我们可以怎么玩呢?"幼儿回答说："可以把树叶全捡起来。""可以用树叶拼成花。""可以用树叶拼小草。""可以用树叶拼成蝴蝶"，如图 7-2 所示。幼儿们争相回答，于是本游戏便诞生了。

图 7-2 拼树叶游戏

2. 游戏目的

(1) 对玩树叶的游戏感兴趣，体验独自完成作品，成功带来的喜悦。

(2) 用树叶大胆想象拼搭出不同的形状或物体。

(3) 丰富幼儿的想象力，能独立完成拼搭并介绍自己的作品。

3. 游戏准备

各种树叶及其他辅助材料。

4. 游戏玩法

(1) 与幼儿一起去收集落叶，边收集落叶边引导幼儿观察周围的事物，如看到菊花，请幼儿去观察菊花是什么样子；看到房子，请幼儿观察房子是什么样子；看到天上飞着的小鸟，请幼儿观察小鸟是什么样子等。

(2) 用收集到的落叶在户外拼出各种不同的形状，用落叶堆或搭出各种不同的物体。

5. 观察记录

(1) 在玩拼搭落叶时，妞妞用手抱了很多落叶到自己面前，抱了一次又一次，旁边的小朋友很好奇地问她："你为什么拿这么多树叶?"妞妞说："我就要这么多。"只见她把手里的树叶一片一片地连在一起，有小朋友不小心用脚把她刚刚连在一起的树叶踢歪了，她很不高兴地噘了噘嘴，又继续拼起了她的树叶。过了好一会儿，只见个长长的、密密麻麻的，有一点像长方形，但又不是那么直，还有点弯弯曲曲的形状。妞妞兴奋地跳了起来："我搭好了。"教师走过来问她："你这是拼的什么呀?"她大声回道："我回家的路。"

（2）天天看见教师把收集到的落叶都集中放在了一起，指着那堆落叶对身旁的小伙伴说："快看，老师搭了座小山，我要把这座小山变成大山。"旁边的小伙伴听了，也纷纷攘攘着说："我也要搭，我也要搭。"天天把捡来的落叶放到教师搭的小山上，其他幼儿都学天天，没一会儿，原有的那堆落叶变得更多、更高。

（3）搭树叶的地方旁边有一个沙池，然然手里拿着一片树叶蹲在沙池边，很专注地看着手里的树叶。过了一会儿，她拿了很多树叶到沙池边，然后把树叶一片一片地插在沙里面，教师好奇地问她："你搭的是什么啊?"她说："这是我种的树啊，我要种好多好多的树。"

6. 游戏分析

（1）妞妞在玩游戏时能很快融入游戏中，再加上妞妞是一个很活泼的幼儿，善于观察周围的事物，游戏中她凭着自己的观察与记忆，大胆地发挥想象，把自己每天回家的路用树叶拼出来，并能与教师分享成功的喜悦。

（2）天天的年龄在班上算比较小的，虽然年龄小，但他非常有主见，也很专一，一般自己能做到的事不会找教师帮忙，在遇到困难的时候也不会轻易放弃。在这次拼树叶游戏中，很多小朋友都是用树叶拼形状，可是他通过想象发现教师准备的落叶堆在地上像一座山，并且他要把这座小山变成一座大山，不厌其烦地一趟一趟地来回运送落叶，最后成功地把小山变成了大山。

（3）然然平时在班上属于比较腼腆的女孩，不爱说话，但是她很善于发现新事物，也会对新事物感到好奇，在这次游戏中，她通过大胆想象并且利用沙池里的沙结合树叶进行拼搭，把树叶插到沙池里，拼搭出了一片森林。

7. 指导策略

（1）投入材料新颖独特。建构游戏的开展离不开材料的支撑，平时的游戏中，利用得最多的通常是人工加工后的材料，很少会利用自然环境中的材料，其实有很多植物都是可以用来当游戏材料的。本次游戏建立在幼儿的游戏兴趣之上，所用材料是由幼儿们自己收集的树叶，算是原始材料，具有一定的新鲜感，能够满足幼儿的好奇心。

（2）鼓励幼儿大胆想象。教师在本次游戏活动中，一直是以引导者的身份在进行，游戏前引导幼儿讨论如何玩落叶，并与幼儿一起观察周围的环境，使幼儿对周围的环境有所了解。在游戏时，让幼儿在自己创设的游戏中自由想象，自主拼搭出自己喜欢的图形或形状，教师也没有进行太多干预，给予了幼儿足够的空间去想象并且让幼儿独立完成拼搭，让幼儿体验到通过自己的想象拼搭成功的喜悦，丰富了幼儿的想象力和创造力。

8. 游戏总结

小班幼儿喜欢大自然，对周围有趣、新鲜的事物或现象感到新奇，并能对感兴趣的事物仔细观察、探索。此次游戏的重点是引导幼儿利用新颖的材料通过对周围事物的观察并结合自己的想象进行自由拼搭，丰富其想象力和创造力。但由于小班幼儿的结构游戏拼搭方法还比较简单、直观，所以搭建出来的作品也比较简单，组织本次游戏大大满足了他们的好奇心，符合他们的心理特点。

（二）小动物的家

1. 游戏生成

幼儿园最近正在举行“我喜欢的小动物”主题活动，幼儿们通过观察、饲养等方式，对小金鱼、小乌龟、小龙虾、小兔子、小鸡、小鸭等常见的小动物有了一定的认识，和小动物感觉更亲近了，也更喜欢与它们接触了。这一天，有幼儿把娃娃家的小猫玩具拿到了建构区，说要给小猫造一个家，引来好几位小朋友围观，也有几个幼儿去阅读区把毛绒小狗、小乌龟拿到了建构区，说要给这些小动物造家，于是建构游戏“小动物的家”便应运而生了。

2. 游戏目的

(1) 乐意参与建构游戏，能选择较为统一的材料，运用围合、垒高的方式为自己喜欢的小动物搭一个家。

(2) 能使用辅助材料根据自己的意愿简单地装饰小动物的家。

(3) 萌发对动物的热爱之情。

3. 游戏准备

基础材料：大型泡沫积木、各类废旧纸盒、易拉罐等。

角色材料：各种毛绒小动物玩具若干。

辅助材料：各种彩色积塑玩具、自制花草若干。

4. 游戏玩法

(1) 出示各种毛绒小动物玩具，引导幼儿给小动物造家。

(2) 幼儿自选喜欢的小动物，然后根据自己的意愿选择材料为小动物造家并进行装饰。

(3) 引导幼儿互相观察、学习别人搭的小动物的家，向同伴介绍自己的作品。

5. 观察记录

(1) 建构游戏开始后，幼儿们都投入到自己的建构中。多数幼儿选了大型泡沫积木，也有的选了纸盒，还有的选了纸盒与易拉罐。大约 7 分钟过去后，小杰用纸巾盒搭了房子的四面围墙，围得严严实实，有两层高。只是他把住在房子里的小乌龟玩具拿出来扔到一边，换了一只小羊玩具放进去。瑶瑶看见了大声喊起来：“你怎么把小乌龟扔在外面，它要哭了！”说着就拎起小乌龟一把扔进小杰搭的房子里。小杰又把小乌龟扔出来，瑶瑶又扔进去……几个来回后，小杰带着哭腔说：“小乌龟是住在水里的，我搭的房子不能住，没有水！”瑶瑶跑过去向教师求助：“老师，小杰的小乌龟没有家了！”教师蹲下来对瑶瑶说：“那怎么办呢？快来帮它想想办法吧。”“那我来给小乌龟搭一个家！”瑶瑶说。

(2) 瑶瑶选了大型泡沫积木给小乌龟迅速围合了一个家，然后意识到有问题，又跑到教师跟前说："老师，小乌龟喜欢住在水里，它家里没有水，我想要点水！"教师又一次蹲下来说："可是没有水怎么办啊？"瑶瑶于是跑到材料区在积塑玩具箩筐里翻来翻去，最后拿了好几个长长的玩具放到了小乌龟家里装扮水纹。"看，我给小乌龟搭的家，有水的。"她笑着跑去小杰旁边说。

(3) 瑶瑶在自己搭的小兔家和小乌龟家之间走来走去，一会儿又跑去小杰的小羊家。经过一段时间徘徊，瑶瑶把小兔子和小乌龟从房子里拎出来，放进了小羊家里，让小兔子、小乌龟和小羊并排坐在一起，瑶瑶对小杰说："小兔子、小乌龟到小羊家里来玩了！"

6. 游戏分析

从游戏开始我们看到，幼儿们都能积极主动地参与到主题建构中，基本都能够按自己的意愿选择动物、选择建构材料，较为独立地进行搭建。小杰在7分钟内能够用纸巾盒进行四面围合并垒高，说明他对简单的围合、垒高技能掌握得较好。纸巾盒以其轻巧、统一的特点，比较适合小班幼儿进行围合、垒高的练习。他把小乌龟换成小羊的行为，体现出他对这两种小动物生活习性，特别是居住环境具有了初步的认识，能够清晰地表述小乌龟和小羊生活环境的核心区别。

瑶瑶看到小乌龟被小杰扔出来后，表现出来的行为体现了她富有同情心和对小动物的喜爱之情。后来又为小乌龟造房子，并在教师的提示下，能从玩具中找到一些替代物来表示"水"，体现了她高于一般小班幼儿的想象力、创造力，尽管这个替代物不太像，但对于瑶瑶来讲，假装是"水"已经满足了她为小乌龟造一个完美的有水的家的愿望了。

7. 指导策略

(1) 进一步丰富基础材料，在游戏中促进幼儿建构技能提升。建构游戏又称结构游戏，是儿童利用各种不同的建构材料，通过想象经过手的创造来反映自己的生活经验的游戏。根据观察，幼儿除了选择大型泡沫积木玩具，也有选择纸巾盒等相对比较统一的纸盒进行搭建。基于建构材料更便于幼儿取放，便于幼儿展开围合、垒高等技能，在后续游戏中可以多提供各种大小色彩不一的纸盒，丰富基础材料，既经济环保又唾手可得，多元建构游戏的基础材料，可以进一步促进幼儿建构技能的丰富与提高。

(2) 进一步帮助幼儿对动物生活环境分类，促进建构游戏内容更生活化、游戏化。在后续的活动中可以通过谈话、分类、扮演等形式，进一步帮助幼儿玩"送小动物回家"游戏，对小动物按水、陆、空三个生活环境进行分类，为建构水、陆、空三种不同的动物的家做好铺垫与经验积累。

(3) 进一步增添辅助材料，以满足幼儿的表达与创造。根据幼儿对水、陆、空不同动物的了解，改变之前随意提供小动物毛绒玩具的做法，有意识地增加小鱼、小虾、小鸟等小动物，以便诱发幼儿在建构中更多的想象与创造。同时，依据幼儿对小动物生活习性的感知与了解，以及儿童生活经验反映的需要，为"水生动物的家"提供相关的辅助材料"水"，为喜欢在天空飞翔的小动物提供一些模型树、悬挂式云彩等，以增添游戏情趣，激发幼儿创造热情。

(4) 鼓励幼儿简单介绍自己的作品，进一步萌发幼儿热爱小动物、乐意与同伴交往的情感。建构游戏的价值取向不但是促进幼儿建构技能的提高，而且是通过建构游戏，促进幼儿各个领域多元智能的协同发展。经过前期的经验积累，多数幼儿已经能用一句话简单地表述："这是我搭的××小动物的家。"在此基础上，可以鼓励幼儿再介绍一下："我的动物要和××的动物做好朋友。"既为幼儿的搭建提供了自我回顾的表达机会，又让幼儿有了互相学习的机会，同时，幼儿对小动物的情感、对好朋友的情感也进一步具体化、外显化。

8. 游戏总结

本次游戏中教师没有过多地参与和干涉幼儿的游戏，而是以观察为前提，当幼儿寻求帮助时，以提问的方式引导幼儿思考，鼓励幼儿运用已有经验来解决简单的问题。在幼儿没有答案的时候，用幼儿日常游戏所熟悉的"假装"来提示幼儿寻求替代物解决。教师在当时采用了间接指导的方式，在之后则采用了经验储备、增加材料、拓展情节、加强表述等多种方式为幼儿游戏的后续发展提供了适宜的平台。整个观察过程所反映的幼儿表现，体现了幼儿在认知、语言、情感、空间、社会、动作发展等方面的内在需要，教师把握契机，将其作为之后一次乃至多次建构游戏的主要目的，循序渐进地推动游戏向更高一级发展。

二、中班游戏

(一) 不一样的马路

1. 游戏生成

上周班里组织一起步行去南关厢看灯彩，在去的路上发生了一些有趣的对话。贝贝："瞧，这是马路，非常危险的。"甜甜："对呀，过马路的时候要走人行道。"城城："绿灯才能走的。"从南关厢回来后，幼儿们一直对马路建构非常感兴趣，于是本次游戏就这样开始了。

2. 游戏目的

丰富幼儿建构水平，提高幼儿建构能力。

3. 游戏准备

材料准备：各种形状的木头积木，幼儿自制的绿化、红绿灯，各类管子积木，各类小汽车，乐高积木，泡沫垫等。

场地布局：一个适宜建构的大场地。

4. 游戏玩法

幼儿们协商分工，进行马路建构。

5. 观察记录

(1) 豪豪、贝贝、飞飞、馨馨、乐乐等幼儿在建构区建构马路。贝贝说:“我要搭建一个人行道。”然后手里拿着几根细长的木头。豪豪选择搭建立交桥,不一会儿,只听见“哎呀,你把我的立交桥弄倒了!”豪豪大声说着,一只脚把贝贝的人行道踢乱了。

“老师,老师,豪豪把我的人行道踢坏了!”

“贝贝先把我的立交桥弄倒了!”

两个幼儿争吵得面红耳赤。

教师蹲下身,温柔地对他们说:“先不要吵,让我们看看到底是怎么回事?”看着地上一堆乱七八糟的积木。豪豪先说:“哦,我们靠太近了!”

“对呀,那有什么好办法吗?”教师问。

贝贝说:“我去那边搭。”说着就准备拿积木换场地。

一开始他们各自搭建各自的,后来豪豪找贝贝帮忙,于是两名幼儿开始合作搭建,不一会儿,漂亮的立交桥和人行道搭好了,两个幼儿都笑了。

(2) 幼儿们对于百宝区的使用率较低,教师往百宝箱里投放了新的材料,新材料吸引了幼儿,飞飞利用新材料搭建了十字路口,还很创意地制作了红绿灯;馨馨用积木搭建了一个山洞;乐乐则搭建出了三岔路口。飞飞看到馨馨搭建的山洞说:“马路上怎么会有山洞呢?”“我在公园里见过。”馨馨说。然后大家在马路两边种了许多树,把各种建筑物相连接,建构出了不一样的大马路。

6. 游戏分析

创造性游戏开展的研究是非常重要的,建构游戏是创造性游戏的一种,也是幼儿们很喜爱的活动。中班的幼儿已经经过了搭了拆、拆了再搭的探索阶段,如何通过教师的指导促进幼儿建构能力的提高,让幼儿在结构游戏中得到更好的成长。通过开展游戏,让幼儿在游戏中体验合作的重要性和乐趣。虽然一开始幼儿之间出现了一点小矛盾,但是通过教师的介入引导,巧妙解决了幼儿之间的矛盾。在后续游戏中,幼儿们保持友好的合作关系,丰富了游戏内容。

7. 指导策略

(1) 设置游戏情景,激发幼儿建构的愿望。幼儿的建构世界是丰富多彩的,若想让幼儿尽情地展现想象中的建构世界,必然需要一个能支持他们自主游戏、自由创造的环境。创设游戏情境让幼儿身临其境地感受和判断选择,远比教师的空口说教更容易接受,更能激发幼儿的游戏动机,促进幼儿全面发展。

(2) 通过图片和语言暗示,启发幼儿解决问题的技巧。幼儿在建构过程中,经常会遇到很多困难。幼儿的创造并非空中楼阁,需要有丰富的经验积累,教师可以通过图片、语言来丰富幼儿的认识,通过图片完善幼儿对建筑主题的认识,使幼儿有了更深刻的印象。

(3) 有效组织评价,正确对待建构的成果。在幼儿园的建构游戏中,由于场地的原因，很少有建构成果能够保存下来，很容易使幼儿产生挫败感，挫伤了幼儿建构的积极性。那些幼儿付出心血的、让幼儿很有成就感的作品，应当留下图片资料，作为对幼儿的鼓励。这样，幼儿会认为自己的劳动成果受到了教师的重视。在评价幼儿建构成果时，应以鼓励为主，在尊重幼儿意愿的前提下可以提出一些好的建议。

8. 游戏总结

这次建构游戏使幼儿获得挑战性的学习机会并提高了幼儿的建构技能。在中班幼儿从各自搭建到组合建构的发展过程中，教师的及时介入能加快接近组合建构水平的幼儿的发展速度。如果教师不介入，幼儿或许还会重复以前的方式，而不能获得挑战性的学习机会和新的经验。当幼儿们发生矛盾的时候，教师作为游戏者参与进来，为幼儿提供更好的选择，及时抓住了幼儿的兴趣点，引发了幼儿组合建构的动机，为后面游戏的开展提供了保障。游戏中和幼儿一起探索、思考、成长，游戏开展之前的一些关注、一个引导、一些细小材料准备，都对幼儿们的快乐成长起到不小的作用。

（二）梦幻游乐城

1. 游戏生成

游乐城是幼儿们最爱的地方之一，过山车、碰碰车、海盗船等各种游乐设施，形象鲜明。此时开展主题建构“梦幻游乐城”，难易适中，不但能满足幼儿兴趣所需，而且为提升幼儿的技能提供了良好的最近机会。根据幼儿学习、生活的经验，提供过山车等搭建的基础模型，鼓励幼儿相互合作、大胆创造。

2. 游戏目的

（1）在观察的基础上，能大胆、有创造性地选用合适的材料，参考图示建构过山车、碰碰车等。

（2）体验共同游戏的乐趣，感受成功的喜悦。

3. 游戏准备

材料准备：各类大中小型积木、纸板、大小不等的箱子、薯片罐、绳子、塑料管、插塑玩具、雪花片、自制纸盒积木、交通标志、牙膏盒、花、草、楼房等。

环境布置：有关梦幻游乐城的相关图片、结构图等。

4. 游戏玩法

（1）说一说游乐城里有什么。

（2）鼓励幼儿大胆建构，可先布局，再一步步细构环节。

（3）引导幼儿用辅助材料合作把整个游乐城的游戏器械、绿化和各类建筑完整地拼起来。

5. 观察记录

（1）当教师把与梦幻游乐城相关的建构作品照片、图示带到建构区时，幼儿们高兴极了。他们爱不释手地翻阅着、交流着，紧接着他们开始行动起来。安安和小书选了最漂亮的过山车图示。开始他们选择了用薯片桶当过山车的桥柱，但很快发现薯片桶太轻，容易倒。

“我们搭了一座爱心桥。”他们说。

教师问：“为什么用薯片桶搭桥呢？怎样才能不倒？”可幼儿们忙着搭建，没有关心教师的问题，只是更加小心地用积木加固，以保持大桥的稳定。接着搭建桥面，需要较高的积木做桥墩，但他们没有找到合适的，于是就把两块积木拼在一起得到了自己需要的高度。他们想搭建较缓的坡度，想让自己的过山车桥面渐渐变矮，与地面自然衔接，但是没有更矮的积木做桥墩。在探索一番后，他们选择把积木放平垫在下面，从而创造出了较缓的坡度与地面相接，很快过山车用的桥搭建完成。

（2）哲哲和良良经过研究，打算搭建碰碰车，于是搭建了许多各种各样的汽车，很顺利地完成了游戏。哲哲在介绍自己的作品时，也能比较连贯、通顺、有条理地说出碰碰车的一些特殊功能。

6. 游戏分析

安安和小书等幼儿的建构能力比较强，开始看到他们的过山车作品：摆放平稳、坡面比较长，拐弯也比较多，有6处。但模仿成分较多，对材料的利用等方面还存在许多方面的问题。在后续的构建游戏中，足可说明他们已悄然学会了自己发现问题、解决问题，学会了怎样运用色彩并体现了前所未有的色彩归类感、图形的变化感以及持之以恒的建构品质等。

7. 指导策略

（1）指导幼儿层层递进，不断挑战。针对建构能力强的幼儿，如果总是让他们按照自己的思维随意搭建，顺其自然地发展，容易导致这些幼儿的构建水平暂时性地停滞不前。如果给他们提出了新的挑战，加大难度，当他们遇到问题后，同伴间会通过不断的商量、调整，找到解决的办法，能有效地促进他们的发展。在建构的初始阶段，教师在活动中以提问的方式进入游戏，耐心倾听幼儿的不同想法，对于幼儿所想，教师进行适当的肯定，并给予建设性建议，有益于促进幼儿们的游戏向更加开阔的方向发展。

（2）材料分层投放，推陈出新。教师可通过观察、评估、分析当前每一个幼儿的发展现状，为发展水平不同的幼儿提供不同难度的材料。这样既能满足一般水平幼儿的发展需要，又能兼顾到那些能力较强和较弱的幼儿的发展需要，使他们都能在游戏中探索与自己兴趣相适应的材料。这样各种能力的幼儿就可以根据自己的喜好进行选择，从而有效地促进他们在原有的水平上得到发展。

8. 游戏总结

建构区是幼儿通过操作各种基本元件材料进行结构造型游戏的场所，是融思维、操作、艺术、创造于一体的活动，是幼儿阶段不可缺少的一种体验。通过引领、进行整体规划后，多数幼儿都能围绕主题搭建。在建构中，小朋友之间的协助和交流丰富，但许多方面的潜能还没有被激发出来。因此，在下一阶段的游戏指导中，教师应该创设相应的条件、环境，引导、激发幼儿在建构游戏中进一步发展。

三、大班游戏

(一)“和谐号”动车

1. 游戏生成

近年来，全国各地普遍开通了高铁，幼儿们对动车无比感兴趣，自主游戏时，幼儿们非常喜欢玩搭建“和谐号”动车的游戏。5～6岁的幼儿已经具备了一定的计划构思和分工合作的能力，积累了与同伴合作进行建构活动的经验，故教师决定开展此游戏。幼儿们以已有的生活经验为基础，用奇思妙想、灵巧小手搭建自己喜欢的“和谐号”动车。

2. 游戏目的

(1) 根据已有经验想象设计、创造出新的作品，发展想象力、创造力和动手操作能力。

(2) 在搭建过程中，学习、运用和巩固数、量、形、对称、力等相关概念，发展空间知觉。

(3) 建构游戏中观察幼儿的创造力和与同伴交往、合作的能力。

3. 游戏准备

积木、纸、笔、废旧纸盒及搭建区的环境创设。

4. 游戏玩法

(1) 设计“和谐号”动车图纸，根据图纸搭建动车。

(2) 建造车站、隧道、候车室等与动车配套的设施。

5. 观察记录

(1)“对，我和妈妈一起坐过！好快呀！”“我爷爷家有动车的模型！”“我家也有！”“我爸爸给我买了一套。”“动车叫和谐号”，早到的幼儿在教室里一起兴奋地议论着，引来了一群小伙伴的围观。

(2) 早操结束后，桐桐来到了搭建区，只见他拿起了笔和纸，在纸的下边画了三条长长的线，形成上下两层，上层添上了六个窗户和三扇门，下层画了14个圆圈，最后在每个圆圈的下面画上了一条竖线，一列“和谐号”动车跃然纸上。紧接着他拿起设计好的图纸和红色的笔来到“百宝箱”前寻找材料，一个长长的月饼盒正是他需要的，又在工具箱里找到了六个圆柱形的积木。

(3) 这时小伙伴成成找到了一个圆柱形的盒子拿到他面前，桐桐接过来看了又看说：“你拿这个有什么用呀？快送回去吧！”说完桐桐便把五个圆柱形的积木放在盒子的下面，把剩余的一个放在盒子的上面。这时成成又找来了一块长方形的积木给桐桐，桐桐看了看把它垫在最底层。车体搭好了，两人尝试着把轨道搭得更长一些。在轨道的尽头，成成放上了一个开口的盒子，盒子上面放一个三角形的积木，边放边说：“这是终点站。”

(4) 在桐桐和成成的合力下，“和谐号”动车已见雏形，吸引了小朋友们前来观看，一向主意多的轩轩提议说：“可以再加个隧道。”这个好点子立马得到响应，桐桐拿起笔在图纸上添画了个半圆形，伙伴们找来两块拱形的积木落在轨道上，隧道完成了。轩轩又提议说：“还需要建一个等车的地方，万一下雨可怎么办。”成成跑去找来更多的材料，不一会儿，伙伴们一起搭成了一座四层的楼房作为等车的地方。

6. 游戏分析

(1) 桐桐在搭建之前能绘制好设计图，这说明他做事有一定的目的性、计划性。从设计图中可以看出他对动车有了一定的认知，知道要有轨道、车轮、车窗、车门等，并能将生活经验有效运用到游戏中。

(2) 成成非常想加入游戏中，当第一次找来材料被桐桐拒绝时，他没有气馁，又去找游戏所需的积木，后来成功地融入搭建中，并能有效迁移生活知识，搭建终点站。

(3) 轩轩思维灵活，“隧道”“候车室”的加入，使“和谐号”动车更加生活化，为游戏注入了新元素。

7. 指导策略

(1) 把握材料的选择、投放和运用，充分发挥材料的“活”价值。区域材料作为幼儿操作的对象，是幼儿发展的媒介，选择、投放、变更活动材料是教师影响幼儿行为、支持幼儿学习和发展的教学策略之一。而建筑材料是开展建构游戏的物质保证，应从数量、种类等方面为幼儿的建构游戏提供适宜的材料，比如积木、塑料动物、小火车、轨道等成品玩具，还应从实际情况出发，提供充足、安全、卫生的废旧材料。多样化的材料丰富了区域游戏的内容和形式，激发了幼儿的创意和构思。正是因为丰富的材料，桐桐及小伙伴们在搭建“和谐号”动车时有了充分的材料支持，最后搭建的“和谐号”动车及配套设施十分成“规模”。

(2) 重视幼儿生活经验的积累，引导幼儿有序观察并积累生活经验。平时引导幼儿按照一定的逻辑顺序，如由上至下、由近及远、由整体到细节来观察事物，观察物体的形状、色彩、结构，养成仔细观察周围事物的习惯。如观察“和谐号”动车，先观察各种动车的图片，不同的动车造型不一样，结构和组合也不一样。幼儿通过观察，感知其各部位的名称、形状，启发幼儿思考用哪些积木来替代动车的什么部位，怎样用积木来表现动车的结构特征和组合关系，不要强硬地去要求幼儿怎么做。

8. 游戏总结

教师要做一个有心人，了解幼儿的认知发展水平，尊重幼儿的兴趣和愿望。5～6 岁的幼儿具备一定的计划构思和分工合作的能力，积累了与同伴合作进行建构活动的经验。桐桐原计划只搭建一辆动车，后来有了伙伴们的提议，又搭建了许多与动车有关的建筑。

可见幼儿之间的交流合作可以丰富幼儿已有的经验，更能激发游戏兴趣，教师需投入更丰富的材料让幼儿在搭建活动中有更多的选择，从而发挥其想象力和思维能力。

（二）牙签建筑物

1. 游戏生成

幼儿的天性是喜欢做游戏、希望被称赞、好奇心强等。牙签建筑物这一建构游戏，能激发他们的好奇心，让他们在游戏中通过动手操作，了解力的作用，尝试在生活中充分利用力学的有关知识来为自己服务，于是教师在班级里组织了牙签建筑物游戏，目的在于训练幼儿的思维创造性和动手创造性。

2. 游戏目的

（1）给幼儿牙签盒、橡皮泥，看谁搭建的建筑物承受的压力大。

（2）训练幼儿的思维创造性和动手能力，让幼儿了解力的作用，以及在生活中充分利用力的知识为自己服务。

（3）能在实验操作中体验成功的快乐。

3. 游戏准备

牙签（或小木棍）若干根、橡皮泥若干块、文具盒五个、彩笔若干支，直尺一把。

4. 游戏玩法

将幼儿分成若干组，每组发放 15 根牙签（或小木棍）、橡皮泥若干块、每个小组利用上述材料，组合不同类型的物体框架结构，看看哪一组的物体框架结构承受的压力最大。

5. 观察记录

（1）牙签建筑物搭建游戏开始，坤坤立即拿起牙签和橡皮泥开始做小板凳，不一会工夫，小板凳就搭建好了，于是他急忙叫教师来检测是否牢固。在教师放上文具盒和三支彩笔后，小板凳没有塌，他向其他幼儿炫耀起来。

（2）明明直接开始动手搭建高压电线铁塔，他用橡皮泥做两根牙签之间的接头，他的高压电线铁塔也很快搭建好了，当他发现自己小组的建筑物明显比其他小组的建筑物高时，也迫不及待地叫教师来测量高度。但当教师把文具盒放在塔顶时，高压电线铁塔垮塌了。

（3）悦悦拿起橡皮泥开始做大树的树干，用牙签做树枝，然后把组员用彩纸做的小树叶粘在树枝上，在组员的共同努力下，一棵高大挺拔、枝繁叶茂的大树呈现在大家面前。当教师把文具盒放在树上时，大树还挺立着，她兴奋不已，当教师向文具盒加放彩笔时，她的双眼一动不动地盯着大树，当加第二支彩笔时，树干开始动摇了，她立即要求停止加重，开始要求教师测量高度。由于高压电线铁塔垮塌了，这时她的大树暂时是最高的建筑物，她高兴得手舞足蹈。

（4）琦琦是个内向稳重的幼儿，动手搭建前，他先和组内的小伙伴商量，搭建什么东西符合又高又能承重的条件。随后，他们开始做立方体。他们用牙签做立方体的柱子，用橡皮泥做立方体的六面，最后他们的建筑物达到了18厘米，承受了一个文具盒、8支彩笔的重量，直到游戏结束再没有别的组能超越他们。

6. 游戏分析

坤坤是个动手能力较强、比较粗心的幼儿，接到任务后急于动手搭建，当搭建完小板凳后，他只考虑小板凳承受力大小的问题，但没有去考虑高度。跟坤坤相反的是明明，他考虑了高度却忽略了承受力大小的问题，最后导致高压电线铁塔因为不能承重而垮塌。琦琦是本次游戏中经过深思熟虑才开始搭建的幼儿，他在搭建前能做到先讨论，再确定搭建对象，然后在组内分工合作，虽然不是第一个搭建好的，但却是建得最高和最牢固的，这跟他日常生活中形成的好习惯有一定关系。

7. 指导策略

(1) 丰富建构材料，供幼儿选择。投放丰富的建构材料是搭建活动成功与否的重要条件。搭建前教师要做好准备工作，为幼儿们提供牙签（或小木棍）、橡皮泥、文具盒、彩笔、直尺等丰富的建构材料，供幼儿活动时自由选择。让他们在搭建活动中能自主搭建，自行检测，自我修改，从而搭建出让自己满意的作品，体验成功的快乐。

(2) 训练幼儿的思维创造性和动手能力。幼儿都有好奇心和爱动手的习惯。教师要充分利用幼儿好奇心强、爱动手的习惯，通过实践操作活动，引导幼儿训练思维的创造性，培养幼儿的动手能力，让他们学会思考，学会动手，提高综合能力。

(3) 培养幼儿的良好习惯。在搭建活动前，有些幼儿急于动手操作，没有提前构思，虽然很快建构完作品，但经不起考验，有的高度不够，有的承受能力不强，对于这样的幼儿，教师应多引导他们发现自己的不足之处。像琦琦这样的幼儿，因为日常生活中习惯遇到事情动脑子想办法，所以在本次游戏中有明显的优势，经过冷静地分析问题，找出最佳搭建方式。教师可以通过琦琦做榜样示范，让其他幼儿学习琦琦身上的优良品质。

8. 游戏总结

搭建游戏可以培养幼儿的思维创造能力和动手能力，让他们学会思考。思考如何利用仅有的材料，用自己灵巧的双手搭建出又高又结实的建筑物，还可以引导动手能力强的幼儿把建筑物搭建得既高又结实美观。同时让幼儿通过观察，发现自己的搭建作品中的不足，思考如何修改自己的搭建作品，在搭建游戏中培养幼儿的观察、思辨能力。游戏中教师应引导幼儿正确对待成功与失败。当自己取得成功时，不要骄傲自满，沾沾自喜；面对失败时，要主动向周围的同伴学习；遇到同伴有困难时，还应热情主动地伸出援助之手去帮助他们，让幼儿们在实验操作中体验成功的喜悦和助人的快乐。

第八单元　幼儿特色游戏

学习目标

1. 知识目标

了解幼儿民间游戏的特点、作用和价值；

了解手指游戏的含义、种类、特点、意义以及注意事项。

2. 能力目标

结合实际情况，合理运用幼儿民间游戏与手指游戏进行教学活动。

3. 情感目标

能够结合具体游戏案例，促进幼儿积极参与到民间游戏与手指游戏中，并激发他们的游戏兴趣。

第一课　幼儿民间游戏

一、幼儿民间游戏的定义

幼儿民间游戏是我国传统文化的重要组成部分，因为它活泼有趣，具有群体性、活动性等特点，对于场地、玩具、时间、人数没有太高要求而备受孩子们的欢迎。民间游戏是指流传于广大民众生活中的嬉戏娱乐活动，俗称“玩耍”，主要流行于少年儿童中间和节日里成年人娱乐节目之中，有些游戏项目在发展中逐渐完备，最后形成了竞技项目或杂技艺术。

说到幼儿民间游戏，有一定年龄的人都会津津乐道，荡秋千、滚铁环、跳皮筋、打弹珠、丢沙包、跳房子、捉迷藏、老鹰捉小鸡……这些游戏伴随着一代又一代人度过了他们难忘的童年时光，深深刻进他们童年的记忆中。

二、幼儿民间游戏的特点

（一）游戏过程的趣味性和娱乐性

民间游戏能够代代流传是因为具有极强的趣味性，最主要的原因就是那些游戏好玩有趣、内容生动、形式活泼，符合幼儿好奇、好动的特点。例如，木头人、捉迷藏等充满了幼儿式的幽默；摔烟纸盒，其中好看的图案、扇的动作和纸盒摔在地上发出的声音都给幼儿带来了乐趣；放风筝、踢毽子、跳皮筋等游戏，则动感十足，能让幼儿奔跑跳跃，满足其好动的需求，如图 8-1 所示。

图 8-1　幼儿民间游戏的趣味性

（二）游戏开展的随意性

民间游戏对场地、空间很少有要求，没有人数限制，不需要太广阔的场地，也不需要太高档的设施设备，在家门口、草地上、胡同口等地方都能进行。

（三）游戏材料的简便性、生活性和地域性

民间游戏来源于生活，或者是幼儿对于成人社会生活的创造性再现，带有浓郁的地域特色和生活性，材料简单易得，如图 8-2 所示。

图 8-2　幼儿民间游戏的简便性

（四）参与人员的群体性和活动性

很多民间游戏都是需要几个人一起玩的，有合作有竞争，可以充分调动身体的各个部分参与游戏，具有群体性和活动性特征，如图 8-3 所示。

图 8-3　幼儿民间游戏的群体性

三、幼儿民间游戏的作用

（一）能锻炼身体，增强体质，发展智力

幼儿民间游戏不仅注重脑力的开发，而且注重体能的锻炼，有助于发展智力，对认知发展起着重要的作用，还有的游戏需要动脑筋，则可以使幼儿的思维、想象力、创造力得到进一步的发展，如图 8-4 所示。

图 8-4　幼儿民间游戏可以锻炼幼儿身体

（二）可以促进社会性和个性的发展

在游戏中，幼儿之间的互动可以加强人与人的交流和沟通，促进社会性的发展，能满足幼儿的好动、好胜等心理，促进其良好个性的形成。

（三）可以促进幼儿的综合感知能力发展，能增强动手操作能力，促进眼、口、手、脑的协调、统一

很多幼儿民间游戏必须通过动手操作才能成功，如民间游戏“线翻花”，这种游戏通过手指灵活地支、撑、勾、挑、翻、收、放等动作，便可以翻出各种生动有趣的造型图案。要求参与者做到眼尖、脑灵、手准、手脑一致和手眼协调，于是幼儿的视觉、触觉、运动觉、知觉都得到了有机训练，如图 8-5 所示。

图 8-5　民间游戏使幼儿身体协调，各种感觉得到有机训练

（四）有助于幼儿良好品德和行为习惯的培养，锻炼意志

民间游戏能加强幼儿的品德教育和行为习惯的培养，对促进他们身心和谐发展起着十分重要的作用。在游戏过程中，幼儿将自身带入游戏中，他们通过扮演角色，反复感知模仿角色。例如，游戏“过家家”“贴烧饼”“抬花轿”等，幼儿通过玩游戏，学会了怎样和别人友好相处、相互合作，在潜移默化中学到了团结合作、勇敢顽强的好品质，锻炼了意志。

（五）有助于幼儿情感的发展

民间游戏带有竞争性，这使幼儿在游戏的同时体验成功与失败，既可以体会到成功的喜悦和满足感，增强自信心和成就感，又可以经历挫折和失败，锻炼抗挫折能力。同时，在自发、自由的民间游戏中，幼儿自由地发挥，大胆地想象，大方地表现，这些都有助于幼儿积极情感的发展。

（六）有助于幼儿园、家庭、社区的多向交流

民间游戏形式灵活，在幼儿园、家庭、社区都可以开展，不仅深受幼儿喜欢，还能唤起家长及其他成人儿时的记忆，把大人和幼儿凑在一起，互教互助，尽情游戏，成为幼儿园、家庭、社区多向沟通的桥梁。

（七）传承了传统民族文化

民间游戏是人们在民族传统文化的基础上经过不断加工而形成的，积淀了丰富的文化底蕴，是优秀传统文化的重要组成部分。在幼儿园开展民间游戏，有利于加深幼儿对传统文化的了解，传承民族文化，如图 8-6 所示。

图 8-6 幼儿民间游戏传承了传统民族文化

总之，民间游戏对幼儿综合素质的培养有着重要的作用，是幼儿融入社会、了解生活、获得知识、开发智力、增进才能、强健体魄的一种学习活动。把游戏时间还给幼儿，让他们在游戏中快乐地成长，给他们更多的自由时间和空间，学习体验生活、适应生活，促进幼儿身心的健康发展，让他们有一个快乐的童年。

四、幼儿民间游戏的价值

由于具有上述特点，幼儿民间游戏在促进幼儿发展和幼儿园管理中具有两方面的价值及功能，既有助于促进幼儿的发展，又有助于幼儿园的教育管理。

（一）促进幼儿发展的价值

1. 幼儿民间游戏有助于幼儿身体的发展

幼儿民间游戏可以较好地发展幼儿的基本动作，为提高幼儿的运动能力奠定良好的基础。发展幼儿走、跑、跳等基本动作，需要经过大量的反复练习才能收到效果，如果只机械地反复让幼儿做这些动作，不能引起他们的兴趣，也无法调动其积极性，这样，练习的效果就会受到影响。在搜集到的民间游戏中，大部分游戏都有助于发展幼儿的基本动作。由于幼儿民间游戏具有浓厚的趣味性，能引发幼儿参加游戏的欲望，吸引他们积极主动地参加游戏。在民间游戏中，有简单的角色、情节和简易的玩具材料，这能使幼儿在游戏中情绪积极高涨，乐而不厌。开展这些游戏的同时，也是在反复练习，这使幼儿在游戏中完成了体育锻炼的要求，达到增强幼儿体质、发展幼儿基本动作的目的。

目前，对于幼儿园来说，要做到确保幼儿每天有足够的户外活动时间，具有较大的困难。例如，幼儿园园舍及场地窄小，教育经费紧张，体育活动设施及玩具价格不断上涨等因素带来的种种困难，使幼儿的活动时间和条件不能得到保证，影响了幼儿的身体发展。如果仅依靠体育活动来完成锻炼幼儿身体的任务是远远不够的。民间游戏的灵活性及随机性，使幼儿能利用有限时间和有限空间开展活动，从而保证了幼儿活动的总量。

幼儿民间游戏中，既有促进小肌肉发展的游戏，如“弹蚕豆”“嫡嫡肉、买买肉”等，又有发展幼儿大肌肉动作的游戏，如“跳格格”“城门几丈高”“新娘坐轿”等；还有一些游戏可以帮助发展幼儿动作的协调性、敏捷性和平衡能力。

2. 有助于幼儿认知的发展

幼儿民间游戏可以丰富幼儿自然、社会方面的知识，扩大其知识面。大多数幼儿民间游戏都配有童谣和儿歌，这些童谣和儿歌中包含着许多关于自然和社会的知识，如《荷花荷花几时开》等。当然，民间游戏的儿歌中也存在着不少迷信的、过时的、不正确的知识，这需要予以筛选和改编。对挖掘、搜集到的游戏童谣和儿歌加以改编，赋予其具有时代性的新内容，使幼儿在玩乐中接受新知识，吸取新信息。比如，“骑铁马”这则游戏，就可以把城市所发生的巨大变化嵌入儿歌中。

幼儿民间游戏对于发展幼儿的口头语言表达能力具有特殊的价值，尤其是小班的幼儿。首先，对于小班的幼儿来说，不仅仅是要提高他们的口语表达能力，更重要的还在于说话胆量的锻炼。在民间游戏中，幼儿处于放松状态，心理上没有压力，可以大胆地说话。同时在游戏过程中，作为游戏伙伴的教师对幼儿所提出的要求，幼儿也会乐于接受，很快就会变得敢于说话了。其次，在民间游戏中，有丰富的“说”的材料，可以使幼儿有说的内容，有想说的愿望，变“要我说”为“我要说”，这就大大提高了幼儿口语发展的速度和效率。最后，幼儿民间游戏还可以发展幼儿的思维、想象、记忆、判断等能力。

3. 有助于幼儿社会性的发展

把民间游戏引入幼儿园教育中，对幼儿的社会性发展具有很大的促进作用，主要表现为：幼儿自然的游戏伙伴关系有助于其社会性的发展。幼儿民间游戏一般都需要若干名儿童共同合作才能进行，如“推小车”（2 人）、“炒黄豆”（2 人）、“拍大麦”（2 人）、“城门几丈高”（集体游戏）等。在游戏中，儿童之间的言语交往随时进行，它促进了幼儿社会性语言的运用。民间游戏中也有约定俗成的游戏规则，幼儿在游戏中必须遵守这些规则，才能使游戏进行下去。富有儿童情趣的民间游戏对幼儿具有很大的诱惑力，这会促使幼儿控制自己的行为，遵守游戏规则。在这个过程中，幼儿会遇到许多问题，如人数多了或少了、玩具不够了、大家对游戏规则的理解不一致等。通过游戏伙伴的相互模仿、相互协调，幼儿学会了遵守规则，与他人友好相处，学会了自己解决人际矛盾及控制自己的情绪和行为。在游戏中，每个幼儿都在不断地更换角色。游戏伙伴中会很自然地产生“领袖”，这些“领袖”也会很自然地被淘汰，这可以培养幼儿的责任感和组织能力，同时教育幼儿要平等待人，树立团结协作的意识，克服任性、娇惯、唯我独尊等不良习气。

4. 有助于幼儿良好个性及意志品质的发展

民间游戏的一个很重要的特点就是娱乐性，幼儿在游戏中享有充分的自由，没有任何干预，自娱自乐，幼儿的情绪是放松的，没有心理压力。民间游戏也带有竞争性，当幼儿在游戏中获胜时，则能体验到成功的喜悦，使他们的心理得到极大的满足，从而增加了自信心和成就感。同时在游戏中，幼儿也会面临失败，这会使幼儿产生挫折感，但有趣的民间游戏又吸引着幼儿，使他们能忍受遇到的挫折，克服自身的弱点，继续参加游戏。在这个过程中，幼儿承受挫折的能力及活泼开朗的性格得到了培养。在游戏中，为了使游戏顺利地进行下去，参加游戏的每个幼儿都必须遵守游戏规则，这需要幼儿学会自我控制。在游戏角色的分配上，幼儿也在学习着控制自己的喜好和行为。因此，幼儿民间游戏有助于培养幼儿良好的意志品质。

（二）幼儿民间游戏在幼儿园管理中的价值

幼儿民间游戏在幼儿园管理中的价值主要表现在以下几个方面。

1. 有利于“勤俭办园”

目前，对于郊区和农村的幼儿园来说，“勤俭办园”仍然是十分需要的。开展幼儿民间游戏，有助于缓解目前园舍、场地窄小及幼教经费紧缺不足的矛盾。幼儿民间游戏灵活、自由度大，一般不受时间、空间等条件的限制，所需要的玩具材料也简便，可以发动本园教师自制玩具。

2. 有助于合理地安排幼儿一日活动

幼儿园一日活动包括许多环节，从来园到离园，主要有来园、体育锻炼、作业、游戏、进餐、午睡和离园。在安排一日活动中，有两个问题需要很好地解决：一是活动内容上需要动静交替；二是环节的过渡要自然，减少幼儿的等待时间。幼儿民间游戏的种类非常丰富，有运动量较大的“木头散窝”“猫捉老鼠儿更天”，也有比较安静的“嫡嫡肉、买买肉”“拍大麦”等，可供教师选择。

在体育教学活动中，可以选择一些能促进幼儿大肌肉发展的民间游戏，如“猫捉老鼠儿更天”“荷花荷花儿时开”等。在户外小型分散活动中，一般可以安排一些活动量适宜，或可以培养幼儿交往、合作精神的民间游戏，如“跳皮筋”“炒黄豆”“跳格格”等。来园是幼儿愉快地开始一天生活的关键，为丰富活动角的内容，可以适当地选择一些发展小肌肉群或手眼协调能力的民间游戏，如“挑棍”“弹蚕豆”“烟盒三角块”“抓籽”等。一日活动中有许多零散时间，如幼儿来园后、离园前、饭后等环节过渡时，可以选择一些不受时间和场地限制、玩具携带方便且容易收拢的民间游戏，如“翻绳”“捉猴”“找东西南北”等。这样不仅使幼儿园一日活动的各个环节过渡自然，管而不死，放而不乱，同时还减少了幼儿排队和等待的时间，使幼儿得到充分的自由和发展。

3. 有利于幼儿园与家庭教育的联系

民间游戏可以成为幼儿园教育与家庭教育相互沟通的桥梁。民间游戏来源于生活，许多家长都会玩，幼儿园在开展民间游戏教育的过程中，可以向广大家长请教，征集民间游戏。家长通过和自己孩子一起玩民间游戏，也可以了解幼儿在幼儿园中的发展情况，这样幼儿园和家庭有了一个共同关心的事情，使家长和幼儿园的关系变得更为密切。

五、幼儿园运用民间游戏时应注意的几个问题

（一）搜集、改编民间游戏应注意科学性、思想性和教育性

由于幼儿民间游戏产生于民间，流传于口头，随着社会的不断发展，人们的生活方式、价值观念、风土习俗在不断发生着变化，这使民间游戏存在着时代和地方的局限性，甚至还夹杂着一些不健康的内容。因此，幼儿园在运用民间游戏时，需要对所搜集到的民间游戏进行改编，这是一个重新创作的过程。在这个过程中，应注意科学性、思想性和教育性。对搜集到的每一则民间游戏进行整理和审查时，可保留游戏的形式及结构，对其内容、情节、规则以及相配的儿歌、童谣中不符合时代精神、不符合幼儿年龄特点的地方加以改造，或重新编写，赋予新的含义，使这些民间游戏在名称、内容、角色、情节、规则、儿歌、童谣上尽可能符合幼儿身心发展规律，并具有积极的教育意义。

（二）运用幼儿民间游戏时，应注意针对性、灵活性、适度性

幼儿园在具体运用民间游戏时，应根据幼儿的发展目标有目的、有计划地进行。其中针对性要求表现在以下几点：一是选择游戏时，应注意针对幼儿的不同年龄特点来选择不同的游戏；二是在一日活动中要注意针对不同的时间、不同的条件和幼儿的不同需要，选择适当的民间游戏；三是在同一年龄班中，注意针对不同幼儿的不同发展水平，选择不同内容的民间游戏，提出不同的动作要求和游戏规则，提供不同的角色和不同的玩具或替代物，以使每个幼儿在其原有水平上得到发展。因此，需要随时随地地调节游戏的难易程度，以符合幼儿的个体水平和特点。这样民间游戏才能起到促进幼儿发展的作用。

（三）运用幼儿民间游戏还应注意安全性

在改编运用幼儿民间游戏中，应对游戏动作的设计、场地的选择、玩具的使用与制作等方面加强安全性的检查。

比如，游戏“砍白菜”，原游戏中的动作是用手掌“砍”在幼儿的头颈处，这种动作不利于幼儿身体的健康，可以改为弯下腰，“砍”在幼儿的脚跟处，这样更贴近生活的实际，也比较安全。

六、案例指导与分析

（一）小班

1. 耍沙包

（1）活动目标。

锻炼幼儿手腕的控制能力，创新多种玩沙包的方法，如图 8-7 所示；发展幼儿的创造力和动作的协调能力。

图 8-7 多种玩沙包的方法

（2）活动准备。

塑胶场地；每人一个沙包（沙包上缝一根布绳）。

（3）活动玩法。

幼儿在塑胶场地上分散站好。

踢：幼儿右手提沙包上的布绳，用右脚内侧去踢沙包，看谁踢得多。

走：幼儿将沙包放在头顶上向前走，幼儿用下巴（或双腿膝盖、双脚）夹住沙包向前走（或跳）。

投：幼儿站在起始线上朝墙掷沙包，比比谁的沙包落地后离墙最近或最远。

抛：幼儿将沙包当流星球，朝上抛，试试能否接住。

（4）活动实景。

根据要求，每个幼儿都带来了一个缝有布绳的沙包。教师没有急于告诉幼儿沙包可以怎么玩，而是启发幼儿自己动脑筋想一想。有的说可以踢着玩，有的说可以当作流星球扔着玩……说归说，用于实践又是另外一回事。在幼儿急切的目光中，教师带他们来到场地上。一开始，教师没有急于让幼儿按预设的计划玩，而是让他们自由探索沙包的玩法。幼儿有的踢着玩，有的用头顶着玩，有的抛着玩，玩得非常兴奋，小小的沙包到了幼儿的手里，好像有了生命。面对这个小小的玩具，幼儿充满了好奇，没有教师的介入，活动照样进行得有声有色。

幼儿热情高涨地玩了挺长一段时间，当他们再也想不出更好的玩法时，便没有再专注地游戏了。除了少数幼儿还在玩沙包外，其他幼儿有的在塑胶地垫上滚着玩，有的围着场地跑着转圈，活动开始有点乱了。这时，仍在玩沙包的几个幼儿的玩法吸引了教师。“岳阳，这次我来踢，你来帮我数吧。”佳睿一边说着，一边提着沙包的布绳很努力地踢了起来，虽然有时脚踢空了，可她又努力地等下一个。佳睿踢了5个，便累得喘起来，就又换上了康妍……最后，岳阳踢得最多，有8个。他们的玩法启发了教师，教师把幼儿集中起来，以竞赛的方式玩踢沙包的游戏。教师讲了游戏的规则。两个幼儿一组，在自己体力允许的情况下，比比谁踢得多。幼儿的积极性又被调动了起来，游戏又大张旗鼓地进行起来了。

玩沙包的游戏再次进行时，问题出现了，由于预先设定的游戏规则中对时间的限制不明显，幼儿体力消耗过大，一轮游戏下来，幼儿就有点吃不消了。于是，又有幼儿嚷道：“哎呀，老师，累死了!”而且，由于场地大，幼儿站得比较分散。发现了问题就得赶紧解决，场地问题好解决，塑胶地垫上画有小朋友做操时站的小圆点，要求每个幼儿找一个小圆点站好，就比较紧凑了。在游戏的规则中，又加上了对游戏时间的限制：两个幼儿一组轮流踢沙包，在3分钟时间内，比比谁踢得多，多者为胜，奖励一朵小红花。另外，学期末，踢沙包个数多的小朋友将被评选为“年度健康宝宝”。

规则改好了，游戏再次进行，有了前进的目标与方向，幼儿的积极性可高了，非常认真努力地踢了起来。现在，我们班的幼儿有的能连续踢到30个，有的还能左右脚轮流踢，玩出了新花样，玩沙包的游戏已经成了我们班的特色游戏。

（5）分析。

幼儿初次接触沙包，内心充满了好奇，并且很容易就想出了各种各样关于沙包的玩法，加之教师没有干涉他们的活动，使他们有了最大的自由发挥空间。由于沙包玩法多样，接连玩了几天，孩子们的兴趣依然不减。

在自由游戏中，幼儿虽然不受限制，但时间久了，幼儿就会感到乏味。教师及时发现了这一点，改进了游戏的玩法，缩小了游戏的范围，只选取了幼儿比较感兴趣的“踢”的玩法，并设定了游戏的规则，游戏规则中的竞争意识又重断调动了幼儿参与游戏的积极性。

游戏中，教师意识到了规则中存在的问题，并立刻进行解决，将原先宽泛的规则进行了细化，加之教师意识到了踢沙包游戏有点枯燥，又给了幼儿一个长期奋斗的目标，有了前进的方向，再次调动了幼儿参与游戏的积极性和主动性。

2. 金锁、银锁

（1）活动背景。

本学期，幼儿园继续开展了民间游戏课题的研究，各种民间游戏在幼儿园内如火如荼地开展着。我们班也根据小班幼儿好奇、好动的年龄特点，结合民间游戏的特点，选择了适合的民间游戏，让幼儿在玩中乐、乐中学、玩中有得、玩中有创，更好地促进他们的全面发展。

1）实录一：

民间游戏的儿歌有很浓厚的趣味性，而且容易理解。一开始我与一位幼儿玩，配上朗朗上口的儿歌，很快吸引了幼儿的注意力，消除了我和幼儿之间的生疏感、拘束感，幼儿很快就学会了游戏的具体玩法，并且对这个游戏也非常感兴趣，“金锁、银锁”游戏热火朝天地开展起来了，幼儿也都玩得很不错，如图 8-8 所示。但是随着幼儿玩得越来越熟练，问题也接踵而至。“不算不算，我还没念完呢，你的手就已经躲走了。”“老师，我老也抓不着小鱼的手，他的手老是提前跑了，还没念完就跑了……”越来越多的幼儿反映着相同的问题，我仔细琢磨了游戏的全过程，发现是游戏的规则出现了漏洞，让机灵的孩子钻了空子。

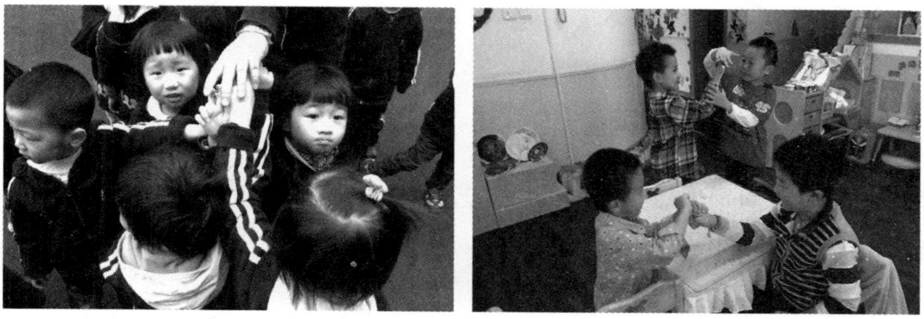

图 8-8　金锁、银锁游戏

2）实录二：

发现问题后，我决定将游戏的规则进行细化。于是，我和幼儿一起商量了起来……“谁不念到最后一个字，谁就不许玩”“谁先把手抽走，就表演节目”“遵守规则的才是好宝宝”……幼儿七嘴八舌地说开了。最后，我们决定：违反游戏规则的幼儿将失去继续参加游戏的资格，同时在游戏结束后评选出“最佳游戏宝宝”。游戏又继续运转起来了，这次，再也没有幼儿耍小聪明了，游戏又受到了幼儿的喜爱。

3）实录三：

“老师，两个人玩起来太简单了”“对啊，再教给我们一个好玩的吧”……有的孩子开始坐不住了，有的直嚷着要换个新游戏。于是，我提醒幼儿：“如果人多点会怎么样？”只看见，幼儿开始去找自己的好朋友，三四个人一组地玩了起来。这下，幼儿更起劲了，偶尔也会跟老师来一把，赢了就会忍不住“嘿嘿嘿”地笑，胜利的喜悦溢于言表，欢乐的笑声充满了整个教室。

（2）分析。

由于小班幼儿年龄小，教师必须进行适宜的指导，才能使幼儿主动、愉快、积极地参与到整个活动中，促进幼儿身心的发展。小班幼儿年龄的特点及他们认知发展水平的限制决定了幼儿在整个活动中需要教师的指导。在小班阶段，教师可以以“大伙伴”的身份直接参与，这无形中就是对孩子游戏活动的支持和认同，会引起幼儿游戏的兴趣。

游戏规则、玩法都制订好了，到了实践阶段却出现了问题，教师意识到由于游戏规则制订得不够细化，没有制订违规惩罚措施，让机灵的幼儿钻了空子，致使部分幼儿的游戏兴趣明显降低。其实，民间游戏中也有约定俗成的规则，幼儿在游戏中必须遵守游戏规则，才能使游戏进行下去，而富有儿童情趣的民间游戏对幼儿具有很大的诱惑力，这会促使幼儿控制自己的行为，遵守游戏规则。

民间游戏有其相对固定的规则和玩法，教师在引导幼儿理解游戏规则的意义之后，重要的是鼓励幼儿对游戏进行创新。在组织民间游戏时，教师不应让幼儿呆板地遵守规则，按照固定的玩法，一成不变地使用材料，而是要鼓励幼儿在游戏中根据自己参与游戏的体验和需要，制订出适宜的规则。幼儿自己制订的游戏规则，他们更容易去遵守。

（二）中班

1. 赶小猪

（1）活动背景。

川西民间体育游戏对于幼儿之所以魅力无穷，就是因为幼儿的自主性可以在游戏中得到充分的体现和发挥。在“赶小猪”游戏中，幼儿所表现出的自主性，这种内部活动的动机和需要，在主客体相互作用中得到逐步发展，如图 8-9 所示。

图 8-9　赶小猪游戏

（2）活动过程。

1）“这小猪怎么不听我使唤”——自发玩耍，积极主动。第一次玩“赶小猪”游戏，幼儿充满了好奇，迫不及待地拿起竹竿就试了起来。他们手握两尺长的竹竿，在用装了水的矿泉水瓶简易地隔离出的一条不到两米宽的路上自由地赶着“小猪”。一开始，“猪”（用包装纸团成的纸球代替）好像老不听使唤，一会儿把“猪”赶到小路外去了，一会儿竹竿又没能碰到“小猪”，虽然如此，却丝毫不影响幼儿对此游戏的兴趣。他们坚持不懈地弓着身子赶着，兴致勃勃地一次又一次把“小猪”赶到终点。

川西民间体育游戏的材料与玩法本身具有操作性强、趣味浓的特点，加之其动作技能对孩子有很高的挑战性，因此在游戏初期，幼儿能够全身心地投入，并感到满足和愉快，具有很强的积极主动性。

2）“乒乓球猪跑得真快!”——自主选择，充分体验。经过一段时间的练习和玩耍，孩子们终于能让“小猪”跟着自己的竹竿走了。他们开始不满足于在“小路”上赶猪。有的孩子甚至拿着竿子跑出了赶猪场地，去戳动操场里的小石子、落叶等。看来，幼儿已不再满足单一的游戏情景与材料。于是，我们请幼儿自己找材料对“小猪”的队伍进行扩充。他们从家里带来了乒乓球、藤编球、大小不等的皮球、塑料球、跳跳球等。新的游戏材料一投放，“赶猪场”又热闹起来了。名名和好朋友朗朗边赶着乒乓球边议论着，“乒乓球猪跑得真快!”丽丽把藤编球给可可玩，并告诉可可“赶藤球猪要用力”……不同材质的“猪”，其滚动速度不同，对力度的把握也有所不同；大小不同的“猪”，对动作准确性的要求也有所不同。幼儿自主选择材料，体验着不同材料带来的不同感受。我们也用两个纸箱做成两个“小猪的家”，分别贴上两个粉粉嫩嫩的“小猪的头”“小猪家”的门（用箱子开口，一个大，一个小），鼓励幼儿将小猪赶进家里。

随着经验的不断丰富，在好奇心的引领下，幼儿自发地探索着新的游戏环境和材料。幼儿自带的材料为幼儿积累、整合经验搭建了平台，给幼儿一个自由的空间，让他们通过自主选择游戏材料、同伴，按自己的学习进度来获得体验。玩什么，和谁玩，怎么玩，完全是自己做主。幼儿在游戏的过程中不受外力的干扰，自主掌握着材料的使用，控制着游戏的节奏。

3）“我们赢了”——自我调控，合作竞争。幼儿赶猪的技能越来越娴熟了。在一次游戏中，兰兰兴奋的叫喊声吸引了我们的注意，“我的猪先进了!”原来她和龙龙正在比赛谁的“猪”先赶进圈里。她的成功也引起了别的幼儿关注。“你们还想再比一次吗?”我不失时机地问。“想!”成功的喜悦和竞争的快乐使他们开始了又一次比赛。其他幼儿也按捺不住对比赛的激情和向往，纷纷加入到比赛的行列中，比赛成了游戏的催化剂。幼儿不断自己总结着经验：“天天，你刚才应该把‘猪’传给我；美馨，你要把他们的‘猪’赶出去”。幼儿不断自己解决着游戏中的问题，不断与同伴商议、调整着游戏规则。他们或三三两两地拿着竹竿争先恐后地比着谁先将自己的猪赶进圈里，或分成两队以类似踢足球的方式比赛，双方成员在阻止对方将“猪”赶进自己球门的同时，还要相互配合将“猪”赶进对方球门。幼儿对比赛乐此不疲，赢了的欢呼雀跃，输了的立刻投入下一轮比赛，好像下一场赢的一定就是自己。幼儿在比赛中的配合越来越娴熟，从最初的独自争球，独自传球，到后来的配合传球，都表明他们的合作意识、团队意识的增强。“赶小猪”游戏进入了高潮。

（3）分析。

幼儿充分表现出了游戏的才能，赋予“赶小猪”游戏以新意。而其结果不会给参与者带来心理压力，只会为下一次的努力带来动力。在游戏中，幼儿是相对独立的又是互相联系的。一方面，他们不再依靠成人的帮助，自己完成任务，自己做出决定，自己克服困难，并感受到民间体育游戏中的竞争，体会比赛带给自己的刺激与快乐。另一方面，幼儿学习怎样与同伴团结协作，学习乐观、积极地面对失败，与同伴建构自己的认知经验。这一过程，是幼儿自主性发展的重要阶段，而成功解决问题，获得同伴认同，使幼儿体验到独立自主的自豪感，这样就更能加强他们独立自主的自信心。

2. 选择花样翻绳的绳子

（1）材料准备。

本次活动的材料是家长提供的，幼儿带来的绳子种类有很多（塑料绳、橡皮筋、松紧带、毛线、呢绒绳、电话线、彩带、包装带等），其中有的不能用来翻绳。

（2）活动方法。

为了让幼儿自己判断哪条绳子适合翻绳，我们设计了表格，将幼儿带来的绳子标上数字，让幼儿用每一条绳子翻一翻、想一想、记一记，从操作中判断哪一种绳子适合进行花样翻绳。让幼儿在实践中寻找答案，获得直接的经验，如图 8-10 所示。

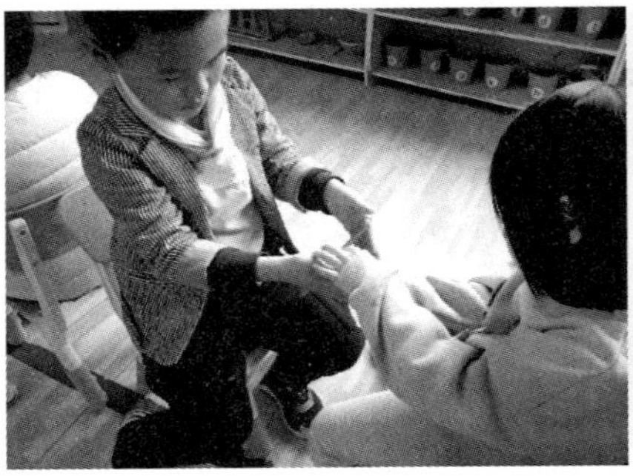

图 8-10　选择花样翻绳的绳子

（3）活动过程。

1）我们在活动中发现，幼儿已具备初步的判断能力，能从 15 条绳子中做出正确的判断。能力强的幼儿，如婉祺、于辰，他们能凭直觉进行判断。他们拿到较硬的绳子时，直接肯定地说："这不用试了！肯定不好翻！"彦君一拿起电话线就说："这条肯定难翻，没弹性。"振强拿到塑料绳马上说："这条不好打结！"于辰小朋友翻完每一条绳子后，都将绳子高高举起："这是 9 号绳子，谁要？""7 号绳子在哪里？"这种语言传达的方法使她加快了记录的速度，振强和志炜也用同样的方法较快地完成了记录。当幼儿发现手中的绳子好翻时，会高兴地请同伴一起玩。梓聘和苏楠采取两人合作的方法，更加准确地进行判断，玩得很开心。

2）合作统计。幼儿以三人一组进行统计，分别统计每条绳子认为好翻的幼儿有几个，认为不好翻的幼儿有几个。通过统计，我们可以准确地了解幼儿认为好翻的绳子是哪几种。在活动中，幼儿通过观察、思考、判断、记录，掌握了初步的统计能力。幼儿能自主分配任务：一人承担点数打"√"的数量，一人承担点数打"×"的数量，一人承担记录的任务，分工明确，较顺利地完成了记录任务。活动之间幼儿会相互提醒，经常可以听到这样的话："记住，你数的是"√"的数量""别记错了，打×的是7不是1"。出乎意料的是幼儿统计的准确性，在6组幼儿中，只有婉祺这组幼儿出现了一点小差错。

（4）发现问题。

由于能力的差别，有的幼儿速度快，他们在操作中没有按照绳子数字的顺序，拿到哪一条就先翻哪一条，节省了许多时间；有的幼儿速度慢，他们在操作中按照绳子数字的顺序，花了许多时间找绳子。

（5）活动感悟。

幼儿非常喜欢表格记录，他们之间出现了自主合作的现象，使我们对表格记录的活动方式充满信心。

（6）分析。

在统计过程中，能力强的幼儿凸显出指导的作用，他们会认真热情地提醒能力差的幼儿，帮助他们解决一些小的问题，使同伴之间的合作更加顺利。教师在活动中应提倡幼儿之间"强项带动弱项"的学习方式。另外，这个游戏不是单纯的民间游戏，它结合了智力游戏。通过民间游戏的趣味性带动了幼儿主动思考、探索的欲望。

（三）大班

1. 西瓜乐

（1）活动目标。

发展幼儿的奔跑、反应及自控能力，增强幼儿的规则意识；培养幼儿互相合作的能力，体验游戏的快乐。

（2）活动准备。

西瓜皮球若干、报纸、筐8个。

（3）活动过程。

1）热身运动。师："小朋友，今天天气真好，农民伯伯在田里忙着种西瓜，你们想不想种西瓜呀？""那好，我们也来种西瓜，等西瓜长出来了，我们还要切个大西瓜尝尝。"师幼共同做热身运动，如图8-11所示。

图8-11 西瓜乐游戏

2）师幼共同游戏。玩创编游戏“种西瓜”和“切西瓜”，提醒幼儿遵守游戏规则，紧急集合。师：“刚才老师收到农民伯伯打来的电话，说是要我们帮忙收西瓜，你们说好不好?”玩游戏“运西瓜”。提出游戏方法与规则：活动按小组比赛进行，听口令出发，不许抢跑，掉下的皮球必须重新放回报纸筐后继续前行，到达终点后返回交给另外两位小朋友后站到队伍后面，直到把皮球运完。先运完的小组为胜。游戏开始时提醒幼儿注意安全。

3）游戏结束。表扬胜出者，整队回教室。

（4）分析。

民间游戏是幼儿最喜欢的活动之一，组织幼儿开展民间游戏活动是幼儿园健康教育的重要内容之一，它贯穿于幼儿园内一日生活的各个环节之中。教师在开展传统的民间游戏活动中挖掘和创编出了许多新的游戏玩法。民间游戏“荷花荷花儿时开”和“切西瓜”比较适合中班幼儿玩，幼儿在中班时非常喜欢玩，可是进入大班后小朋友就不太有兴趣玩了。于是教师把两个游戏重新创编组合，经过尝试，发现幼儿喜欢玩了，乐意玩了。案例中的游戏还结合了民间游戏“运西瓜”，并且教师取了个好听的名字“西瓜乐”。

2. 老鹰抓小鸡

（1）设计意图。

《幼儿园教育指导纲要（试行）》中指出：“幼儿园必须以游戏为基本活动，开展丰富多彩的户外游戏和体育活动，培养参加体育活动的兴趣和习惯，增强幼儿的体质。”民间体育游戏因其较强的趣味性、娱乐性、实用性，深受幼儿喜欢，使幼儿的体育锻炼更富有情趣。“老鹰抓小鸡”游戏是练习奔跑和多人合作的游戏，需要有合作和协调的能力，游戏难度较大，如图 8-12 所示。我们班已组织幼儿开展了一次“老鹰抓小鸡”的体育活动，幼儿的兴趣很高，但在活动中扮小鸡的幼儿为了不被老鹰抓住，往往忽略了动作的幅度，且“小鸡”躲闪方向的不一致性，有时会带倒别的幼儿。本次活动尝试调整活动内容，通过变换游戏的方法及规则，来增加游戏的安全性和趣味性，同时激活幼儿的创新思维，增加玩法，提高幼儿对活动的兴趣。

图 8-12　老鹰抓小鸡游戏

（2）活动目标。

锻炼奔跑能力，快跑时会闪躲，不碰撞；能开动脑筋，运用多种游戏练习；培养勇敢、互相协作的品质。

（3）活动准备。

呼啦圈若干个；音乐磁带及录音机。

（4）活动过程。

1）开始部分，引出课题，激发兴趣。模仿动作，活动身体。师（扮母鸡）：“小鸡们，天亮了，我们该去捉虫了。瞧，今天天气可真好，让我们一起来活动一下身体吧！”小鸡做游戏（颈部、上肢运动）—小鸡喝水（腰部运动）—整理羽毛（体侧运动）—捉地上、庄稼上的虫子（跳跃运动）—休息（放松运动）。

2）基本部分。复习游戏“老鹰抓小鸡”。师：“小鸡们，我们来玩老鹰抓小鸡的游戏，谁来说说怎么玩？”幼：“老鹰去抓小鸡”“鸡妈妈把小鸡挡在身后，保护它们不被老鹰捉住”“小鸡跟在鸡妈妈的身后跑，保护好自己不被老鹰捉住”。

幼儿分成几组游戏，教师提醒扮“小鸡”的幼儿注意跟上前面幼儿的节奏。出示呼啦圈、布块，鼓励幼儿想出游戏新玩法。师：“刚才我们老鹰抓小鸡分成几组来玩，可以一起玩吗？我这里有一些呼啦圈和布块，可以利用上，能想出新的玩法吗？”幼：“可以两只老鹰一起去抓小鸡”“可以两只母鸡一起保护小鸡”“老鹰可以用呼啦圈去抓小鸡”“小鸡也可以用布当成网去捕老鹰”。

商定游戏玩法和规则，和幼儿一起讨论：“老鹰只能追套怎么样的小鸡”“两只母鸡或者多只母鸡可以怎样保护小鸡不被老鹰抓”“老鹰的家在哪里”“小鸡可以怎么捕老鹰”“什么时候游戏结束”等问题。教师总结幼儿的讨论结果，进行新游戏。比如，“能干的老鹰”“能干的母鸡”等幼儿游戏，教师给予指导。教师小结，评价、表扬勇敢、互相协作的幼儿。

3）结束部分。师：“小鸡们，天快黑了，我们该回家了。”“母鸡”带领“小鸡”做整理羽毛、拍拍翅膀飞的动作，以放松肌体和情绪，在音乐声中走回教室。

（5）分析。

整个活动以游戏的形式来贯穿，提高了幼儿参加体育活动的兴趣，幼儿沉浸在角色中，积极、主动地投入到活动中去。通过让幼儿探索和体验“老鹰抓小鸡”的新玩法，从而培养其创新意识，发展他们的创造性思维，让幼儿在玩中学，学中玩。活动过程中，教师通过启发幼儿讨论出游戏的新玩法，让幼儿练习跑和躲闪的动作，便于幼儿接受和练习。另外，还让每一位参与这个活动的幼儿都可以当“老鹰”“母鸡”“小鸡”，让每一个参加的幼儿都能体验到“老鹰抓小鸡”所带来的乐趣，可使每个幼儿在活动中都获得成功的体验。幼儿通过努力可以不断达到更高的竞技水平，通过胜负的差异，体验成就感与荣誉感，在享受成功与胜利的愉悦的同时，不断增强和发展自信心，达到锻炼的目的，并通过变换游戏的方法及规则，增加了游戏的安全性和趣味性。同时通过这一活动，幼儿动作的协调性和控制能力得到了培养，互相协作的能力也有了提高。

第二课　幼儿手指游戏

一、手指游戏的含义及种类

手指游戏，顾名思义，就是用手指头玩的游戏。幼儿期是手部动作发展的关键期，手指运动能直接刺激大脑皮层，促进大脑的发育，而大脑的完善发展又能促进手的动作更加灵活。因此，幼儿园可以通过各种途径让幼儿的手动起来，除了为幼儿提供丰富的操作材料外，生动有趣的手指游戏也是幼儿喜欢的手指运动之一。

手指游戏包含专门的手指操和其他手指游戏。专门的手指操是指为了锻炼手指的灵活性而设计的手指活动，其中包括各个手指的弯曲练习、点指练习、弹指练习、轮指练习以及手指之间的协调配合练习等。其他手指游戏包括融入音乐活动中的手指游戏以及结合文学作品的手指游戏等。经常开展手指游戏，可以提高幼儿手指的灵活性，促进幼儿语言的发展，同时还能激发幼儿大胆想象，增进幼儿与同伴的交往。

二、手指游戏的特点

手指游戏内容丰富、音韵和谐、朗朗上口，游戏具有便捷、简朴、轻巧、灵活的特点，手指游戏还可以促进幼儿之间的合作与协商。手指游戏不受时间、条件、年龄的限制，随时可以开展，有适合室内教学活动的手指游戏，有适合户外教学活动的手指游戏，教师可以根据幼儿的接受能力，教育内容的需要来选择适合的手指活动，使他们在轻松愉快氛围活动中由浅入深地进入学习。手指游戏可以带给幼儿独特的体验和智慧的启迪，作为教育者，手指游戏的教育价值就是手指游戏给幼儿带来手指的活动、语言认知的发展、思维想象的萌芽和创造表现的欲望以及愉快的情感体验。

三、手指游戏的意义

（一）促进幼儿手眼协调

俗话说："十指连心""心灵手巧"。著名哲学家康德曾说："手是身体的大脑。"著名教育家苏霍姆林斯基也曾说："儿童的智慧在他的手指尖上。"对于幼儿来说，手指的活动，是大脑的体操。活动的是手，得到锻炼的还有大脑，手指活动与人脑的发育有着极为重要的密切关系。在做手指游戏活动时，大脑、眼、手同时协调运动、协调发展，对视觉、听觉、触觉、语言等功能的发展也有着极大的促进作用。长期坚持做手指运动能开发幼儿的大脑潜能，促进大脑与手指间的信息传递，锻炼幼儿手指的灵活性，发展幼儿手部小肌肉群活动能力和手指关节的发育，促进幼儿大脑与手指神经协调发展，发散思维等作用。

（二）促进教学常规的培养

刚入园的幼儿情绪不稳定，不能很好地投入到教学活动中，要建立班级常规就很不容易，组织正常的教学活动就更不容易，但是要面对幼儿喜欢的游戏，教师的教学就会达到事半功倍的效果。将手指游戏和班级常规结合起来，让手指游戏渗透到常规教育的每一个环节中，让幼儿在轻松愉快的环境中建立常规。如："谁的小手藏的好——我的小手藏的好；小手小手拍一拍，我把小手伸出来。小手小手拍一拍，我把小手举起来。小手小手拍一拍，我把小手藏起来。"在组织幼儿课前活动时，可以运用这样的手指活动集中幼儿的注意力，培养幼儿课前活动中的常规习惯。通过手指游戏让幼儿有序地学习班级常规，对于孩子是非常适用的。

（三）促进幼儿语言的发展

语言是多元智能中的基础智能，人们运用语言进行交流、学习，以及各种思维活动，家长和学校都非常重视语言的发展，但是我们抓住幼儿语言发展的敏感期，运用多种方式来帮助幼儿学习语言，促进幼儿期语言的发展。对于3岁左右的幼儿，除了日常的语言交流和阅读活动外，我们采用手指游戏更能吸引幼儿的语言发展。3岁左右的幼儿因为知识经验少，语言发展差，有意识记忆未能很好发展，自我控制能力较差，手口的协调能力也需要不断地练习，说唱式手指游戏在这个时间起到了很好的作用。在一些活动的过渡环节，比如进行教学活动前，吃饭前的一段时间，不适合做一些比较剧烈、兴奋的活动，这时就可以玩手指游戏，既可以成功地吸引孩子的注意力，又可以锻炼手部肌肉的发展，在此过程中还可以锻炼孩子的语言能力和自我表现的能力。

（四）提升幼儿的逻辑思维能力

《幼儿园教育指导纲要（试行）》指出，数学学习扎根于儿童的生活和经验，由于幼儿年龄小，对于数的认识和理解记忆都很模糊，运用手指游戏创设生活经验帮助幼儿学习数学，如：一座房、两块糖、三把伞、四把枪、五副眼镜、六碗汤、七只白兔、八头象，再加九朵小红花，十个小朋友笑哈哈！孩子在游戏中既锻炼了实验协调的能力，又能理解数的概念。

（五）培养幼儿合作交往能力

幼儿园的教育目标是培养幼儿乐意与人交往，学会互助，合作分享，有同情心的好品质。现在的孩子，绝大多数是独生子女，在家像个小皇帝，家里大人呵护太多，所以走出家门后交往能力较弱，不太容易与人交往，而手指游戏营造了一种轻松、随意的氛围，可以单独表演，也可以找朋友一起玩。教师鼓励幼儿自己找玩伴，在游戏中自己去协商、配合、合作，这样幼儿能主动与别人交往，游戏的规则自己来商讨，也培养他们的解决问题的能力。幼儿可以运用多种方式与同伴交流，不仅可以锻炼幼儿的合作交往能力，还有助于教学过程的开展。

四、开展手指游戏活动的注意事项

（一）经常变换，保持新鲜

幼儿年龄越小，对某一事物的新鲜感保持时间越短。教师要经常更新手指游戏的内容，还可以请幼儿和家长一起来开发新的手指游戏，持续激发幼儿对手指游戏活动的兴趣。

（二）不受限制，随机开展

手指游戏活动不受时间、条件、年龄的限制，随时随地可以开展。在教室，在操场，在郊游的路上；在课前，在餐前，在离园的时候……教师可以根据幼儿的年龄特点和接受能力来选择相应的手指活动，使他们在轻松愉快的气氛中，手部肌肉得到锻炼。在幼儿一日活动中的每个过渡环节，无声的手指运动、变化多端的手指造型，可以很好地稳定幼儿的情绪，使幼儿的注意力尽快地被教师所吸引，让教师组织幼儿集中、排队变得简单、轻松。

（三）遵循特点，减少变化

幼儿年龄小，手指的关节和肌肉尚在发育时期。因此，教师设计手指游戏的动作应简单，变化不宜太多，且动作可多次重复，便于幼儿掌握动作要领，树立幼儿的自信心，避免幼儿因困难而退缩。

（四）由浅入深，循序渐进

在选择手指游戏时，应根据幼儿的年龄特点，由浅入深，循序渐进。在小班，教师可以利用手指来做一些简单的模仿动作，如小花、手枪、剪刀、小鸟、小兔等，让幼儿感受手指变化带来的快乐。在中班，教师可以逐步引导幼儿进行一些基本手型的练习，如弹指、轮指、弯指、捏指、钩指等动作，使幼儿手指的各个关节都动起来，同时结合一些简单的童谣，让幼儿随时都可以进行手指运动。在大班，我们将手指游戏融入故事、古诗中，让幼儿手做动作，同时大脑还要回忆故事情节和古诗内容，有效地开发了大脑。

（五）以此为介，多元发展

在手指游戏活动中，幼儿的大脑、手、眼同时协调运动，对视觉、听觉、触觉、语言等功能的发展也有着极大的促进作用。在组织幼儿手指运动时，教师应充分调动幼儿多种感官的参与，鼓励幼儿大胆表达、表现。同时，有效结合音乐、语言、健康等各领域的内容，与手指体操融为一体，促进幼儿多元的发展。

好动好玩是幼儿的天性。手指游戏是幼儿的基本活动，符合幼儿的年龄特点。手指游戏具有趣味性，幼儿可在游戏中观察、思考、想象。在游戏中运用各种感官，动手，动脑，学会与人交往合作。将手指游戏运用到教学中，既有可行性也有操作性，同时对幼儿的自身发展起到促进作用；将手指游戏运用到教学中，不仅满足了幼儿年龄的发展需要，还为教师组织教学活动起到很大的辅助作用。因此，将手指游戏运用到一日教学活动中，充分挖掘其内在价值，发挥其教育功能，将游戏和学习结合在一起，可以让孩子更快、更开心地成长。

五、手指游戏案例分析

（一）小班幼儿手指游戏

1. 小手

（1）一座小桥平地起（双手五指并拢，放在胸前），如图 8-13 所示。

（2）小桥拱起是小山（双手五指并拢，做小山状），如图 8-14 所示。

图 8-13 一座小桥平地起

图 8-14 小桥拱起是小山

（3）小山合拢是佛手（双手合拢），如图 8-15 所示。

（4）佛手打开是蜜桃（双手手指弯曲，合拢），如图 8-16 所示。

图 8-15　小山合拢是佛手

图 8-16　佛手打开是蜜桃

(5) 蜜桃打开是鲜花（双手做鲜花状），如图 8-17 所示。

(6) 鲜花打开是小手（双手五指并拢，指尖朝前），如图 8-18 所示。

图 8-17　蜜桃打开是鲜花

图 8-18　鲜花打开是小手

(7) 我的小手摆一摆（五指撑开，左右摆动），如图 8-19 所示。

(8) 我的小手藏起来（击掌两次，然后双手握拳藏在身后），如图 8-20 所示。

图 8-19　我的小手摆一摆

图 8-20　我的小手藏起来

2. 一家人

(1) 大拇指是爸爸，爸爸开汽车嘀嘀嘀（双手大拇指单伸出来，向下按），如图 8-21 所示。

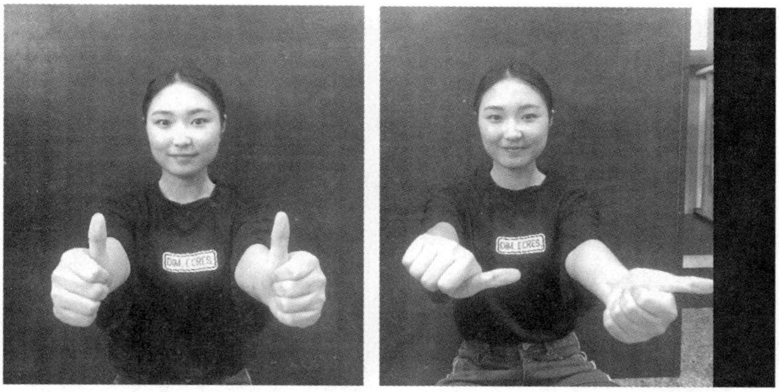

图 8-21 大拇指是爸爸，爸爸开汽车嘀嘀嘀

（2）爸爸的旁边是妈妈，妈妈洗衣服搓搓搓（双手食指单伸出来，做搓衣服的动作），如图 8-22 所示。

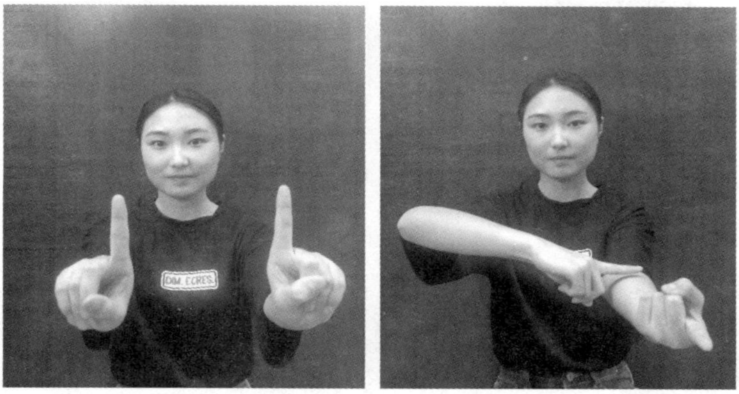

图 8-22 爸爸的旁边是妈妈，妈妈洗衣服搓搓搓

（3）个子最高的是哥哥，哥哥拍皮球，砰砰砰（双手中指单伸出来，向上做拍球动作），如图 8-23 所示。

图 8-23 个子最高的是哥哥，哥哥拍皮球，砰砰砰

（4）哥哥的旁边是姐姐，姐姐爱跳舞，啦啦啦（双手无名指单伸出来，做绕圈动作），如图 8-24 所示。

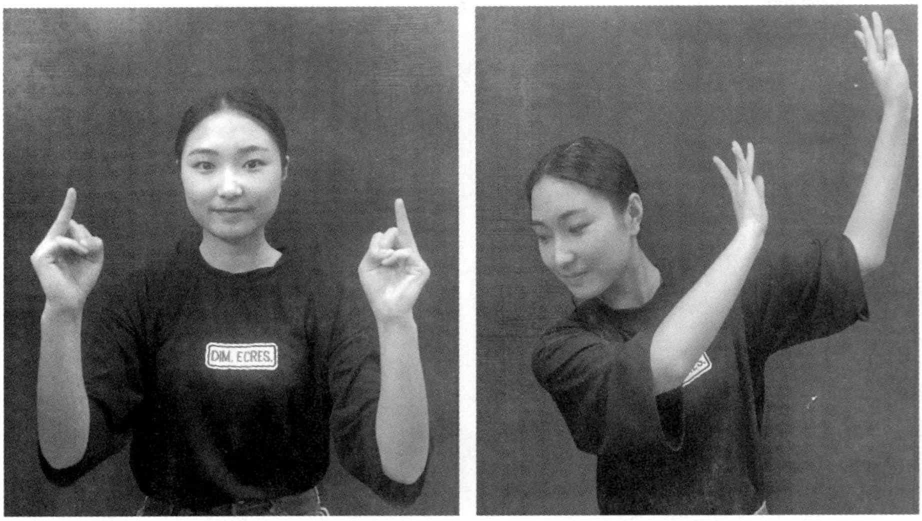

图 8-24　哥哥的旁边是姐姐，姐姐爱跳舞，啦啦啦

（5）个子最小的就是我，我敲小鼓咚咚咚（双手小指单伸出来，做敲小鼓动作），如图 8-25 所示。

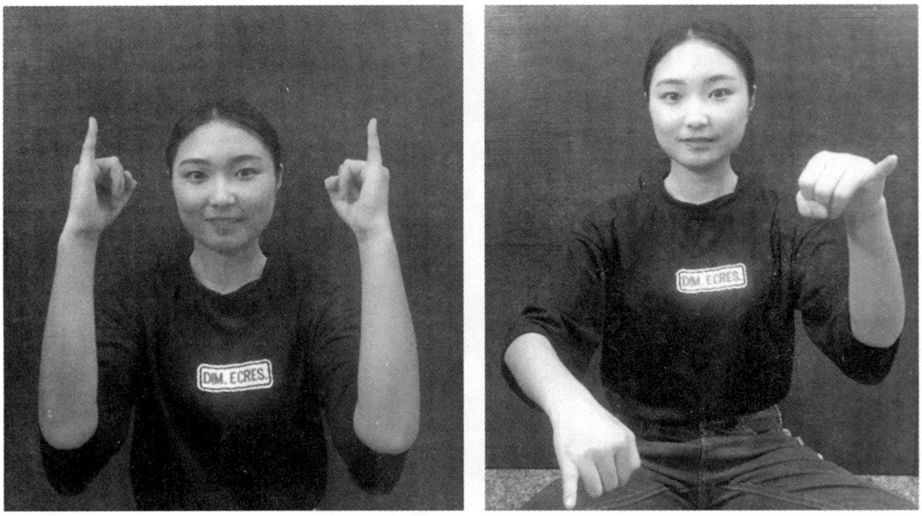

图 8-25　个子最小的就是我，我敲小鼓咚咚咚

（二）中班幼儿手指游戏

1. 剪刀石头布

（1）剪刀石头布，剪刀石头布（双手放在两侧，做剪刀、石头、布），如图 8-26 所示。

图 8-26 剪刀石头布

(2) 剪刀石头布，剪刀石头布。一把剪刀一块石头（左手剪刀，右手石头），我是小白兔（剪刀放在石头的后面），如图 8-27 所示。

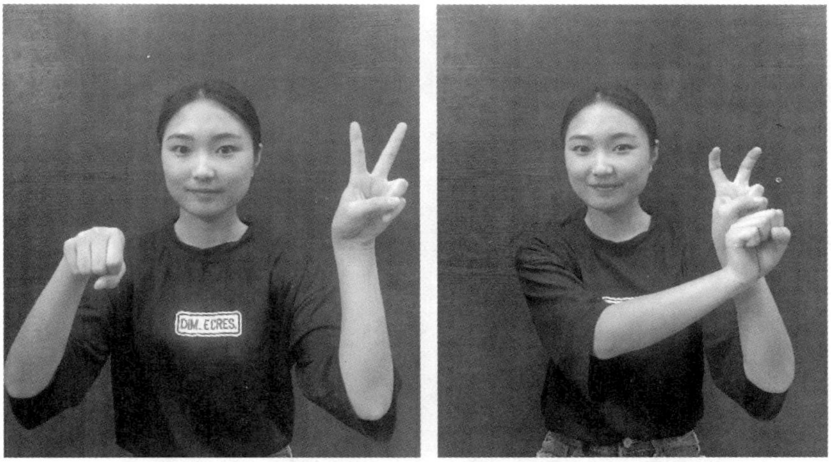

图 8-27 一把剪刀一块石头

(3) 剪刀石头布，剪刀石头布。一把剪刀两把剪刀（左右手都是剪刀），亲亲小白兔（掌心相对，弯曲食指和中指），如图 8-28 所示。

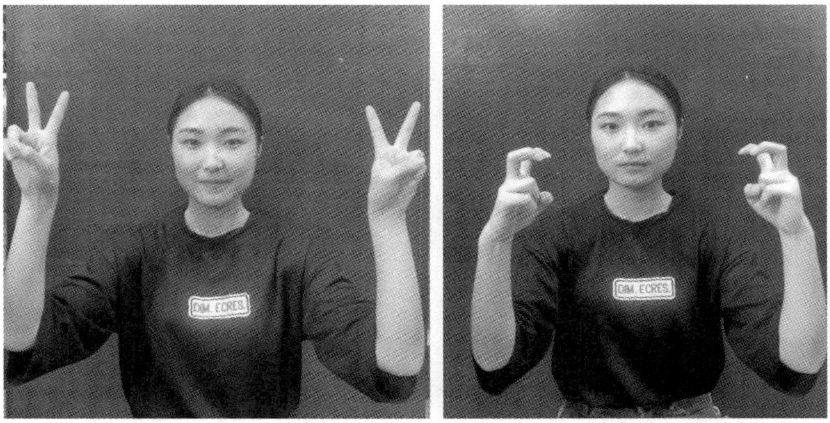

图 8-28 两把剪刀

(4) 剪刀石头布，剪刀石头布。一把剪刀一块布（左手剪刀，右手布），抓住小白兔（右手去抓左手），如图 8-29 所示。

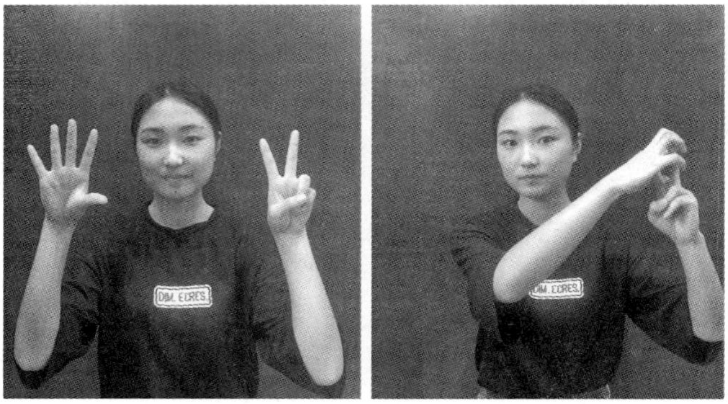

图 8-29　一把剪刀一块布

(5) 剪刀石头布，剪刀石头布。一块布两块布（左右手都是布），我是章鱼不是兔，如图 8-30 所示。（藏起大拇指，双手交叉做章鱼状）

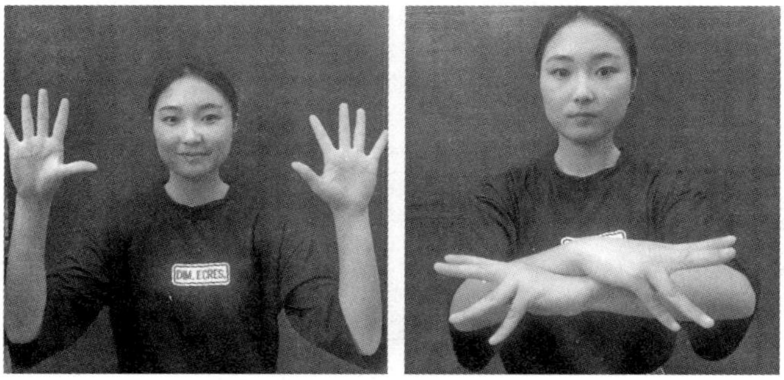

图 8-30　两块布

2. 手指宝宝

(1) 两个大拇指（两手成拳相对，拇指伸直）比比一样高（两拳相合，拇指并在一起），如图 8-31 所示。

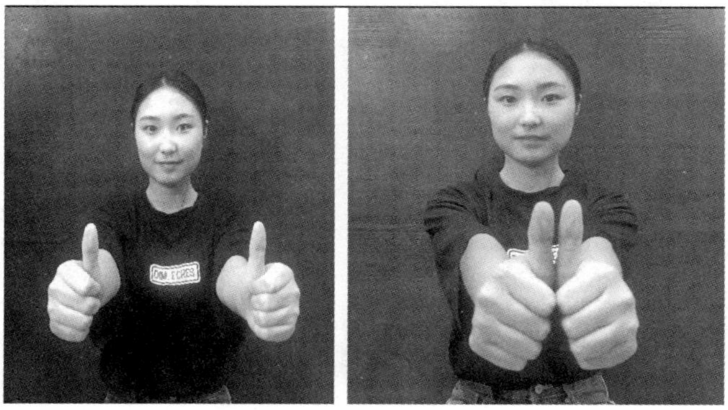

图 8-31　两个大拇指比比一样高

（2）相互点点点（两手拇指向前碰触），接着弯弯腰（两手拇指向前弯曲），如图 8-32 所示。

图 8-32　相互点点点，接着弯弯腰

（3）两个小拇指（两拳打开，两手小拇指伸直），一样都灵巧（两手小拇指弯曲运动），如图 8-33 所示。

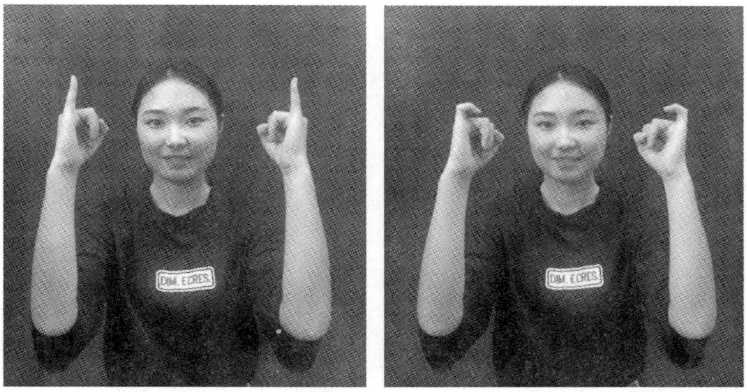

图 8-33　两个小拇指，一样都灵巧

（4）相互拉拉勾（两手小指反复互勾），点头问问好（两拳竖起，两手小指相互弯曲运动），如图 8-34 所示。

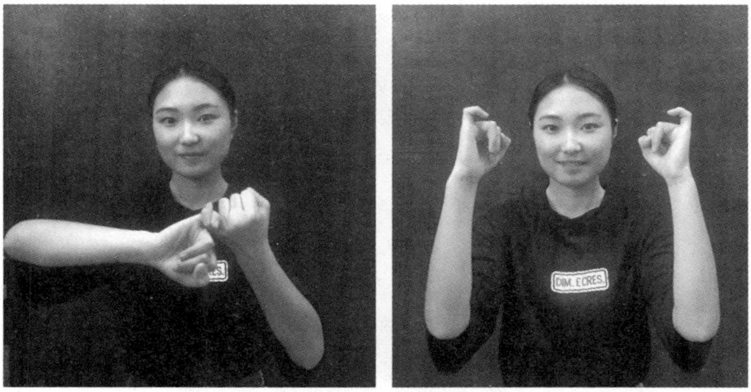

图 8-34　相互拉拉勾，点头问问好

（5）食指（弹食指），中指（弹中指），无名指（弹无名指），如图 8-35 所示。

（6）样样事情离不了（两手食指、中指和无名指弯曲运动），如图 8-36 所示。

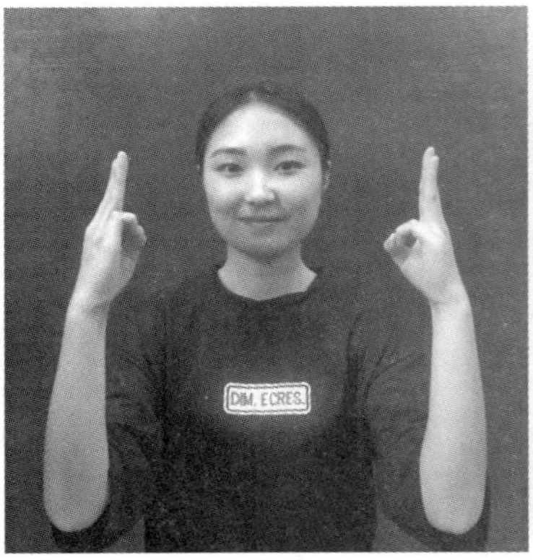

图 8-35　弹手指

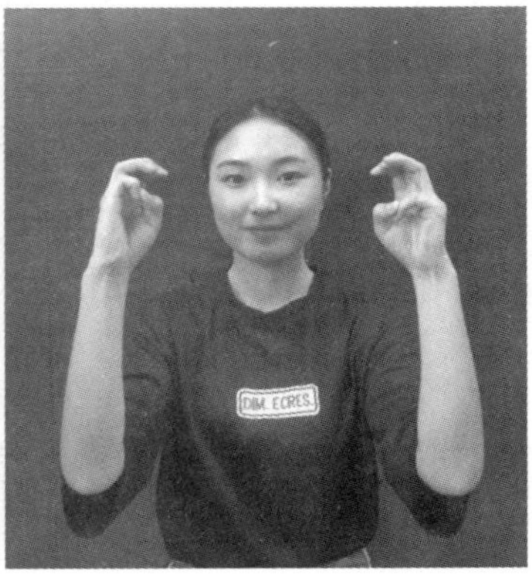

图 8-36　手指弯曲运动

（7）摊开双手数数数（两手心向上，十指伸展），如图 8-37 所示。

（8）一二三四五（左手依次弯曲手指），六七八九十（右手依次弯曲手指），如图8-38所示。

图 8-37　摊开双手数数数

图 8-38　依次弯曲手指

（9）都是我的（拍手）好宝宝（双手抱在胸前，头歪向左侧），如图 8-39 所示。

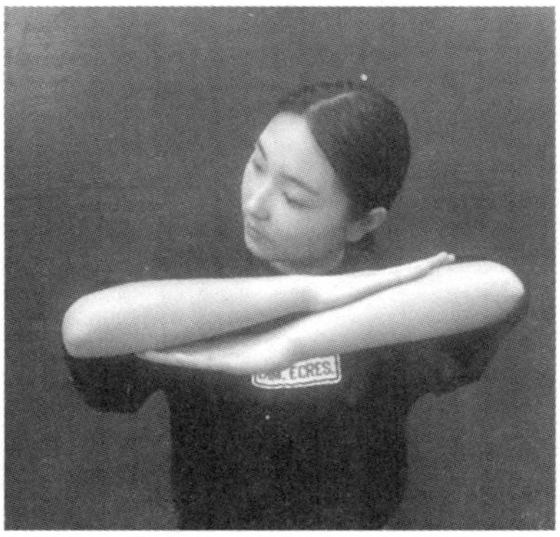

图 8-39　都是我的好宝宝

（三）大班幼儿手指游戏

1. 体育馆里真热闹

（1）体育馆里真热闹（双手指尖对指尖，放在胸前），如图 8-40 所示。

图 8-40 体育馆里真热闹

（2）前门开（小拇指分开）、后门开（大拇指分开），如图 8-41 所示。

图 8-41 前门开、后门开

（3）旁门开（无名指分开）、侧门开（食指分开），如图 8-42 所示。

图 8-42 旁门开、侧门开

（4）所有的门都打开（五指全部分开），如图 8-43 所示。

图 8-43　所有的门都打开

（5）立正（双手握拳），稍息（双手分开放在身体两侧），紧急集合（五指交叉）如图 8-44 所示。

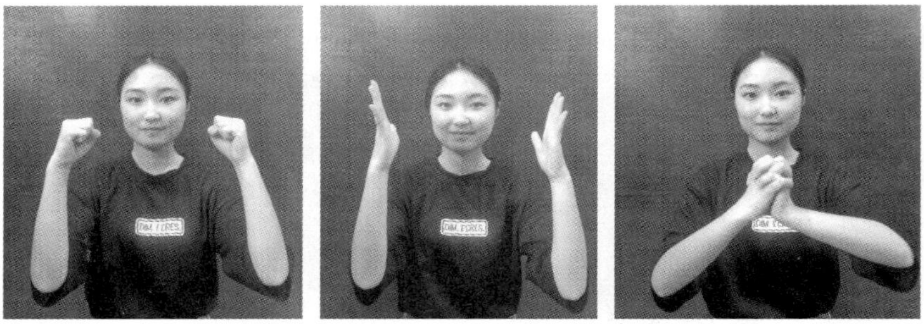

图 8-44　立正、稍息和紧急集合

（6）齐步走，一二一、一二一（一是左手五指抬起，二是右手五指抬起），如图 8-45 所示。

图 8-45　齐步走

（7）立定（手指合起），解散（双手分开），如图 8-46 所示。

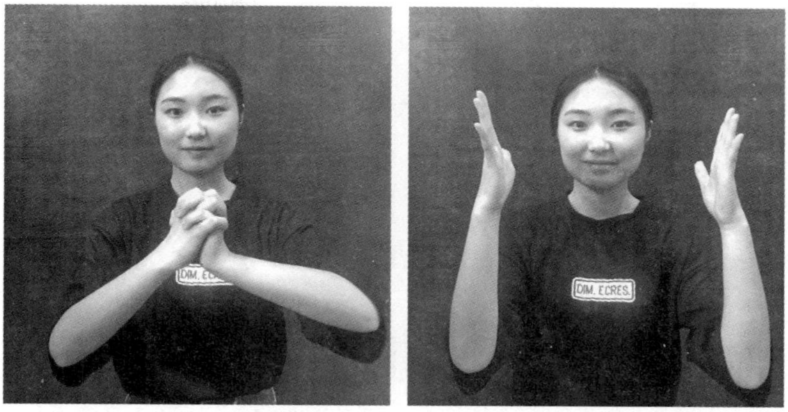

图 8-46　立定与解散

2. 小兔子盖新房

（1）小兔子（双手做小兔耳朵），盖新房（五指并拢，指尖碰指尖），如图 8-47 所示。

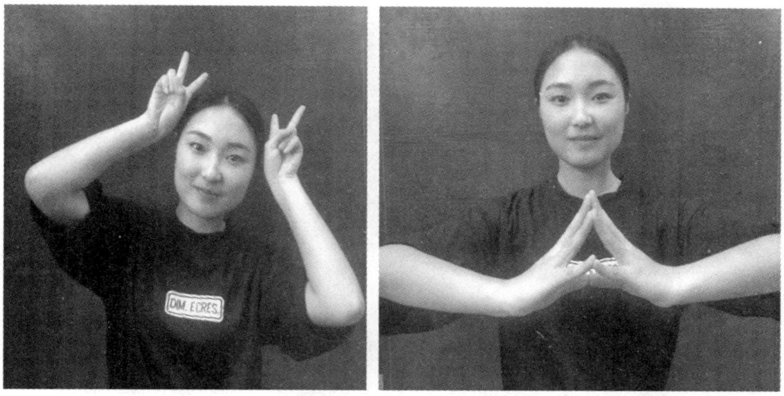

图 8-47　小兔子盖新房

（2）小猴、小狗（双手做小猴、小狗状）来帮忙（左手手背向上，右手手指爬过），如图 8-48 所示。

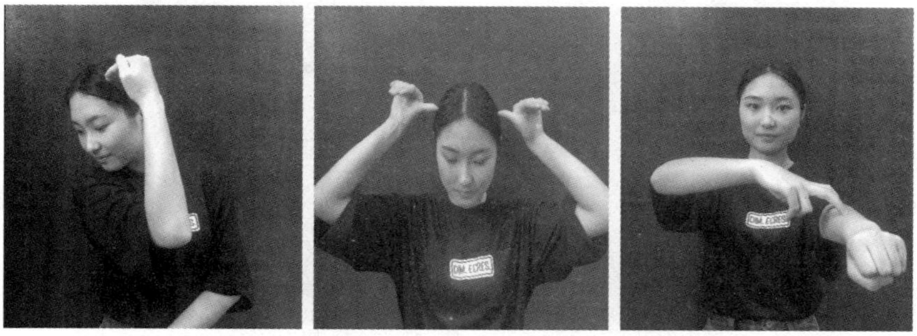

图 8-48　小猴、小狗来帮忙

（3）锯的锯（右手并拢做锯子，左手握拳手心向下），钉的钉（左右手握拳做锤子），如图 8-49 所示。

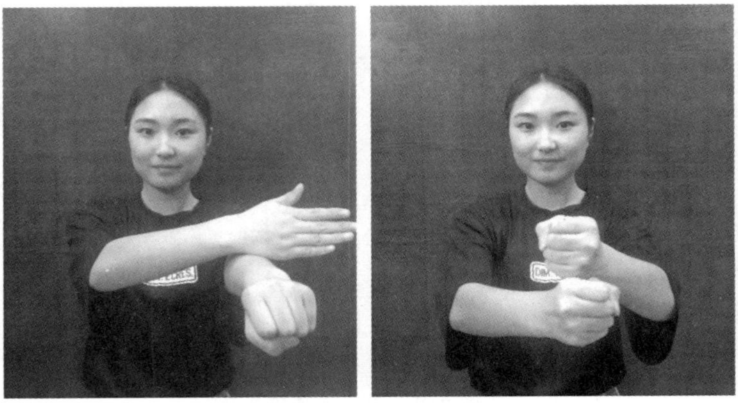

图 8-49　锯的锯，钉的钉

（4）新房盖得（五指并拢，指尖碰指尖）真漂亮（双手交叉，手指做轮指），如图 8-50所示。

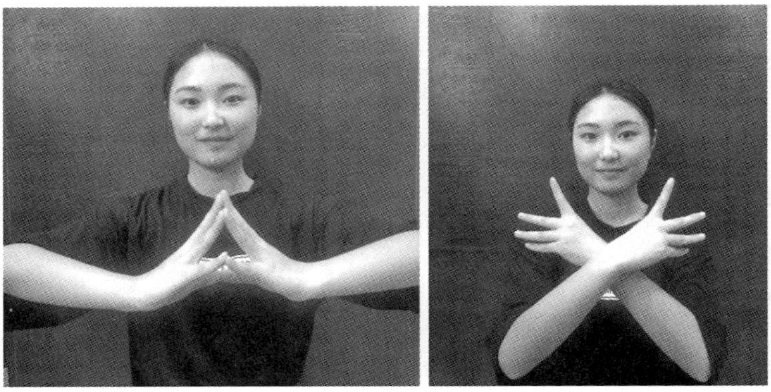

图 8-50　新房盖得真漂亮

（5）进屋一看黑漆漆（双手做眼睛，黑漆漆是中指、无名指、小拇指伸开），如图 8-51所示。

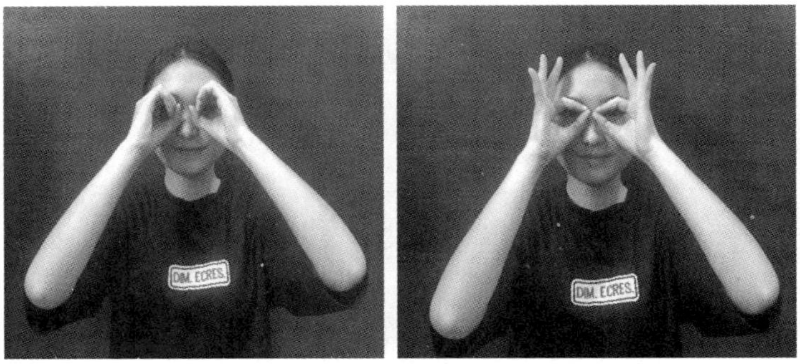

图 8-51　进屋一看黑漆漆

（6）原来忘记（左手握拳放腰上，右手食指在头侧画圈）安个窗（双手大拇指、食指做照相机状），如图 8-52 所示。

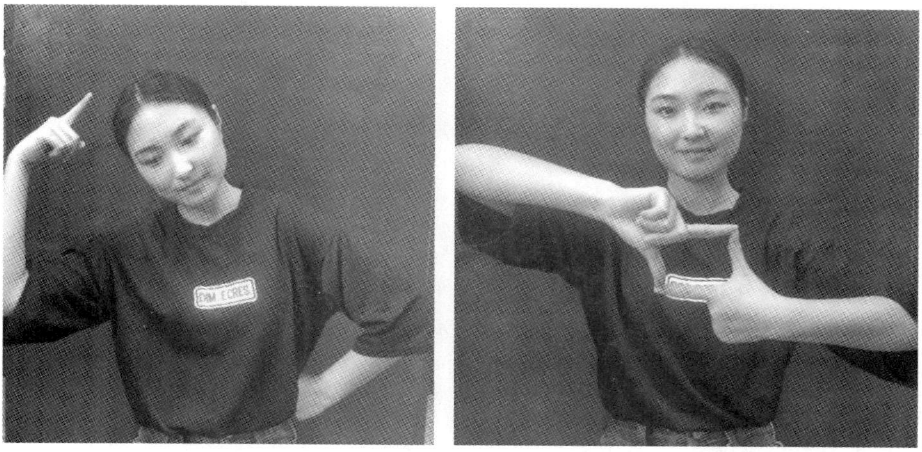

图 8-52　忘记安个窗

参考文献

[1] 范明丽．学前儿童游戏与指导［M］．成都：西南财经大学出版社，2014.

[2] 韩宏莉．学前儿童游戏［M］．武汉：华中师范大学出版社，2014.

[3] 丁海东．幼儿园游戏与指导［M］．北京：高等教育出版社，2013.

[4] 程玉蓉，甘露．幼儿游戏活动组织与指导［M］．重庆：重庆大学出版社，2015.

[5] 任书东．幼儿游戏创编与指导［M］．4版．长沙：湖南大学出版社，2014.

[6] 李丽，邓益云．幼儿游戏活动设计与案例［M］．北京：人民邮电出版社，2018.

[7] 秦元东．幼儿园游戏指导方法与实例：游戏自主性的视角［M］．北京：中国轻工业出版社，2018.

[8] 史月杰．幼儿园游戏活动与指导［M］．北京：中央广播电视大学出版社，2017.

[9] 张艳，茅茵．幼儿结构游戏活动指导［M］．大连：辽宁师范大学出版社，2017.

[10] 张凤敏．幼儿园游戏区规划与指导［M］．上海：华东师范大学出版社，2017.